♡-lich willkommen!

Olivia Wollinger

Essanfälle adé

Vom emotionalen Essen zum
persönlichen Wohlfühlgewicht

Ullstein

Besuchen Sie uns im Internet:
www.ullstein-taschenbuch.de

Aktualisierte Neuausgabe im Ullstein Taschenbuch
1. Auflage Januar 2018
© Ullstein Buchverlage GmbH, Berlin 2018
Alle Rechte vorbehalten
Satz: KompetenzCenter, Mönchengladbach
Gesetzt aus der Kepler Regular
Druck und Bindearbeiten: CPI books GmbH, Leck
ISBN 978-3-548-37774-2

Inhaltsverzeichnis

Die (Forschungs-)Reise Ihres Lebens   13
Ein paar Worte zu diesem Buch   16

Kapitel 1: Das emotionale Essverhalten erforschen   19

Hallo Esssucht, ich spüre dich   22

Ab wann ist es eigentlich Esssucht?   23
    Gedankenkreise rund um Essen, Figur, Gewicht   23
    Auf Kriegsfuß mit dem eigenen Körper   25
    Kontrollieren, planen, rechnen, wiegen   26
    Die Stimmung schwankt mit dem Gewicht   27
    Gestresster Umgang mit Nahrung   28
    Heimlichtuerei und Doppelleben   29
    Regelmäßige Essattacken   30

Selbstehrlichkeit   32

Der erste Blick hinter die Symptome   34

Esssucht begünstigende Faktoren   38
    Toxische Scham   39
        Suchtverhalten   43
        Gedankenkreise   44
        Perfektionismus   46
        Stimmungsschwankungen   48
        Schwierigkeiten mit dem Spüren   49
        Mangel an Selbstliebe und Selbstwert   50
        Was tun mit der toxischen Scham?   51

Hochsensibilität   51

Gedanken zum Weg aus dem Teufelskreis   56

Die Esssucht verschwindet nicht über Nacht 56
Es braucht konkrete, kleine, realistische Ziele 59
Der Weg entfaltet sich mit jedem Schritt 59
Der Weg braucht inneres Wachstum 62

Oft gestellte Fragen 62
Warum kommen Essanfälle meist am Abend? 62
Ist es nicht doch nur ein Mangel an Disziplin? 63
Wie lange dauert der Ausstieg aus der Esssucht? 64
Zählt »Grasen« zur Esssucht? 65
Werde ich zunehmen? 66
Wie soll ich meinen Weg beginnen? 67

Kapitel 2: Den Tunnelblick öffnen 69

Förderliche Gedanken einladen 73

Selbstkommunikation 78
Welche Wörter verwenden Sie für Ihre Esssucht? 79
Wie denken Sie über sich? 81
Wie sprechen Sie über sich? 87
Die Sprache der Musik 88

Kapitel 3: Den physischen Hunger stillen 91

Kontrollmechanismen der Esssucht 93
Diäten 94
Kalorientabellen 96
Körperwaage 99
Essen ohne Kontrollmechanismen? 101

Körpermaßeinheit Hunger 103
Physischer Hunger ≠ emotionaler Hunger 103
Physischen Hunger wahrnehmen 104
Physische Hungersignale auf körperlicher Ebene 105
Physische Hungersignale auf seelischer Ebene 106
Wenn Sie keinen Hunger spüren können 108

    Warten, bis der Hunger da ist   111
    Eine bewusste Entscheidung treffen   112
    Erlaubnis, bei Hunger zu Essen   112

Körpermaßeinheit Sättigung   114
    Physische Sättigung ≠ emotionale Sättigung   114
    Physische Sättigung wahrnehmen   114
        Physische Sättigungssignale auf körperlicher Ebene   114
        Physische Sättigungssignale auf seelischer Ebene   115
    Wenn Sie keine Sättigung spüren können   116
    Nein sagen nach Eintritt der Sättigung   121
    Eine bewusste Entscheidung treffen   124

Körpermaßeinheit Summer und Zuwinker   126
    Den Summer identifizieren   130
    Ihren Summer akzeptieren   133
    Auf Zuwinker, so oft es geht, verzichten   141

Wie wir essen   142
    Dem Essen mit Freundlichkeit begegnen   142
    Bewusstmachen: Ich esse jetzt   144
    Vor anderen essen   146

Situationen des Alltags   149
    Was mache ich, wenn keine Zeit zum Essen ist?   149
    Was, wenn der Summer nicht verfügbar ist?   150
    Wie verhalte ich mich bei Essenseinladungen?   151
    Lassen sich Körperbedürfnisse planen?   152
    Wie verhalte ich mich am Buffet?   153
    Wie gehe ich mit geschenktem Essen um?   157
    Wie verhalte ich mich bei Allergien?   159
    Was tue ich, wenn mich ein Zuwinker verführt?   159

Ein paar Gedanken zur Ernährung   161

Kleine Kochschule   167
    Getreidebrei zum Frühstück   168
    Suppe aus Wurzelgemüse und roten Linsen   169
    Wok-Gemüse mit Reisnudeln, Tofu und Sesam   170

Ofengemüse   171

Bananenkuchen   173

Exkurs: Hunger nach Sport   173

Kapitel 4: Den emotionalen Hunger stillen   177

Emotionalen Hunger wahrnehmen   182

Beziehungspflege mit uns selbst   185

Die Sache mit der Selbstliebe   187

Sich selbst kennenlernen   190

Für sich selbst sorgen   192

Lernen, den eigenen Körper anzunehmen   200

Heißt Selbstliebe Stillstand?   204

Manchmal braucht es Hilfe   206

    Psychotherapie   207

    Körperorientierte Methoden   222

Exkurs: Schönheitsideale   228

Kapitel 5: Gefühle spüren und ertragen   233

Der Körper als Bühne für Gefühle   235

Aufwärmübungen für das Spüren   237

Die Autobahn im Kopf beruhigen   241

EmotionalKörper-Therapie (EKT)   246

    Mein Gefühl, ich spüre dich   246

    Mein Gefühl, ich danke dir   248

    Mein Gefühl, ich nehme dich in Liebe an   249

    Mein Gefühl, darf ich etwas für dich tun?   250

Die innere Beobachterin   251

Alltagsgefühle   254

Gute Gefühle ja, schlechte Gefühle nein?   257

Belastende Gefühle   260
Essanfälle verhindern – wie funktioniert das?   266
Auf Gefühle adäquat reagieren   271
Gefühle als Basis für Entscheidungen   275
Gefühle mit anderen teilen   278
Unbeschwertheit zulassen   280

Kapitel 6: Der Umgang mit Essanfällen   283

Realistische Ziele setzen   286
Mit Essanfällen rechnen   287
Essanfälle als Alarmsignal verstehen   288
Kleine Fortschritte wertschätzen   290
Freundliche Selbstkommunikation   293
Die Erlaubnis für den Essanfall   294
Bewusstmachen, was gerade passiert   296
Selbstachtung bewahren   298
Sich selbst verzeihen   299

Kapitel 7: Das Leben nach der Esssucht   301

Schutzhaus bauen   303
Das Leben ohne Esssucht   304
Danke   311
Bücher-, CD- und Linktipps   313

»Die Seele weinte bitterlich.
Es ging ihr schlecht,
doch da ihre Stimme leise war, hörte sie keiner.

Da sprach der Körper:
Warte, ich kann dir helfen.
Ich werde ein Symptom hervorbringen,
das unseren Menschen zum Innehalten bringt und zur Ruhe.

Vielleicht werden dann
deine Stimme und deine Bedürfnisse
wahrgenommen.«

(Verfasser unbekannt)

Die (Forschungs-)Reise Ihres Lebens

Tagebucheintrag vom 4. Juli 1995:

»Ich habe immer noch dieses Essproblem. Gerade stopfe ich ein Erdnussbutterbrot in mich hinein. Eigentlich bin ich alles andere als hungrig. Wenn ich zwei Wochen lang täglich Sport mache und wenig esse, bin ich dort, wo ich gern wäre (Gewicht), aber ich habe einfach zu wenig Disziplin. Es ist zum Kotzen. Jeden Tag sage ich ›morgen‹. Und währenddessen fresse ich weiter.
Und wieder einmal werde ich es versuchen: morgen.

Mein Plan: Vier Kiwis zum Frühstück, zwei Bananen und ein Apfel zu Mittag, Fitnesscenter, halbe Packung Babykarotten, dreiviertel Gurke, Hälfte von meinem Tomatenvorrat. Das ist der Mittwoch. Donnerstag: drei Früchte in der Früh, drei Früchte zu Mittag, Fitnesscenter (außer, wenn ich in die Stadt fahre), Rest der Babykarotten, Rest der Tomaten. Freitag: drei Früchte in der Früh, drei Früchte zu Mittag, Fitnesscenter, rote Bete. Samstag: H. besuchen (mit Fahrrad), vorher eine Frucht. Bei H. gibt es sicher wieder viele Keks. Wenn ich das überstehe, bin ich toll. Keine Keks. Früchte, so viele ich will. Kein Cola-light, keinen Kaffee – davon hatte ich viel zu viel in letzter Zeit, und mein Magen wehrt sich schon.

(Gerade habe ich mir nach dem Brot auch noch Schokolade hineingeschoben – hat mir nicht geschmeckt.)

Wenn ich diese vier Tage überstehe, werde ich mich blendend fühlen. Ich fürchte aber, ich habe dafür keine Kraft. Wenn ich es nicht schaffe, bin ich selbst schuld und darf nicht jammern. Kein Mitleid. Die Cola- und Kaffee-Abstinenz wird hart. Aber verdammt noch mal – vier Tage wird es doch möglich sein?! Dann ist wenigstens mein hässliches Doppelkinn weg. Reiß dich zusam-

men. Wie soll ich jemals erfolgreich sein, wenn ich mich nicht unter Kontrolle habe und viel zu wenig Willensstärke aufbringen kann?«

Tagebucheintrag vom 16. Juli 1995:

»Diese vier Tage waren nicht möglich. Ganze zwei Tage durchgehalten. Jeden Montag denke ich: ›Neue Woche, neue Chance‹. Und am Ende der Woche sehe ich mich über Kekse oder Erdnussbutterbrote oder Ähnliches hermachen.

Ich habe einfach kein Durchhaltevermögen. Bevor ich mich über Kalorienbomben oder eine zweite oder dritte Portion hermache, kämpfe ich maximal eine halbe Sekunde mit meinem Über-Ich, bevor ich nachgebe. Ich denke nicht einmal mehr nach, sondern stopfe alles in mich rein, bis ich nicht mehr kann ... und das will was heißen.

Wenn ich so weitermache, erreiche ich nie mein Wohlfühlgewicht. Ich werde mich nie wohl fühlen. Aber wenn ich nicht fähig bin, mich zurückzuhalten, gibt's auch kein Mitleid. Ein bisschen Selbstdisziplin. Nur ein bisschen. Einmal versuche ich es noch. Einmal noch. Montagmorgen geht es los.«

Der ewige Kreislauf des süchtigen Essverhaltens: Wir fühlen uns unwohl, beschließen abzunehmen, schaffen es ein paar Tage lang, fühlen uns hervorragend. Dann kommt ein Heißhungeranfall, wir fühlen uns wie eine Versagerin oder ein Versager, beschimpfen uns innerlich und sind verzweifelt. Wir rappeln uns wieder auf, beschwören uns – diesmal werden wir mehr Disziplin aufbringen –, und wir nehmen uns den nächsten Ernährungsplan vor, der wieder scheitert. Und so weiter und so fort.

Kommt Ihnen dieser Teufelskreis bekannt vor? Machen Sie momentan Ähnliches durch? Wenn dem so ist, kann ich erahnen, wie es Ihnen geht, denn ich habe all das selbst erlebt und durchlitten. Auch wenn Sie – so wie ich damals – das Gefühl haben, der einzige Mensch auf Erden zu sein, der so verquer denkt und handelt: Sie sind nicht allein. Ich kann Sie verstehen und bin nun für Sie da.

Ich möchte Ihnen Hoffnung machen! Ja, es ist möglich, den Essdruck und die emotionalen Essanfälle hinter sich zu lassen. Das weiß ich nicht nur aus eigener Erfahrung. Auch in meiner Praxis für Körperarbeit und in den »Essanfälle adé«-Workshops durfte ich viele Betroffene begleiten, die es geschafft haben.

Doch ich will ehrlich zu Ihnen sein: Der Weg aus dem Dilemma ist weiter als ein kurzer Sonntagnachmittagsspaziergang. Leider entkommt man dem Teufelskreis nicht einfach durch einen kleinen Schritt zur Seite. Vor Ihnen liegt vielmehr ein ordentlicher Marsch, der seine Tücken, aber auch seine Schönheiten hat. Der Weg ist nicht linear, und er ist nicht für alle Menschen gleich.

Deshalb kann ich Ihnen in diesem Buch leider kein Zehn-Schritte-Programm präsentieren, mit dem Sie in einer bestimmten Anzahl von Wochen garantiert Ihr Wunschgewicht erreichen. Dies wäre angesichts der Komplexität von süchtigem Essverhalten auch äußerst unseriös. Doch ich kann Ihnen meinen Weg beschreiben. Und Sie können entscheiden, ob Sie sich davon inspirieren lassen möchten.

Ich schlage vor, dass Sie fortan in die Rolle einer Forscherin oder eines Forschers schlüpfen. Stellen Sie sich vor, Sie sind unterwegs auf einer aufregenden Expedition, um ein noch unbekanntes Land zu entdecken. Die Richtung, in die Ihre Reise gehen wird, ist ungefähr klar. Sie haben eine Vision vom Ziel. Doch Sie wissen nicht, wie es dort tatsächlich sein wird.

Auf Ihrer Reise werden Sie Weg und Ziel erforschen. Forscherinnen sind schließlich neugierig und sie beobachten interessiert, was immer ihnen begegnet. Sie machen sich Notizen und lernen ständig dazu. Dabei gehen sie schrittweise vor. Sie lernen aus Rückschlägen, diese helfen ihnen auf dem weiteren Weg. Manchmal regnet und stürmt es, der Weg wird schlammig, und sie fürchten, ihr Ziel nie zu erreichen. Dennoch gehen sie weiter. Immer weiter. Jede Entdeckung bringt den Enthusiasmus und die

Energie zurück. So wachsen Forscherinnen und Forscher an ihren Erfahrungen und gewinnen an Stärke. Ihr Weg wird mit jedem Schritt einfacher.

Ein paar Worte zu diesem Buch

Der Weg, den ich mit Ihnen gemeinsam ergründen möchte, führt zu Ihrem Wesenskern. Ich werde Ihnen *keine* neuen Verhaltensregeln aufzwingen, ich werde Ihnen *nicht* sagen, was Sie tun sollen. Sie sind erwachsen und tragen selbst die Verantwortung für Ihr Leben. Bitte betrachten Sie daher all das, was ich Ihnen auf den folgenden Seiten vorstellen werde, als unverbindliche Angebote. Ich lade Sie ein, zu erforschen, ob diese derzeit für Sie geeignet sind oder nicht. Wir sind alle verschieden, und Sie dürfen herausfinden, was Sie für sich übernehmen möchten.

Warum ich dieses Buch schrieb? Als ich noch eine zwanghafte Esserin war, verschlang ich Bücher von ehemals Betroffenen. In ihnen fand ich die Esssucht detailliert beschrieben. Natürlich schilderten all diese Autoren, wie viel besser das Leben ohne Esszwang sei. Doch wie, bitte schön, war ihnen dieser Weg von A nach B gelungen?! Welche konkreten Schritte waren sie gegangen? Wie hatten sie auf Rückschläge reagiert? Diese Fragen blieben zumindest in jenen Büchern, die ich fand, unbeantwortet, und ich blieb enttäuscht zurück. Daneben durchforstete ich zahlreiche Publikationen von Expertinnen und Experten und fand darin hilfreiche Tipps. Aber ich sehnte mich danach, von einer Person verstanden zu werden, die das Gleiche wie ich durchmacht hatte, die so fühlte wie ich. Damals versprach ich, ein solches Buch zu schreiben, falls ich je aus meiner Esssucht herausfinden würde.

Hiermit löse ich mein Versprechen ein. Auf den nächsten Seiten werden Sie also auch einiges über mich und mein Innerstes erfahren. Ich werde mich öffnen und mit Ihnen meine Höhen und Tiefen teilen. Dies macht verletzlich, keine Frage, doch ich gehe dieses Risiko gern ein, damit Sie spüren können: Sie sind nicht allein.

Haben Sie nun Lust bekommen, mit mir gemeinsam Ihre Forschungsreise anzutreten? Dann lassen Sie uns die khakifarbene Expeditionsausrüstung anlegen, den Helm aufsetzen, die Stirnlampe anschalten und die ersten Schritte wagen.

Sie haben bereits eine große Strecke Ihres Weges bewältigt und sind somit eine erfahrene Forscherin? Umso besser! Forscherinnen und Forscher lernen gern voneinander. Vielleicht begegnet Ihnen auf den kommenden Seiten ja die eine oder andere Erkenntnis, die Sie für Ihre eigene Expedition gut gebrauchen können.

♥ **Forschungstagebuch:** Für die nun folgende Reise empfehle ich Ihnen, ein Tagebuch anzuschaffen. Wie eine Forscherin können Sie darin Ihre Beobachtungen und Ergebnisse notieren, um Sie zu ordnen und sich bei Gelegenheit daran erinnern zu können. Ich lade Sie ein, ein besonders schönes Tagebuch auszuwählen. Eins, das Ihnen wirklich gefällt und Ihnen Freude bereitet. Schließlich wird es Sie eine Zeitlang begleiten.

Also dann, machen wir uns gemeinsam auf den Weg!

Bevor es richtig losgeht, noch ein Wort zur Sprache: Zugunsten einer flüssigen Lesbarkeit des Textes wähle ich meist die weibliche Form der Wörter. Die männliche Leserschaft möge mir dies bitte verzeihen.

Um der Form Genüge zu tun, sei noch darauf hingewiesen, dass dies ein Selbsthilfebuch ist, welches selbstverständlich weder Psychotherapie noch ärztliche Konsultationen ersetzt.

Kapitel 1

Das emotionale Essverhalten erforschen

Tagebucheintrag vom 20. Februar 1996:

»*Sitze hier, meine Gedanken müde von dem vielen Essen, starre vor mich hin. Aus. Ich will nicht mehr. Wann wache ich auf aus dieser verdammten Lethargie? Wer weckt mich auf? Kann ich mich nicht selbst rausholen? Habe ich meinen Glauben verloren? Ich lebe, ich bin gesund, ich habe Liebe in meinem Herzen – warum bin ich nicht glücklich über diese Geschenke? Ich brauche alle meine Kraft, um nicht in ein Loch zu fallen. 15.11.93 der erste Diäteintrag – Wahnsinn –, ich mache mich seit zweieinhalb Jahren verrückt, habe noch nie länger als ein bis zwei Wochen durchgehalten ohne Fressanfall.*

Ich fühle mich sinnlos. Seit einer Woche hat mich niemand gefragt, ob ich etwas unternehmen will. Klar, ich könnte jemanden anrufen. Aber wozu? Die Leute sind mir so egal. Es ist mir alles egal. Ich bin allen (mehr oder weniger) egal. Wozu mich aufraffen? Ich war seit genau einer Woche nicht mehr weg, außer Fitnesscenter und Uni. Ich kann nicht mehr.

Das Fressen heute am Nachmittag hat seinen Zweck erfüllt: Ich konnte ca. drei Stunden schlafen. Dann ein paar Serien im TV angeschaut. Die sind jetzt vorbei. Schon wieder fressen? Mir ist jetzt schon schlecht. Ins Fitnesscenter? Dazu ist mein Magen zu voll. Ich kann nicht ewig weiterschreiben. Was mache ich jetzt? Wieder schlafen? Lernen? Fressen? Oder doch duschen?

Wenn ich wieder verliebt wäre, dann wäre alles besser. Eventuelle Lösung: rausgehen! Nicht im Kämmerchen sitzen, so triffst du sie nie, die Person, die dir fehlt. Aber das kostet viel Kraft, Kraft, die ich nicht habe. Ich bin müde. Ich fühle mich so alleine. Ich hasse alles – oder nein – ich hasse nicht alles, das stimmt nicht. Ich kann nichts genießen. Mir ist alles egal.

Ich fühle mich leer. Das Leben geht an mir vorbei. Mein Sinn des Lebens ist es, glücklich zu sein. Also hat mein Leben keinen Sinn?! Der Gedanke, dass ich es nicht allein schaffen könnte, macht mich wahnsinnig. Ich verschwende die mir gegebene Zeit. Mir ist das alles bewusst, und doch bin ich unfähig, etwas zu ändern.«

Dieser Tagebucheintrag markiert den Tiefpunkt meines Lebens mit Esssucht. Noch heute fühle ich die Sinnlosigkeit und die tiefe Trauer von damals, wenn ich diese Zeilen lese.

Hallo Esssucht, ich spüre dich

Es begann im Jahr 1993. Ich war 21 Jahre alt und von meinem damaligen Freund zuerst betrogen und danach verlassen worden. Kurz darauf machte ich mit meinen Freundinnen Urlaub in Griechenland. Ich wollte meinen Liebeskummer in den Griff bekommen und nahm geradezu ungehemmt Alkohol und Süßigkeiten zu mir – mit der Folge, dass der Knopf an meiner Jeans nach dieser Reise nur noch mit großer Mühe zuging. Was für ein Schock! Ich hatte erst im Jahr zuvor durch strenge Diät etliche Kilo abgenommen. Dieses Gewicht wollte ich unbedingt wieder erreichen.

In der Folge geriet ich in einen Teufelskreis, für den mein Liebeskummer zwar der Auslöser war, jedoch nicht die Ursache. Der Hang zum zwanghaften Essen hatte bereits wesentlich länger in mir geschlummert. In den vorangegangenen Jahren hatte das Thema Essen und Gewicht stetig an Bedeutung gewonnen. Ab 1993 kam es dann zu regelmäßigen Essanfällen.

Ein paar Jahre später, 1996, besuchte ich auf der Uni ein Seminar. Dabei saß mir eine attraktive, etwa gleichaltrige Frau gegenüber. Üblicherweise fühlte ich mich bei Frauen, die ich schön fand, sofort unterlegen und eingeschüchtert. Doch bei E. spürte ich eine tiefliegende Gemeinsamkeit. Sie knabberte die ganze Zeit an Zwieback herum und entschuldigte das mit einer Magenverstimmung. Irgendwie kam mir das bekannt vor. Die Art und Weise, wie sie den Zwieback aß und sich gleichzeitig dafür entschuldigte ... Und außerdem: Nehmen »normale« Menschen mit Magenverstimmung überhaupt etwas zu sich? Offenbar saß mir da eine Frau gegenüber, die ein ähnlich schräges Essverhalten hatte wie ich.

Zu jener Zeit dämmerte mir bereits, dass mit mir etwas nicht stimmte. Ich konnte mir allerdings überhaupt nicht vorstellen, dass irgendjemand mein Essverhalten nachvollziehen konnte, daher hielt ich es geheim. Ich schämte mich. Auf die Idee, an Esssucht zu leiden, kam ich von alleine nicht, da ich nur die Formen Bulimie und Magersucht kannte und davon definitiv nicht betroffen war. Internetforen und die damit verbundene Möglichkeit, sich anonym auszutauschen, gab es 1996 noch nicht.

Zaghaft kam ich mit E. in Kontakt und erfuhr, dass sie oft ein ganzes Glas Honig auf einmal aß. Wow! Ein ganzes Glas Honig auf einmal! Ich war also doch nicht die Einzige auf dieser Welt mit schrägen Angewohnheiten. Was für eine Erleichterung! Diese Öffnung einer Vertrauten gegenüber war mein erster Schritt in Richtung Heilung. E. hielt mich nicht für ein Monster, obwohl ich ihr von meinem Essverhalten erzählte. Das gab mir Kraft für den nächsten Schritt: mein süchtiges Essverhalten zu begreifen. E. borgte mir ein Buch über Esssucht. Ich weiß noch, wie ich mich beim Lesen wiedererkannte und auch, wie erleichtert ich war. Für das, woran ich litt, gab es einen Namen! Ich hörte also auf, meinen Zustand zu verleugnen und setzte mich Schritt für Schritt damit auseinander. Dies war der Beginn meines Weges.

Ab wann ist es eigentlich Esssucht?

Sehen wir uns zunächst an, woran Sie erkennen können, ob Sie bloß »auf Ihre Ernährung achten« oder ob die Schwelle zur Sucht bereits überschritten ist. Die Grenze lässt sich leider nicht schnurgerade ziehen, doch Ihre Alarmglocken sollten spätestens dann läuten, wenn Sie unter Ihrem Essverhalten leiden und das Gefühl haben: »Irgendwas stimmt damit nicht.«

Gedankenkreise rund um Essen, Figur, Gewicht

Wenn die Gedanken fast ständig um die Themen Essen, Figur und Gewicht kreisen, weist dies meist auf süchtiges Essverhalten hin.

Dabei können diese Gedanken parallel zu vielen anderen Tätigkeiten mitlaufen, ähnlich wie leise Hintergrundmusik im Supermarkt.

Mein Essverhalten, mein Leben, meine Gefühle und Gedanken waren vom Essen beherrscht. Es begann in der Früh, als ich meine Augen öffnete: Was habe ich gestern gegessen? Wie viel darf ich heute frühstücken, oder sollte ich besser gar nichts essen? Ständig rechnete ich aus, wie viele Kalorien ich zu mir nehmen durfte. Das Thema ließ mich so gut wie nie los, egal wo ich war – bei der Arbeit, an der Uni, im Kino, bei Freunden. Sogar der letzte Gedanke des Tages bezog sich auf das Essen: Bevor ich einschlief, berechnete ich die Kalorien, die ich den Tag über zu mir genommen hatte, und überlegte mir den Diätplan für den nächsten Tag. Beim Einschlafen stellte ich mir manchmal vor, wie Schokoladenkugeln aus einem Füllhorn in meinen Mund rollten. Davon würde ich wenigstens nicht fett werden.

Die kreisenden Gedanken befassen sich meistens mit der Zukunft oder der Vergangenheit – was im Extremfall dazu führt, dass das Hier und Jetzt kaum noch wahrgenommen wird:

An einem wunderschönen Frühlingstag unternahm ich eine Motorradtour mit einem guten Freund. Die Sonne strahlte, Vögel zwitscherten, die ersten Knospen waren zu sehen – das heißt, ich nehme an, dass es so war. Genau kann ich es nicht sagen. Meine Gedanken waren beim Essen und meine Sinne damit wie abgeschaltet. Als wäre ich taub oder benebelt, bekam ich um mich herum wenig mit. Sobald wir losfuhren, kreisten meine Gedanken um mein Frühstück: Wäre es nicht besser gewesen, nur einen Apfel zu essen? Am Ziel angekommen, war ich damit beschäftigt, meinen Appetit zu unterdrücken, und die schlanke Bekannte, die ebenfalls mitgekommen war, darum zu beneiden, dass sie ungeniert Pommes aß. Beim Rückweg überlegte ich, was ich am Abend noch alles zu mir nehmen dürfte, und kämpfte gegen den aufkeimenden Drang, mich dem hemmungslosen Essen hinzugeben. Zu allem Überdruss war mir meine Lage die ganze Zeit bewusst, und ich hasste mich dafür, dass ich den Ausflug nicht gebührend genießen konnte.

Manchmal werden die typischen Inhalte der Gedankenkreise (Essen, Figur, Gewicht) durch andere ersetzt.

War ich frisch verliebt, dachte ich weniger über das Essen nach. Stattdessen grübelte ich darüber, wie ich meinem neuen Freund gefallen könnte, wann er mich wohl das nächste Mal anrufen würde oder ob er mich noch liebhätte. Sobald Routine in die Beziehung einkehrte, holten mich meine üblichen Gedankenkreise wieder ein.

Die ständigen Sorgen sind belastend. Als vermeintliches Gegenmittel verschreibt man sich dann gern Aktivitäten: arbeiten, ständig etwas zu tun haben, laufend To-do-Listen erstellen …

Sobald ich mich in die Arbeit stürzte, konnte ich meine Gedankenkreise verdrängen. Doch kaum war weniger zu tun oder ich hatte Freizeit, holten sie mich verlässlich wieder ein. Es war fast so, als hätten meine Gedanken hinter einer Tür auf mich gewartet, nur um über mich herzufallen, wenn ich abends nach Hause kam. Daher war es für mich nahezu eine Qual, wenn zu viel freie, nicht verplante Zeit vor mir lag.

♥ **Möchten Sie Ihre Gedankenkreise erforschen?** Wie oft pro Tag denken Sie, dass Sie zu dick sind? Wie oft überprüfen Sie Ihre Figur im Spiegel oder in Auslagenscheiben? Wie oft ziehen Sie sich in der Früh um, weil Sie sich in den gewählten Kleidungsstücken als zu dick empfinden? Wie oft zupfen Sie an Ihrem Shirt oder Pulli herum, damit er auch sicher Ihr Hinterteil überdeckt? Wie oft am Tag überlegen Sie, was Sie bereits gegessen haben und was Sie noch essen dürfen? Inwiefern sind Sie mit Ihren Gedanken bei dem, was Sie momentan tun?

Auf Kriegsfuß mit dem eigenen Körper

Typisch für Esssucht ist, dass die Betroffenen heftige Kritik am eigenen Körper üben. Er wird als zu dick, als grenzenlos, kartoffelsackartig und schwammig erlebt – übrigens unabhängig davon, wie viele Kilogramm er tatsächlich auf die Waage bringt. Auch die einzelnen Körperteile schneiden nicht besser ab: Vor allem an Oberschenkeln, Hintern und Bauch sowie Brüsten, Knien und Oberarmen haben sie einiges auszusetzen. Andere Partien wie Gesicht, Haare, Finger oder Zehen schneiden selten besser ab.

Diese überkritische Wahrnehmung kann den Alltag enorm belasten. Spürbar wird das beispielsweise in der Früh vor dem Kleiderschrank, wenn einfach nichts passen will und man x-mal das Outfit wechselt.

Bademode war für mich besonders schlimm. Eines Tages luden mich Freundinnen in eine Therme ein, und ich weiß noch, wie es mir davor tagelang richtig schlecht ging. Alles in mir sträubte sich. Bald würden alle meinen Hintern sehen, ich genierte mich zu Tode. Da meine Scham abzusagen allerdings noch größer war, ging ich schließlich mit. Ich achtete allerdings penibel darauf, dass niemand hinter mir war, wenn ich aus dem Wasser stieg. Am liebsten wäre ich im Bademantel schwimmen gegangen.

Kontrollieren, planen, rechnen, wiegen

In der Esssucht wird versucht, das Körpergewicht mittels strenger Kontrolle des Essens zu regulieren. Typisch ist es, Lebensmittel kategorisch in »erlaubte, gesunde« und »verbotene, ungesunde« einzuteilen. Es wird danach gestrebt, ausschließlich von der ersten Kategorie zu essen.

Ich kämpfte hart mit mir, dennoch erreichte ich dieses Ziel nie dauerhaft. Natürlich machte ich mir deswegen Vorwürfe. Ich wusste ganz genau, was ich zu tun hatte! Warum also war ich unfähig, mein Zielgewicht zu erreichen? Es musste doch irgendwie möglich sein, meine Gier in den Griff zu bekommen und nur »gesunde« Dinge zu essen! Ich fühlte mich unendlich disziplinlos.

Ich plante meine Mahlzeiten mindestens eine Woche im Voraus. Hatte ich wieder einmal »gesündigt«, rechnete ich mir aus, wie viel zusätzliche Zeit ich jetzt aufs Laufband musste, um den Überschuss loszuwerden. Ich hasste es, wenn Partys oder Familienfeste meinen aktuellen Diätplan durchkreuzten. Am liebsten wäre ich nicht hingegangen, traute mich aber nicht, abzusagen. Manchmal legte ich prophylaktisch eine Sporteinheit ein, um bei der Feier mehr essen zu können.

Darüber hinaus wird dem Abwiegen eine große Rolle beigemessen. Zum einen in Form der Körperwaage: Oft ist sie es, die bestimmt, was wann gegessen werden darf. Zum anderen wird die Küchenwaage sehr wichtig:

Ich wog alle Lebensmittel ab und errechnete deren exakte Kalorienanzahl. Orte, an denen das nicht möglich war, zum Beispiel Restaurants, vermied ich, so gut es ging. Es war eine Qual für mich, keine Kontrolle über die Kalorien zu haben, die ich mir zuführte.

Wie viel bei Mahlzeiten auf den Teller darf, entscheidet selten der Körper, sondern der ausgeklügelte Essensplan beziehungsweise die Anzahl der Kalorien.

Ich war der Überzeugung, meinem Hungergefühl nicht trauen zu können. Deshalb kalkulierte ich, wie viele Kalorien ich einsparen würde, wenn ich das Essen so lange wie möglich hinauszögerte. Hierbei kamen mir kalorienfreie Getränke wie Cola light, Kaffee und Tee zu Hilfe, ebenso wie zuckerfreier Kaugummi. Ich war stolz, wenn mein Magen deutlich vernehmbar knurrte, denn das hieß, dass er leer war.

Die Rechnung geht allerdings nur selten auf, denn starke Selbstkontrolle bedingt oftmals ebenso starken Kontrollverlust. So durchkreuzen wiederholte Heißhungerattacken jeglichen ausgeklügelten Plan.

Die Stimmung schwankt mit dem Gewicht

Der morgendliche Gang zur Waage löst bei Menschen mit Esssucht oftmals großes Unbehagen aus. Erscheint dann nicht das gewünschte Gewicht auf der Anzeige, ist die Stimmung im Eimer. Darüber hinaus wird die Laune davon beeinflusst, ob sich ein »guter« oder »schlechter« Esstag abzeichnet. Ein guter Tag nährt die Hoffnung, es endlich geschafft zu haben, der schlechte weckt erneut die Angst vor einer Gewichtszunahme.

Zeigte die Waage an, was ich mir wünschte, und hatte ich einen guten Esstag, war meine Welt in Ordnung. Gut waren meine Esstage dann, wenn ich mich genau an meine Diätpläne hielt oder idealerweise noch weniger aß als vorgegeben. Schaffte ich das, stieg mein Selbstwertgefühl. Das Leben war schön, ich fühlte mich stark und strahlend. Diese Stimmung konnte mit nur einem Bissen oder einem Gramm zu viel auf der Waage kippen. Von einem Moment auf den nächsten hielt ich mich für die größte Versagerin auf Erden. Oft schwankte ich zwischen himmelhoch jauchzend und zu Tode betrübt hin und her, was mich emotional anstrengte.

Gestresster Umgang mit Nahrung

Es gab Zeiten, da konnte ich nicht einmal Grundnahrungsmittel wie Haferflocken, Reis oder Nudeln zu Hause aufbewahren, ohne den ständigen Drang zu verspüren, sie aufessen zu müssen.

Essen mit mir zu führen, war für mich ungemein schwierig. Ich weiß noch, wie meine Gedanken während einer Wanderung mit Freunden ständig um den Proviant in meinem Rucksack kreisten: »Du darfst nicht alles aufessen. Was werden die anderen denken?! Reiß dich zusammen.« Der ausgeklügelte Plan, nach dem ich sonst meine Mahlzeiten einnahm, war von der Spontanität meiner Freunde durchkreuzt worden: Ich wusste nicht, wann die Gruppe Essenspause machen würde, und ich hätte nie gewagt, danach zu fragen. Essen war für mich ein Tabuthema. Ich wollte unter keinen Umständen auch nur den leisesten Verdacht heraufbeschwören, dass etwas mit mir nicht stimmte. Schließlich hielt ich es nicht mehr aus: Beim steilen Bergaufgehen steckte ich mir keuchend ein Schokoladestück nach dem anderen in den Mund. Wie Sie sich vorstellen können, war das alles andere als ein Genuss. Dabei hatte ich mir an jenem Tag extra etwas »Verbotenes« gegönnt, da ich damit rechnete, beim Wandern viele Kalorien abzubauen.

Gedanken an Essen können einen nahezu beängstigenden Charakter annehmen.

Ich erlaubte mir nur bestimmte Portionsgrößen, und wenn der Teller einmal leer war, war's das dann auch. Doch durch diese Regel wurde das herannahende Ende einer Mahlzeit unerträglich für mich. Je leerer der Teller wurde, desto größer wurden mein Appetit und meine Gier. Ich fühlte mich noch lange nicht befriedigt. Oft wäre es mir lieber gewesen, erst gar nicht mit dem Essen zu beginnen, soviel Angst hatte ich, nie mehr damit aufhören zu können. Überessen und Fasten wechselten ab, was starke Gewichtsschwankungen zur Folge hatte.

Heimlichtuerei und Doppelleben

Eine Heißhungerattacke zu haben, wenn wir allein sind, ist relativ einfach zu handhaben. Doch was tun, wenn andere Menschen in unserer Nähe sind? Dann bedienen wir uns der tausendundein Ausreden und der Heimlichtuerei.

»Ich habe noch etwas vergessen, ich komme gleich.« »Geh du schon mal vor, ich muss noch telefonieren.« Oder: »Ich mache einen kurzen Spaziergang, ich muss meinen Kopf freibekommen.« Das waren meine typischen Ausreden, wenn ich Zeit brauchte, um Essen in mich hineinzustopfen. Ich erinnere mich, dass ich bei einem Buffet den Toilettengang eines Freundes nutzte, um mir rasch noch ein paar Törtchen zu holen und hinunterzuschlingen, bevor er zurückkam.

Wir schämen uns für unser Essverhalten und versuchen, es so gut es geht, zu verbergen. Gleichermaßen schämen wir uns der Lügen wegen.

Ich dachte, dass andere Menschen jeden meiner Bissen beobachten würden und sich über meine Gier wunderten. Ich hatte das Gefühl, dass mir jeder Passant ansehen konnte, wie viel ich heute schon gegessen hatte. Wenn ich naschte, war ich mir sicher, dass alle von meinem nicht eingehaltenen Diätplan wussten.

»Gesundes« wird vor anderen gegessen, »Ungesundes« meistens allein. Dies führt Schritt für Schritt in ein Doppelleben.

Ich verglich meine Essensmengen mit jenen anderer Menschen und versuchte mühevoll, mich ihnen anzupassen. Wie eifersüchtig ich auf alle war, die behaupteten, nach nur einem Stückchen Schokolade genug zu haben! Denn sobald ich eine Schokoladentafel öffnete, blieb kein Krümelchen davon übrig, und alles in mir verlangte nach noch mehr. Meine Gier durfte in der Öffentlichkeit unter keinen Umständen auffliegen! Ich versuchte sie zu verheimlichen, da ich sicher war, die einzige Person mit solch abnormalen Anwandlungen zu sein. Dieses Doppelleben hatte einen hohen Preis: Ich fühlte mich einsam und unverstanden.

Regelmäßige Essattacken

Eines der deutlichsten Indizien für Esssucht sind die regelmäßigen, unkontrollierbaren Heißhungerattacken. Es wird versucht, diesem Essdruck so lange es geht zu widerstehen, doch vor allem abends wird das schwierig bis unmöglich.

Wenn der Essanfall in mir hochkroch, spürte es sich an wie: »Ich will es so sehr – ich renne alles um, das sich mir in den Weg stellt!«, oder: »Wenn ich nicht jetzt sofort essen kann, schnappe ich über!« Diesem Essdruck zu widerstehen, war mir mit keiner Willenskraft der Welt möglich. Da gab es etwas, das so viel größer und stärker war als ich, ich fühlte mich machtlos und ausgeliefert.

Oft war es nur dieser eine Bissen zu viel, und schon befand ich mich mitten in einem Essanfall. Vor allem, wenn ich etwas aus der langen Liste der »verbotenen« Lebensmittel aß, dachte ich, »jetzt ist es eh schon egal«. Ich aß, bis ich nicht mehr konnte oder mich körperliche Beschwerden zwangen, aufzuhören. Einmal angefangen, wollte ich so viel wie möglich in mich hereinbekommen, denn ich wusste: »Ab morgen ist wieder Diät angesagt, dann ist das alles wieder verboten.«

Während des Essanfalles verlor ich die Kontrolle über mich selbst, ich war wie in Trance. Ich konnte mich nicht spüren, es war, als würde es mich nicht mehr geben. Ich bestand nur noch aus Verschlingen und Schlucken. An Tischmanieren war nicht zu denken. Hätte mich jemand dabei erwischt, wäre ich vor Scham gestorben.

Noch während ich alles in mich hineinstopfte, überlegte ich, welche Diät ich »ab morgen« machen würde, wie viele Kalorien eingespart und wie viele zusätzliche Sporteinheiten absolviert werden mussten. Welch bizarre, frustrierende Situation! Ich aß das, wonach ich mich immerzu sehnte, dennoch konnte ich es in keiner Weise genießen. Mich plagte mein schlechtes Gewissen, wieder einmal versagt und »gesündigt« zu haben. Ich konnte mich selbst nicht verstehen. Warum nur war ich so disziplinlos?

Nach einem Essanfall hasste ich mich noch mehr, als ich es sowieso schon tat. Ich war überzeugt davon, meinem Doppelkinn und meinen Oberschenkeln beim Wachsen zusehen zu können. Mein Bauch schmerzte, ich fühlte mich wie erschlagen und wollte nur noch schlafen. Am nächsten Morgen war ich regelrecht verkatert. Ich wachte gerädert auf und hatte einen entsetzlichen Geschmack im Mund.

Jedes Mal versprach ich mir hoch und heilig, ab nun nie wieder »verbotene« Nahrungsmittel zu essen. Ich würde ab jetzt noch härter mit mir umgehen. Dabei fürchtete ich schon den nächsten Rückfall. Warum kamen diese Essanfälle immer wieder? Jedes Mal, wenn sich wieder einer anbahnte, war ich von neuem überrascht und außerdem maßlos enttäuscht von mir. Es war zum Verzweifeln.

Viele Betroffene erbrechen nach den Essanfällen, diese Form der Esssucht nennt sich Bulimie. Wird das Essen nicht erbrochen, spricht man von Binge Eating (to binge = englisch: sich mit etwas vollstopfen, etwas verschlingen). Erbrechen ist demnach nicht notwendigerweise ein Kriterium für Esssucht.

Ich möchte nicht unerwähnt lassen, dass das Erbrechen erhebliche gesundheitliche Risiken mit sich bringt. Wenn Sie in Ihrer Internet-Suchmaschine die Begriffe »Bulimie Zähne« beziehungsweise »Bulimie Speiseröhre« eingeben, finden Sie einige Bilder zu diesem Thema. Sie zu sehen ist hart, doch es ist die Realität.

Die Figur ist ebenfalls kein verlässliches Kriterium für Esssucht. Das Gewicht ist abhängig von drei Faktoren: der Art und Menge der aufgenommenen Nahrungsmittel, der Intensität der gewichtregulierenden Maßnahmen (Sport, Fasten, Erbrechen, Abführmittel, entwässernde Mittel, Appetitzügler) sowie der körperlichen Veranlagung.

Selbstehrlichkeit

Sich selbst einzugestehen: »Ja, ich habe Esssucht«, ist schwierig. Das weiß ich aus eigener Erfahrung. Wer bezeichnet sich schon gern als »süchtig«? Vielleicht erscheint Ihnen bei dem Wort »Sucht« ein ähnliches Bild wie mir: Eine völlig fertige Person lehnt an einer Hauswand und wartet auf den nächsten Schuss.

So schlimm war es bei mir nicht, im Gegenteil: Ich versuchte, in meinen verschiedenen Rollen perfekt zu funktionieren und eine positive Außenwirkung so gut es ging aufrechtzuerhalten. Ganz schön anstrengend! Und es gab Phasen, in denen ich mich tatsächlich wie ein Junkie fühlte. Nämlich dann, wenn ich mich abends noch einmal anzog und wie ferngesteuert zur nächsten Tankstelle eilte, um mein Suchtmittel »Süßigkeiten« zu besorgen. Das Gefühl, das mich dazu drängte, war so stark, dass es mich in eine Art Trancezustand versetzte. Nichts anderes zählte mehr außer: »Süßigkeiten! Jetzt! Sofort!«

Obwohl wir nie aus unserer eigenen Haut herauskönnen, ist es dennoch wunderbar möglich, uns selbst etwas vorzumachen.

Ich sah jahrelang nicht hin. Meine Sucht tat ich als »kleines Problem mit dem Essen« ab. Schließlich folgte auf jede Tiefphase ein Hoch, in dem ich komplett vergaß, was zuvor abgelaufen war. Aufs Neue war ich überzeugt davon, »es« mit der neuen Diät hinzubekommen. Garantiert!

Vielleicht haben Sie als Kind auch das Spiel gespielt: Wenn ich mir die Hände vor die Augen halte und nichts sehe, findet mich niemand. Wenn ich die Esssucht nicht sehe, ist sie nicht da?

Ich lebte damals allein, also war es mir möglich, meinen Eiskasten ausschließlich mit »erlaubten« Lebensmitteln zu füllen, also Obst, Hüttenkäse, Karotten, mindestens fünf fettarme Joghurts und Cola light. Als eine Freundin von mir einmal einen Blick in den Kühlschrank erhaschte, kommentierte sie: »Wenn du ausschließlich das hier isst, müsstest du spindeldürr sein.« Ihre Aussage brachte mich für einen kurzen Moment in die Realität zurück. Ich schämte mich in Grund und Boden und versuchte rasch vom Thema abzulenken.

Aß ich »verbotene« Dinge, dann schnell und meistens, indem ich nebenbei irgendetwas anderes tat. Essen? Ich doch nicht! Während der Essanfälle half mir der Trancezustand, zu verdrängen. Erst als dieser vorbei war, wurde mir meine Misere schmerzlich bewusst. Aber schon am nächsten Morgen begann die nächste Diät, und ich war wieder einmal ganz sicher, dass ich mich nun nur noch gesund ernähren würde. Ich hatte ja kein Problem mit dem Essen. Ich doch nicht!

Das Wort »Essstörung« klingt nicht viel besser als »Esssucht«. Denn wer möchte schon »gestört« sein? Letztendlich ist es egal, *wie* Sie Ihr Verhalten benennen. Viel wichtiger ist es, festzustellen, *ob* Ihr Essverhalten und die damit einhergehende Gedankenwelt eine Belastung für Sie darstellt.

Mein Weg aus dem Teufelskreis begann mit Selbstehrlichkeit. Ich gestand mir ein:

✳ *Ja, ich habe ein Problem, und zwar ein gewaltiges.*
✳ *Ich esse mehr, als mir guttut.*
✳ *Ich habe regelmäßige Essanfälle.*
✳ *Ich schaffe es nicht, meine Diätpläne einzuhalten.*
✳ *Ich führe ein Doppelleben: Ich zähle jede einzelne Kalorie, ernähre mich gesund UND stopfe bei Essanfällen massig fettiges, zuckriges Zeug in mich hinein.*
✳ *Je größer meine selbstauferlegte Diätdisziplin, desto heftiger die Essanfälle.*

* *Es ist quasi nicht möglich, mein Zielgewicht zu erreichen.*
* *Wenn es mir doch einmal gelingt, mein Zielgewicht mit höchster Anstrengung zu erreichen, kann ich es langfristig nicht halten und nehme wieder zu.*
* *Mir geht es alles andere als gut, egal wie viele »Ich-bin-so-happy«-Masken ich mir aufsetze.*
* *Der Silvestervorsatz: »Ab 1.1. 00:00:01 ist Schluss damit!«, wirkt nicht.*
* *Es bringt nichts, noch länger auf das eine Schlüsselerlebnis zu hoffen, das mir endlich den Schalter im Gehirn umlegt. Ich muss beginnen, an mir zu arbeiten. Jetzt.*

Etwas später kam noch eine Erkenntnis dazu:

* *Ich brauche Hilfe, ich schaffe es nicht allein.*

Der erste Blick hinter die Symptome

Ich war überzeugt davon, dass die Ursache allen Übels die Unzufriedenheit mit meinem Gewicht sei. Ich träumte von meinem Zielgewicht, denn mit dem wären meine Essanfälle garantiert verschwunden und ich würde mich rundherum wohl fühlen! So beschwor ich mich immer wieder von neuem, mit noch mehr Disziplin meine Diätpläne umzusetzen. Es musste doch möglich sein, mich dauerhaft zusammenzureißen!

Einmal geschah das sehnlichst Erhoffte: Ich erreichte mein Zielgewicht. Nun würde der Freudentaumel kommen, schließlich hatte ich von diesem Augenblick schon so lange geträumt! Jetzt würde ich endlich glücklich sein, im Minirock umherstolzieren und mit meiner tollen Ausstrahlung alle Sympathien gewinnen.

Doch nichts von alledem geschah. Ich war unzufriedener denn je. Das Schlimmste: Ich konnte mir nicht erklären, warum. Aus lauter Verzweiflung hatte ich prompt mehrere Essanfälle. So war ich schnell wieder bei meinem alten Gewicht und bei meinen vertrauten

Problemen angelangt. Rückblickend weiß ich, woran es lag: Obwohl ich es mir so sehr gewünscht hatte, war das Erreichen des Zielgewichts ein regelrechter Schock für mich. Jahrelang hatte ich mein Gewicht für all das Negative in meinem Leben verantwortlich gemacht. Dafür,

> *dass ich mich in meinem Körper nicht wohl fühlte.*
> *dass ich unzufrieden mit meinem Leben war.*
> *dass ich Komplexe hatte.*
> *dass ich mich selbst nicht leiden konnte.*
> *dass es mir an positiver Ausstrahlung mangelte.*
> *dass ich meinen Traumpartner nicht fand.*

Was passierte, als ich abnahm? Ich fühlte mich in meinem Körper noch immer nicht wohl. Ich war noch immer unzufrieden. Ich hatte noch immer Selbstzweifel. Ich hasste mich immer noch. Ich fand meine Ausstrahlung nach wie vor nicht gut. Und, ach ja, der Traumprinz hatte noch immer nicht an meiner Tür geklingelt.

Mit einem Schlag hatte ich meinen vertrauten Sündenbock verloren, doch das Negative in meinem Leben war nicht mit ihm verschwunden. Ich dachte nie über die wahren Ursachen meiner Probleme nach, da ich mein Gewicht und meine Essanfälle für alles verantwortlich machte. Mir eine neue Diät auszudenken, war leichter, als mein angeschlagenes Selbstbewusstsein zu reparieren.

Die Erkenntnis, dass das Leben nicht nach Wunsch verläuft und wir nicht so glücklich sind, wie wir vorgeben, tut weh und kann mitunter bedrohlich wirken. Sie lässt sich allerdings hervorragend verdrängen, indem wir uns stattdessen täglich mit unserer Figur, unserem Gewicht und den Kalorien herumärgern. Die Esssucht hat also eine wichtige Funktion. Die Psychologin Anita Johnston vergleicht sie in Ihrem Buch »Die Frau, die im Mondlicht aß« (S. 32 f.) mit einem Balken:

> »Stell dir vor, du stehst im Regen am Ufer eines tosenden Flusses. Plötzlich rutscht die vom Wasser aufgeweichte Böschung

unter dir ab. Du fällst ins Wasser und wirst von den Stromschnellen mitgerissen. All deine Bemühungen, dich über Wasser zu halten, sind vergeblich, und du wirst wohl ertrinken.

Doch zufällig schwimmt ein großer Balken vorbei, an den du dich klammern kannst. Dieser Balken hält deinen Kopf über Wasser und rettet dir das Leben. An den Balken geklammert, schwimmst du stromabwärts und gelangst schließlich wieder in ruhigeres Wasser. In der Ferne erblickst du das Ufer, und du versuchst, dorthin zu schwimmen. Doch das gelingt dir nicht, weil du dich immer noch mit einem Arm an den dicken Balken klammerst und mit dem anderen Schwimmzüge machst. Wie ironisch, dass das, was dir das Leben rettete, dir jetzt im Wege steht.

Am Ufer stehen Menschen, die deinen Kampf mit ansehen und brüllen: ›Lass den Balken los!‹ Aber das kannst du nicht, denn du hast kein Vertrauen in deine Fähigkeit, es bis zum Ufer zu schaffen. [...]

Wenn man von einer Essstörung geheilt werden will, muss man diejenigen Fähigkeiten ausbilden, die man braucht, um den Balken zu ersetzen. [...] Und sehr, sehr langsam und vorsichtig lässt du den Balken fahren und übst ein paar Schwimmzüge. Wenn du drohst unterzugehen, klammerst du dich rasch wieder an. Dann lässt du den Balken wieder los und übst Wassertreten, und wenn du müde wirst, hältst du dich wieder fest. Nach einer Weile versuchst du, einmal um den Balken herumzuschwimmen, dann zweimal, dann zehnmal, zwanzigmal, hundertmal, bis du genügend Kraft und Vertrauen hast, um bis zum Ufer zu gelangen. Erst dann kannst du den Balken vollständig loslassen.«

Langsam wurde mir klar, dass ich mit den jahrelangen Diäten das Pferd von hinten aufgezäumt hatte: Das Gewicht und der Essdruck waren nicht Ursache, sie waren das Symptom!

Mit dieser Erkenntnis kamen Tausende Fragen: Warum hatte ich diese maßlose Gier? Warum diese Essattacken? Worauf wollte mich meine Esssucht hinweisen? Was war es, das in meinem Leben nicht stimmte? Was musste ich ändern? Welche Funktion übernahm meine Esssucht? Wofür stand mein »Balken«?

Ja klar, ich sehnte mich nach der großen Liebe. Aber wo sollte ich diese auf die Schnelle finden? Mein Studium war für mich keine Wonne, aber sollte ich ein Jahr vor dem Abschluss alles hinschmeißen? Das wäre äußerst unvernünftig! Meine Eltern hatten sich früh scheiden lassen, jedoch hatte das nie ein Problem für mich dargestellt. Oder irrte ich mich etwa? Als Kind war ich gewarnt worden, dass mich Süßigkeiten dick machen würden. Das war jetzt aber nicht der Grund für meine maßlose Gier. Oder etwa doch?

Viele Fragen, viele Antworten. Konkretere Hinweise dazu, welche Rolle die Esssucht in Ihrem Leben einnehmen könnte, erhalten Sie, wenn Sie Ihren Alltag genauer unter die Lupe nehmen:

❤ **Ich habe den Drang, mich zu überessen, wenn …:** Ich lade Sie ein, Ihr Forschungstagebuch zur Hand zu nehmen und folgenden Satz aufzuschreiben: »Ich habe den Drang, mich zu überessen, wenn …« Sollte es Ihrer Meinung nach treffender sein, können Sie statt »überessen« das Wort »fressen« verwenden. Formulieren Sie den Satz so, wie er für Sie am besten passt. Nun lassen Sie Ihre Wörter fließen, so lange, bis keine mehr da sind. Danach stecken Sie Ihr Tagebuch in die Handtasche – wann immer Sie den Drang, sich zu überessen, wahrnehmen, ergänzen Sie bitte weiter. Bei mir sah das Ganze zum Beispiel so aus:

»Mein Essdruck ist da, … wenn ich lernen muss, aber mich wieder mal nicht konzentrieren kann, … wenn ich am Wochenende nichts mit mir anzufangen weiß, … wenn ich es drei Tage geschafft habe, nur Obst zu essen, … wenn ich bei meiner Familie bin, … wenn irgendwo ein All-you-can-eat-Buffet ist, … wenn ich putzen sollte, … wenn ich eine Packung Manner-Schnitten öffne, … wenn ich an der Uni in der Vorlesung von Prof. I. sitze, … wenn es im Job fad ist, … wenn ich keine Lust auf Arbeiten habe, ich aber arbeiten muss, … wenn ich mich allein fühle, … oft, nachdem ich D. traf, … wenn G. etwas Blödes zu mir sagt, … wenn ich zu viel Alkohol trinke, … beim

Fernsehen, ... bevor ich zum Einrad-Kurs gehe, ... wenn sich mein Bauch aufgebläht anfühlt, ... wenn mich den ganzen Tag niemand anrief, ... wenn ich endlich essen möchte, was auf meiner Verbotsliste steht, ... heute, wenn ich mich über meine Unfähigkeit ärgere, ... wenn ich müde bin, aber keine Zeit zum Schlafen ist, ... wenn ich diese riesige innere Anspannung in mir spüre, ... bevor ich meine Periode bekomme, ... heute, nachdem ich den ganzen Tag shoppen war, ... wenn ich mich unwohl fühle.«

Die folgende Erkenntnis ist essentiell: Ihre Esssucht erfüllt derzeit eine Menge Funktionen. Sie können sie nicht einfach vor die Tür setzen.

Esssucht begünstigende Faktoren

Meiner Erfahrung nach müssen Sie nicht jetzt sofort alle Hintergründe und Ursachen kennen, um viele Schritte auf Ihrem Weg zurücklegen zu können. Vielmehr werden Sie nach und nach begreifen, welche Funktionen Ihre Sucht in Ihrem Leben ausfüllt. Sie brauchen jetzt also nicht krampfhaft danach zu suchen, das blockiert nur.

Letzens fand ich dazu passend ein Zitat des dänischen Philosophen Søren Kierkegaard (1813–1855):

»Verstehen kann man das Leben nur rückwärts. Leben muss man es vorwärts.«

Man kann es auch mit dem Durcharbeiten eines Fachbuchs vergleichen: Während man anfangs noch ganz schön überfordert ist von der Flut neuer Informationen, vergrößert sich von Seite zu Seite Ihr Wissen, und die Zusammenhänge werden klarer.

Jeder Mensch ist anders. Ebenso verschieden können daher auch die Hintergründe, Ursachen und Funktionen der Esssucht sein. Dennoch scheint es einige Faktoren zu geben, die sie begünstigen.

Einer dieser Faktoren, der meinen Weg begleitete, war mein Mangel an Selbstliebe und der daraus resultierende Mangel an Selbstvertrauen. Ich hatte oft gehört, dass Selbstliebe wesentlich für den Weg aus der Esssucht sei. Deswegen bemühte ich mich redlich, mich selbst zu lieben. Doch dieses Bemühen wurde viel zu oft torpediert. Ich war überzeugt davon, unzählige Fehler zu haben, äußerlich und innerlich. Wie sollte ich so jemanden lieben können?!

Ich fragte mich oft, warum mir die Sache mit der Selbstliebe so schwerfiel – und zwar nicht nur ein bisschen schwer, sondern wirklich RICHTIG schwer. Warum musste ich zahlreiche Übungen machen und mich sehr anstrengen, um einen liebevolleren Zugang zu mir zu finden?

Im Zuge der Begleitung von Menschen mit emotionalem Essverhalten fiel mir auf, dass sich das Thema »Selbstliebe« beziehungsweise »Selbstwert« wie ein roter Faden durch alle Geschichten zog. Daneben gab es noch andere Themen, auf die das Gleiche zutraf, nämlich: kreisende Gedanken, Perfektionismus, Stimmungsschwankungen sowie Schwierigkeiten damit, Gefühle und Bedürfnisse zu spüren und auszudrücken. Dies alles war auch mir bestens bekannt.

Warum waren gerade diese Themen bei esssüchtigen Menschen dermaßen relevant? Existierte möglicherweise ein größerer Zusammenhang? Auf meiner Suche nach Antworten stieß ich auf das Konzept der »toxischen Scham«.

Toxische Scham

Scham in ihrer gesunden Ausprägung ist Ihnen bestimmt schon begegnet. Das Gefühl taucht auf, sobald uns etwas Unangenehmes passiert. Beispielsweise, wenn wir eine E-Mail oder SMS mit brisantem Inhalt versehentlich an die falsche Person abschicken. Einen wichtigen Termin vergessen. Etwas aussprechen, das definitiv nicht für die Ohren unserer Gesprächspartnerin bestimmt war. Oder wenn sich unser Rotwein ausgerechnet auf den weißen

Teppich des Gastgebers ergießt. Autsch! Wie peinlich! Wir schämen uns und würden uns am liebsten verkriechen.

Die gesunde Scham lässt uns deutlich spüren, ob Verhaltensweisen eigenen oder fremden Erwartungen, Normen und Grenzen entsprechen. Daher ist Scham im gesellschaftlichen Miteinander ein wichtiges Gefühl. Es fördert unsere Entwicklung als soziale Wesen.

Schädlich, also toxisch, wird die Scham erst dann, wenn wir uns nicht mehr nur wegen *einzelner* Verhaltensweisen schämen, sondern wegen unseres *gesamten* Wesens. Die Wissenschaftlerin Brené Brown verwendet in diesem Zusammenhang die Begriffe Scham (im Sinne von toxischer Scham) und Schuld:

»Schuld = Ich habe etwas Schlechtes getan; Scham = Ich bin schlecht. Bei der Scham geht es darum, wer wir sind, bei der Schuld geht es um Verhaltensweisen. Scham ist das äußerst schmerzhafte Gefühl bzw. die äußerst schmerzhafte Erfahrung, zu glauben, dass wir fehlerhaft sind und deshalb keine Liebe und Zugehörigkeit verdienen. (…) Scham ist im Wesentlichen die Angst, mit all unseren Schwächen und Fehlern nicht liebenswert zu sein. (…) Scham hält das Gefühl von Selbstwert fern, indem sie uns davon überzeugt, dass das Anerkennen und Teilen unserer Geschichten bewirken wird, dass andere wenig von uns halten. (…) Wir haben Angst, dass uns andere nicht mehr mögen, wenn sie die Wahrheit darüber herausfinden, wer wir sind, wo wir herkommen, was wir glauben, wie erbittert wir kämpfen oder, ob du es nun glaubst oder nicht, wie wunderbar wir sind, wenn wir über uns hinauswachsen. (Manchmal ist es genauso schwer, unsere Stärken anzuerkennen wie unsere Schwächen.)«
(aus: »Die Gaben der Unvollkommenheit« von Brené Brown; ab Seite 76)

Toxische Scham ist kein Gefühl, das kommt und geht. Sie ist vielmehr ein chronischer Zustand. Wie ein Wesenskern oder ein Persönlichkeitsstil wird sie zur Identität und begleitet jegliches Denken, Fühlen und Handeln. Der Psychologe John Bradshaw spricht in seinem Buch »Wenn Scham krank macht« von der »Internalisierung der Scham«. Bradshaw zufolge erzeugt toxische Scham herabwürdigende Stimmen in unserem Kopf, die uns von unserer Wertlosigkeit überzeugen möchten. Sie flüstern uns auch ein, dass uns so, wie wir wirklich sind, bestimmt niemand mag. Deshalb versuchen wir uns zu verstellen oder anzupassen, so gut es eben gelingt.

In mir schwang oft ein undefinierbares, ungutes Gefühl mit. Ich führte das auf meine mangelnde Diätdisziplin zurück. Daher träumte ich von meinem Zielgewicht, das ich mit allen Mitteln erreichen wollte. Ich war mir absolut sicher, dass dies der Schlüssel zu meinem Wohlbefinden war. Durch das Konzept der toxischen Scham verstehe ich heute, warum mein Plan nie aufging. Selbst dann nicht, wenn sich meine Waage ausnahmsweise gnädig zeigte: Ich fühlte mich als Ganzes inakzeptabel – daran konnte auch mein Gewicht nichts ändern. Ich hatte oft das Gefühl, nicht gut genug oder eine Last zu sein. Ich kam mir minderwertig vor, meist fehl am Platz. In mir war eine toxische Scham-Stimme, die mir deutlich zu verstehen gab: »Du bist eine Last!«, »Du bist ein Nichts!« oder »Das, was du machst, ist alles Blödsinn!« Ich empfand mich oft als »zu« ... zu dick, zu dumm, zu faul, zu laut, zu groß, zu langsam, zu unsportlich, zu untalentiert, zu unfähig, zu undiplomatisch, zu ... Ich hatte ständig das Bedürfnis, mich zu rechtfertigen: für meine Taten, meine Gedanken, meine Gefühle, für mein ganzes Wesen.

Toxische Scham kann entstehen, wenn uns enge Bezugspersonen dauerhaft – direkt oder unterschwellig – das Gefühl vermitteln: »Du bist nicht wertvoll, so wie du bist.« Oft wurzelt dieses Muster in der Kindheit. Hier einige Beispiele dazu:

✱ Das Kind wird erst dann geliebt, wenn es den Anforderungen, Träumen, Wünschen und dem Idealbild der Bezugspersonen entspricht. Sobald das Kind seinen eigenen Weg geht, kommt es zum Konflikt.

* Es werden wiederholt gute Leistungen und/oder gutes Aussehen statt des Gesamtwesens des Kindes in den Vordergrund gestellt.
* Sogenannte narzisstische Erweiterung: Sie entsteht, wenn sich die Bezugspersonen die positiven Eigenschaften des Kindes zunutze machen, um eigene Selbstwertstörungen auszugleichen. (»*Mein* Kind hat nur Bestnoten im Zeugnis!«) Das Kind wird nicht um seiner selbst willen geliebt.
* Bestimmte Gefühle oder Wesenszüge des Kindes werden regelmäßig unterbunden (»Stell dich nicht so an«, »Sei nicht so leicht angerührt«, »Was du dir immer einbildest!«).
* Das Kind ist übermäßig oft mit abwertenden Aussagen konfrontiert (»Wer glaubst du eigentlich, wer du bist?«). Unterläuft ihm ein Fehler, kommentieren die Bezugspersonen überwiegend mit Sätzen wie: »Du bist eine Versagerin!«, statt Hilfestellung anzubieten, um daraus für die Zukunft zu lernen.
* Die Bezugspersonen begegnen dem Kind mit emotionaler Kälte, so dass jeder Versuch, sein wahres Wesen zu zeigen, förmlich eingefroren wird.
* Die Bezugspersonen lassen das Kind direkt oder indirekt wissen, dass aufgrund seiner Geburt viele Dinge nicht mehr möglich waren. Das Kind glaubt, eine Last zu sein.
* Double-bind-Kommunikation: Dem Kind wird etwas gesagt, das es anders empfindet. Dadurch ist es nicht mehr sicher, was stimmt, und zieht sich fortan selbst in Zweifel. Beispiel: Eine enge Bezugsperson sagt: »Mir geht es gut.« Das Kind spürt jedoch, dass dies nicht der Wahrheit entspricht, fragt nach und erhält als Antwort: »Das bildest du dir ein!«
* Bedürfnisse des Kindes werden nicht erkannt oder respektiert. Das Kind gewinnt die Überzeugung, dass die eigenen Wünsche und Neigungen unwichtig oder unrichtig sind.
* Regelmäßige Grenzüberschreitungen wie beispielsweise Nichtachtung der Privatsphäre des Kindes.
* Dem Kind fehlt Urvertrauen: Es hat also nicht gelernt, dass es sich vollständig auf seine Umgebung verlassen kann.

❋ Missbrauch und Trauma auf körperlicher beziehungsweise auf seelischer Ebene.

Viele Kinder lernen, dass sie erst dann geliebt werden, wenn sie sich anders verhalten, als sie tatsächlich sind.

»Da das Kind auf die Zuwendung der Bezugspersonen angewiesen ist und sein Überleben von ihnen abhängt, wird es alles tun, um ihnen zu gefallen. Es wird nach außen ein Selbst aufbauen, das ihm nicht entspricht. Man kann es falsches Selbst nennen, Maske oder Fassade. Das falsche Selbst ist somit ein Überlebensmechanismus, der das Überleben des Kindes sichert. Wenn ein Kind jedoch früh beginnt, eine Maske aufzusetzen, dann wird es in der Folge sein anderes Selbst, das auch noch ist, immer weniger spüren. Als Erwachsene sind Menschen oft nicht fähig, zu sagen, wie es ihnen wirklich geht. Zum einen, weil sie es nicht fühlen, zum anderen, weil sie sich nicht trauen, es mitzuteilen.«
(aus: »Der weibliche Narzissmus« von Bärbel Wardetzki; S. 41)

Was hat die toxische Scham mit Esssucht zu tun? Zuvor erwähnte ich, dass ich bei mir selbst und bei vielen anderen Betroffenen auf Verhaltensmuster stieß, die mit toxischer Scham in Verbindung gebracht werden können. Wir schauen uns diese verschiedenen Faktoren nun genauer an:

Suchtverhalten

Das toxische Schamgefühl ist unangenehm und kaum zu ertragen. Weil gegen solch seelischen Schmerz keine Tabletten helfen, entwickelt unser Unterbewusstsein andere Bewältigungsmechanismen: Das Suchtverhalten verschafft wenigstens zeitweise Linderung, und so bekommt es eine wichtige Funktion im Leben der Betroffenen.

Esssucht hat allerdings etwas Selbstzerstörerisches. Das liegt vielleicht auch daran, dass wir aufgrund der toxischen Scham überzeugt sind, niemals gut genug zu sein. Doch werden nur die »guten Mädchen« mit Gold überschüttet, die »bösen Mädchen« müssen bestraft werden. Erfüllt von toxischer Scham glauben wir, dass wir es nicht verdient haben, all das zu bekommen, was wir brauchen. Dies führt zu einem Gefühl des chronischen inneren Mangels. In der Esssucht wird versucht, diesen Mangel, der in Wahrheit ein emotionaler Hunger ist, mit Essen zu füllen – was jedoch nie gelingen kann.

Zum Thema Suchtmittel möchte ich neben dem Essen auch Alkohol und Internet (insbesondere das Smartphone) erwähnen. Viele Menschen mit Esssucht fühlen sich zu beidem hingezogen, so auch ich damals:

1994 gab es die ersten Internet-Chatrooms. Zugang zu diesen hatte ich damals ausschließlich über die Uni-Computer. Im PC-Raum durfte nicht gegessen werden, und das stundenlange Chatten versetzte mich in eine Art Rauschzustand. Wären damals die Smartphones bereits erfunden gewesen, ich hätte meines vermutlich kaum aus der Hand gelegt. Jedes Mittel, das mich vom Essen abhielt, war mir recht! Doch machte ich mir gleichzeitig Vorwürfe, da mir klar war, dass ich meine Zeit nicht sinnvoll verbrachte. Abends, wenn ich ausging, trank ich viel zu oft mehr Alkohol als mir guttat. In dieser kurzen Zeit des Rausches fühlte ich mich endlich fröhlich, stark, unbeschwert und schämte mich nicht für meinen Körper.

»Sucht kann als Verhalten beschrieben werden, bei dem man chronisch und zwanghaft Gefühle betäubt und verdrängt.«
(aus: »Die Gaben der Unvollkommenheit« von Brené Brown; Seite 122)

Gedankenkreise

Eine weitere Methode, die toxische Scham zu verdrängen, ist das Gedankenkreisen, in dessen Mittelpunkt nicht nur Figur, Gewicht und Essen stehen. Die Gedanken können mit vielen Dingen pausenlos beschäftigt sein, beispielsweise damit,

- »wenn ... dann«-Gedankenspielen nachzuhängen (»Wenn er mich heute nicht anruft, werde ich mich ebenfalls nicht melden. Sollte er sich doch melden, dann ...«).
- relativ unwichtige Entscheidungen lange und ausführlich abzuwägen (»Soll ich die grüne oder die blaue Jacke kaufen?«).
- Katastrophengedanken zu wälzen (»Warum will mich mein Chef sprechen? Was habe ich falsch gemacht? Was, wenn ich gekündigt werde? Was wenn ...?«).
- die Zukunft bis ins kleinste Detail zu planen.
- lange darüber zu grübeln, was andere Menschen über einen denken könnten.
- sich mit anderen zu vergleichen, beispielsweise ob diese schlanker oder klüger sind.

Letztens las ich folgenden Spruch: »Kann nicht schlafen, weil ich nicht weiß, ob es Drachen traurig macht, dass sie keine Kerzen ausblasen können.« Das passt zu meinem damaligen Denken: Ich machte mir Gedanken über alles und jeden.

Eine Spezialform der Gedankenkreise zeichnet sich durch Ich-Zentriertheit aus. Menschen mit toxischer Scham beziehen immer alles auf sich. Dieses Phänomen ist vergleichbar mit Zahnschmerzen: Wenn sie uns plagen, können wir nichts anders mehr denken als »Zahnweh!!!«. Wir werden »zahnzentriert«. Ähnliche Mechanismen wirken bei seelischem Schmerz. (Noch detaillierter beschrieben wird dies im Buch »Wenn Scham krank macht«, John Bradshaw; Seite 387.)

Meine Gedanken kreisten ständig um mich selbst sowie darum, was andere über mich dachten und was ich tun konnte, um einen guten Eindruck zu hinterlassen. Ich hatte das Gefühl, dass mir meine Essensmengen förmlich auf die Stirn geschrieben standen und alle sehen konnten, was für ein gefräßiges Monster ich war. Sobald

Kolleginnen zusammenstanden und tuschelten, war ich überzeugt, dass sie sich über mich lustig machten. Irgendwann genierte ich mich sogar, auf die Toilette zu gehen, weil ich fürchtete, dass mir alle auf den Hintern starren würden.

Perfektionismus

Perfektionismus lässt sich mit Hilfe der toxischen Scham ebenfalls erklären: »Wenn ich schon nicht perfekt *bin*, versuche ich wenigstens, alles perfekt zu *tun*.«

Ich wollte alles möglichst perfekt haben. Ich war zum Beispiel nervös, wenn ich für Freunde kochte. Alle sollten mein Essen mögen und sich bei mir wohlfühlen. Das Beisammensein mit ihnen konnte ich kaum genießen. Ich fühlte mich eher wie in einer dieser TV-Kochshows, wo alles streng beurteilt wird.

Perfektionismus braucht eine Menge Planung und Kontrolle. Das toxische Gedankenmuster lautet: »Nur, wenn ich alle Fäden fest in der Hand halte, kann es perfekt sein. Nur wenn alles perfekt ist, wird niemand bemerken, wie minderwertig und verletzlich ich in Wirklichkeit bin.«

Ich malte mir künftige Situationen genau aus, überlegte mir im Voraus, was ich wann sagen oder tun würde. Das ging sogar so weit, dass ich meine eigenen Musik-CDs mitnahm, als ich eine Freundin besuchte, um die durch Musik erzeugte Stimmung beeinflussen zu können.

Am liebsten hätte ich genau gewusst, was am folgenden Tag, in der kommenden Woche, in einem Monat passieren würde. Ich wollte die Kontrolle über die Zukunft haben. Das führte dazu, dass ich jegliche Spontanität verlor und überfordert war, wenn etwas anders lief, als gedacht.

Wenn wir perfekt sind, werden es auch die anderen bemerken. Das ist die große Hoffnung. Um das Gefühl der Minderwertigkeit zu besänftigen, wird nach Lob und Anerkennung gelechzt.

Da ich gern hören wollte, wie fleißig und wie toll ich war, machte ich mit bei dem beliebten Gesellschaftsspiel »Schau, wie viel ich zu tun habe«. Ich hetzte von hier nach da, gönnte mir keine Pause und schrieb unentwegt To-do-Listen. Dementsprechend schlimm war es für mich, als ich ein paar Monate lang arbeitslos war und auf die Frage: »Wie war dein Tag?«, in meinen Augen nur wenig Wertvolles zu berichten hatte.

Egal was oder wie viel ich tat, ich erhielt nie so viel Lob und Anerkennung, wie ich gebraucht hätte, nämlich unendlich viel. Bekam ich die ersehnte Bestätigung, hinterfragte ich sie so lange, bis ich doch eine Kritik heraushörte. Oder ich entwertete die Bestätigung, indem ich dachte: »Das sagt sie doch nur so. Ich weiß, dass ich noch viel mehr hätte leisten können.« Ich hatte immer das Gefühl, zu wenig zu leisten und wertlos zu sein. Einen Ruhepunkt, an dem ich mich zufrieden zurücklehnen konnte, gab es für mich nicht.

Woran erkennen wir, ob wir makellos sind? Die Perfektion einer Leistung oder gar unseres Wesens zu messen, ist praktisch unmöglich. Bedeutend einfacher ist es da schon, das Gewicht unseres Körpers als Gradmesser heranzuziehen. So können wir aufs Gramm genau bestimmen, ob wir perfekt auf unsere Ernährung geachtet, perfekt Sport getrieben haben und perfekt dem gängigen Schönheitsideal entsprechen. Unbewusst hoffen wir, so auch endlich unseren inneren Wert zu messen.

»Perfektionismus ist nicht dasselbe wie das Bemühen, dein Bestes zu geben. Bei Perfektionismus geht es nicht um eine gesunde Leistung oder gesundes Wachstum. Perfektionismus ist die Überzeugung, dass wir, wenn wir perfekt leben, perfekt aussehen und perfekt handeln, den Schmerz von Schuldzuweisungen, Verurteilungen und Scham verringern oder vermeiden können. Es ist ein Schutzschild. Perfektionismus ist ein Zwanzig-Tonnen-Schild, den wir mit uns herumschleppen im Glauben, er würde uns schützen, während er uns in Wirklichkeit daran hindert, die Flucht zu ergreifen.«
(aus: »Die Gaben der Unvollkommenheit« von Brené Brown; ab Seite 100)

Stimmungsschwankungen

Starke Stimmungsschwankungen lassen sich im Hinblick auf toxische Scham damit erklären, dass betroffene Personen ihren Wert im Außen messen. Da die innere Stabilität fehlt, kann die kleinste Kritik oder die Nichterfüllung eines Wunsches ausreichen, um eine innere Scham-Lawine loszutreten.

Ich konnte Kritik nicht in Relation setzen. Es war mir unmöglich, zu denken: »Ich habe einen (einzelnen) Fehler gemacht.« Nein, ich dachte: »Ich bin (als Ganzes) fehlerhaft!« Statt bloß einzelne Handlungen zu überdenken, stellte ich sofort mein gesamtes Wesen in Frage. Sogar die kleinste Kritik zog mir den Boden unter den Füßen weg.

Typisch für toxische Scham ist, dass wir Dinge anders verstehen, als sie tatsächlich gesagt oder gemeint werden. Statt beispielsweise »Diese *eine* Verhaltensweise von dir nervt mich!« zu hören, sind wir überzeugt davon, dass in Wirklichkeit gemeint war: »Ich liebe dich nicht mehr und werde dich bald verlassen, weil *alles* an dir nervt.« Indem Kritik derart generalisiert wird, kommt es zu einer verzerrten Wahrnehmung der Wirklichkeit. So kann die Reaktion bisweilen unverhältnismäßig heftig ausfallen, was auf so manchen Mitmenschen irritierend wirkt.

Einer Person mit toxischer Scham fällt es schwer, sich angemessen einzuschätzen:

»Im Grunde hält sie sich für minderwertig, schwach, schlecht und unattraktiv (= Minderwertigkeit). Da das Eingeständnis, minderwertig zu sein, jedoch außerordentlich unangenehm ist, rettet die Größenphantasie über das schlechte Gefühl hinweg (= Grandiosität). Indem sie sich besonders attraktiv macht, versucht, gute Leistungen zu erbringen, besonders anpassungsfähig und liebenswürdig erscheint, macht sie sich und den anderen vor, ein wertvoller Mensch zu sein.«
(aus: »Weiblicher Narzissmus« von Bärbel Wardetzki; Seite 26)

Der Wechsel zwischen Grandiosität und Minderwertigkeit kann abrupt erfolgen, so dass wir zwischen »himmelhoch jauchzend« und »zu Tode betrübt« hin- und herschwanken. Ein konstantes Mittelmaß ist dagegen selten.

Die Folge ist oft eine schwarz-weiße Denkstruktur, im Sinne eines »ganz oder gar nicht«. Ein einzelner Bissen zu viel wird als herber Rückschlag und komplette Entwertung empfunden –, und weil es nun »eh schon egal ist«, wird hemmungslos weitergegessen.

An manchen Tagen fühlte ich mich geradezu erhaben, vor allem, wenn ich meine Diätpläne perfekt einhielt. Dann versuchte ich, alle in meinem Umfeld zu überzeugen, dass mein Weg der beste und gesündeste war. Bis der Absturz in Form eines Essanfalls kam. Dann fühlte ich mich unterirdisch, wie der schlechteste Mensch der Welt.

Schwierigkeiten mit dem Spüren

Vielen Menschen mit Esssucht fällt es schwer, Gefühle zu spüren. Unter dem Blickwinkel der toxischen Scham ist das kein Wunder, denn Gefühle führen zu Bedürfnissen. Sind wir allerdings davon überzeugt, nichts wert zu sein, schämen wir uns für unsere Gefühle und die daraus resultierenden Bedürfnisse.

Bevor ich es schaffte, Gefühle oder gar Bedürfnisse wahrzunehmen, hatte ich sie bereits als »schlecht« abgetan. Mich ausruhen? Einfach nichts tun? Unmöglich! Ich war streng zu mir und zwang mich, meine Zeit sinnvoll zu nutzen. Nur meine Essanfälle gestatteten mir, die Selbstkontrolle aufzugeben, allerdings auf schmerzhafte Art und Weise.

Die Stimme der toxischen Scham würde das folgendermaßen ausdrücken: »Sollte irgendjemand mitbekommen, wie du wirklich tickst, mag dich bestimmt keiner mehr!« Daher werden verschiedene Masken aufgesetzt, beispielsweise die »Mir-geht-es-immer-super«- oder die »Ich-hab-die-totale-Ahnung-von-demwas-ich-hier-tue«-Maske. Manchmal sitzen diese Masken dermaßen fest, dass wir mit der Zeit glauben, wir wären tatsächlich so. Wir verlieren den Zugang zu unserem wahren Ich.

Nach außen hin versuchte ich, jenes »Ich« vorzuführen, das ich gern gewesen wäre: Immer strahlend, gut drauf, voller Energie. Ich hatte große Angst, dass es dieses »Ich« in Wirklichkeit gar nicht gab, sondern sich dahinter nur ein deprimiertes Häufchen Elend verbarg. Auf die Idee, dass auch mein wahres »Ich« liebenswerte Seiten haben könnte, kam ich damals nicht.

Das Tragen der Masken kann in uns die Angst vor Nähe auslösen: »Kommt mir eine Person zu nahe, besteht die Gefahr, dass sie entdeckt, wie minderwertig ich in Wahrheit bin, und dann verlässt sie mich.« Dennoch besteht ein Bedürfnis nach Nähe. Dies kann dazu führen, dass in Beziehungen ein »Spiel« zwischen Nähe und Distanz herrscht.

Wir spüren mit unserem Körper. Doch dieser wird hauptsächlich dazu benutzt, um zu messen, ob wir wertvoll sind oder nicht. Der Körper darf keine Bedürfnisse zeigen, er muss perfekt funktionieren und aussehen. Unbewusst wird gehofft, dadurch endlich die ersehnte Bestätigung von außen zu bekommen oder sich nicht mehr als minderwertig zu erleben.

Mangel an Selbstliebe und Selbstwert

Nachdem Sie nun schon mehr über die toxische Scham wissen, werden Sie vielleicht erahnen, warum das Projekt »Selbstliebe« so schwierig zu verwirklichen ist: Wenn wir uns für das, was wir sind, schämen, hält sich natürlich auch die Sympathie für uns selbst in Grenzen.

Heute verstehe ich, wie mein Streben nach Perfektion das Projekt »Liebe dich selbst, wie du bist« sabotierte. Ich kannte keine Grauzone: Wenn ich nicht alles an mir perfekt fand, gab ich auf. Doch alles an mir zu lieben, gelang mir natürlich nicht. Der Weg in Richtung Selbstliebe glückte mir erst, als ich mich auf kleine Schritte ein-

ließ und langsam das »Alles oder nichts«, das »Ganz oder gar nicht« auflösen konnte.

Was tun mit der toxischen Scham?

Toxische Scham lässt sich nicht einfach abdrehen. Sie ist ein tiefes Muster und wurde über lange Jahre hinweg Teil der Persönlichkeit. Es braucht daher schon Zeit, sie überhaupt identifizieren zu können.

Ich betone an dieser Stelle, dass ich die toxische Scham weder zu einer in Stein gemeißelten Diagnose, noch zu einem neuen Feindbild machen möchte. Genauso wenig ist es meine Absicht, eine Opferhaltung zu unterstützen, wie etwa: »Meine toxische Scham und meine Kindheit sind schuld, dagegen kann ich nichts tun!«

Was ich möchte, ist Ihnen zu helfen, Verständnis für Ihre Denk- und Handlungsmuster zu entwickeln. Sobald wir ein Bewusstsein dafür entwickeln, welche Mechanismen in uns ablaufen, können wir uns selbst gegenüber Milde walten lassen. Denn wir wissen: So einfach wie es scheint, ist es nicht.

Außerdem können wir nach und nach lernen, uns selbst zu geben, was wir in der Vergangenheit schmerzlich vermissten. Mit diesem Schritt wirken wir der toxischen Scham bereits entgegen. »Ich lerne mich zu verstehen, mich zu akzeptieren und zu dem zu stehen, was ich wirklich bin und brauche« – wenn wir diesem Prinzip folgen, nehmen wir der toxischen Scham sukzessive ihre Grundlage.

Zum Thema »Mich verstehen lernen« passt der nächste Abschnitt, der sich mit Hochsensibilität beschäftigt.

Hochsensibilität

Last but not least möchte ich Sie mit dem Konzept der Hochsensibilität vertraut machen. Im Laufe der Jahre habe ich festgestellt, dass viele Menschen mit Esssucht hochsensibel sind. Daher möchte ich nun näher auf das Konzept der HSP (hochsensible Person) eingehen.

Eine HSP besitzt eine viel feinere und detailliertere Wahrnehmung als der Durchschnitt. Dies liegt daran, dass Sinnesreize weniger gefiltert werden. So nehmen sie auch Nuancen intensiver wahr und verarbeiten alle Eindrücke tiefer als andere Menschen.

Die hohe Sensibilität kann sich in verschiedenen Bereichen zeigen. Viele HSP sind sensorisch sensibel. Sie haben eine feine Sinneswahrnehmung und reagieren stark auf Geräusche, Gerüche, Licht und Farben. Andere nehmen besonders die Feinheiten in zwischenmenschlichen Bereichen wahr, sind also emotional sensibel. Ferner gibt es kognitiv sensible Menschen, die ein starkes Gefühl für Logik und komplexe Zusammenhänge haben. Die hohe Sensibilität kann sich bei einem Menschen in allen drei Gebieten zeigen, meist gibt es jedoch einen Schwerpunkt.

HSP kann sich durch folgende Merkmale zeigen:

* intensiveres Wahrnehmen von Geräuschen
* schwächere Gewöhnung an penetrante Geräusche
* starke Reaktion auf Lärm
* hohe Empfindlichkeit für die Luftqualität
* intensives Wahrnehmen von Hitze und Kälte
* feines Wahrnehmen von optischen Eindrücken wie Farben, Formen, Licht
* Feinwahrnehmung von Befindlichkeiten, Stimmungen und Beziehungsqualitäten
* gute Fähigkeit beim Zuhören
* großes Harmoniebedürfnis
* tiefes Bedürfnis, Zusammenhänge zu verstehen, tiefe Reflexion, Nachdenken und Nachempfinden
* ausgeprägte Intuition
* lebhafte Vorstellungskraft
* intensive Träume

- ✱ langer emotionaler Nachklang des Erlebten
- ✱ tragische Weltnachrichten werden als besonders belastend empfunden
- ✱ Phasen von Weltschmerz
- ✱ Gewissenhaftigkeit und ausgeprägter Gerechtigkeitssinn, hoher ethischer Standard
- ✱ Hungergefühle können stark die Befindlichkeit beeinflussen
- ✱ erhöhte Schmerzempfindlichkeit
- ✱ viele HSP sind Spätentwickler
- ✱ viele HSP verlieben sich stärker und öfter

(siehe auch: »Zart besaitet« von Georg Parlow, ab Seite 17)

Ich entdeckte die Hochsensibilität durch Georg Parlows Buch »Zart besaitet«. Ich weiß noch genau, wie ich es im Jahr 2005 das erste Mal aufschlug: Ich war mit der Schnellbahn unterwegs zu einer Freundin und war derart fasziniert, dass ich meinen Zielbahnhof versäumte. Ich fühlte mich endlich völlig gesehen und erkannt. Die Art, wie ich fühlte und die Welt wahrnahm, war nicht seltsam, kompliziert, anstrengend, mühsam ... ich bin einfach hochsensibel!

Leidet eine HSP unter toxischer Scham, schämt sie sich dafür, anders zu sein als andere und versucht, »sich nicht so anzustellen«. Sie bemüht sich, ein anderer Mensch zu sein, als sie tatsächlich ist. Eine HSP zu sein, bedeutet nicht automatisch, an emotionalem Essverhalten zu leiden. Es ist vielmehr das Sträuben gegen die eigene Persönlichkeit, das dazu führt.

Endlich verstand ich, warum mich beispielsweise Besuche in großen Einkaufshäusern oder Baumärkten übermäßig anstrengten. Warum es mich schier verrückt machte, wenn an meinem Arbeitsplatz den ganzen Tag das Radio lief. Warum ich Großraumbüros nicht ertragen konnte. Es waren zu viele Sinneseindrücke! Endlich hatte ich eine Erklärung dafür, warum ich manchmal plötzlich müde wurde, wenn ich auf andere Menschen traf: Ich spürte überdeutlich, wenn es jemandem nicht gut ging und hatte noch nicht gelernt, mich von solchen Stimmungen abzugrenzen. Auch verstand ich, warum ich nach einem Treffen mit einer Freundin allein sein wollte: Ich brauchte Zeit für mich, um alle Eindrücke zu verarbeiten. Jetzt wusste ich, wieso mir große Hitze oder große Kälte mehr zusetzten als anderen. Ich konnte sie intensiver spüren.

Ein zentraler Begriff der Hochsensibilität ist die Überstimulation. Sie tritt auf, wenn Sinneseindrücke aufgrund ihrer Vielzahl oder ihrer Intensität nicht mehr verarbeitet werden können. Das müssen nicht notwendigerweise unangenehme Reize sein. Es kann ebenso eine Anhäufung von angenehmen Dingen sein, die in Summe dennoch zu viele sind. Ein Beispiel für »zu viel des Guten«: auf den Kauf des lang erwünschten neuen Sofas im Möbelhaus folgt der Besuch eines Weihnachtsmarkts mit Freundinnen, mit denen man erst gemeinsam Essen und anschließend ins Kino geht.

Überstimulation verursacht in meinem Körper eine große Unruhe. Ich bin hibbelig und aufgedreht und habe das Gefühl, dass meine Haut bebt und tausend mikroskopisch kleine Nadelspitzen auf sie einprasseln.

Hier kommt bei emotionalem Essverhalten die Nahrungsaufnahme ins Spiel: Während das Gefühl der Überstimulation als äußerst unangenehm empfunden wird, wirkt das Essen als Entspannung und erdet uns.

Als mir dieser Zusammenhang klar wurde, hörte ich auf, mich selbst zu verurteilen, wenn ich nach »nur« einem Besuch im Baumarkt Pause brauchte. Ich fing an, mit meiner hohen Sensibilität zu leben, statt gegen sie. Ich achtete auf Pausen, so dass meine Sinneseindrücke genug Raum bekamen.

In unserer technisierten Informationsgesellschaft prasseln ständig verschiedenartige Sinneseindrücke auf uns ein, die es zu verarbeiten gilt. Der Siegeszug des Smartphones beschleunigte diese Entwicklung noch. Dazu kommt, dass das Lebensmotto »stärker-schneller-höher-mehr« heutzutage so weit verbreitet ist. Wenn man als hochsensibler Mensch versucht, all diesen Herausforderungen gerecht zu werden und seine Bedürfnisse übergeht, kann das langfristig nicht gutgehen. Womit wir wieder mitten im Thema Selbstliebe wären: Könnten wir nicht unsere eigenen Stärken entdecken, statt uns an den Stärken anderer Menschen zu orientieren?

Ich erinnere mich, wie ich mich bei meiner Therapeutin über meine vielschichtige Wahrnehmung beschwerte, die ich als Belastung empfand. Sie erwiderte darauf: »Sie haben die Gabe, die Welt in allen ihren Farben zu sehen, in allen Schattierungen, das ist ein Geschenk.« Auch danach habe ich lange mit meiner Sensibilität gehadert, bis ich begriff: Ich bekomme nur das gesamte Paket. Ich kann nicht einzelne Teile herauspicken, die mir gefallen, zum Beispiel mein hohes Einfühlungsvermögen. Wenn ich einfühlsam sein möchte, muss ich akzeptieren, dass ich eben alle Sinneseindrücke in ihrer Tiefe wahrnehme und sensibel reagiere.

HSP sind keine »schwachen Menschen«, sie können große Stärke zeigen. So reagieren sie in Krisensituationen, zum Beispiel, wenn Erste Hilfe geleistet werden muss, meist besonnen, weil sie in Sekundenschnelle begreifen, was in diesem Moment das Wesentliche ist. Hochsensibel zu sein bedeutet keineswegs, wenig Leistung zu bringen! Es geht leidglich darum, auf die geeigneten Rahmenbedingungen zu achten. Wenn ihnen ihre Bedürfnisse einmal bewusst sind, können HSP mit ein bisschen Übung gut auf diese eingehen. Vermeintliche Schwächen werden dann nicht mehr als solche wahrgenommen.

Ein Beispiel hierfür aus meinem Alltag: Kürzlich brauchte meine aivilo-Praxis einen neuen Anstrich. Die Farben dazu kaufte ich nicht im Baumarkt, sondern im Fachhandel ums Eck. Dort zahlte ich zwar etwas mehr, genoss aber hervorragende Beratung und hatte vor allem keine Überstimulation.

Erwähnen möchte ich, dass meine überstimulierten Phasen mit den Jahren weniger wurden. Das liegt zum einen daran, dass ich es mir, wenn möglich, einfacher mache. Außerdem habe ich gelernt, meine Körpergrenzen zu spüren, und kann heute besser unterscheiden, wo ich aufhöre und wo andere anfangen. Darüber hinaus spielte der Aufbau meiner »seelischen Muskeln« sowie die Fähigkeit zur Selbstregulation eine große Rolle. Über all das werden Sie später noch einiges erfahren.

Um den Weg aus der Esssucht zu finden, ist es erforderlich, den eigenen Wesenskern zu entdecken, nach und nach auszudrücken und zu leben. Nur so kann das emotionale Essen von seinen Funktionen befreit werden. Die Unterdrückung der eigenen Persönlichkeitsmerkmale, ob man nun hochsensibel ist oder nicht, kann zu großer innerer Einsamkeit führen: Wir fühlen uns nicht verstanden. Wie auch, wenn wir uns nicht zeigen?

Silvester 1996 war ich mit einem Freund unterwegs. Um Mitternacht standen wir am Wiener Rathausplatz, umgeben von Tausenden Menschen. Ich war nicht allein, dennoch fühlte ich mich einsam wie nie zuvor. Damals wusste niemand, was oder wer ich wirklich war, am wenigsten ich selbst.

Gedanken zum Weg aus dem Teufelskreis

Stellen Sie sich vor, Sie hätten ein Unternehmen, in dem eine einzige Mitarbeiterin seit Jahren Ihr ganzes Tagesgeschäft bewerkstelligen würde. Vielleicht stellen Sie eines Tages fest, dass Sie Ihre Mitarbeiterin überfordert haben und dass es gut wäre, sie in den wohlverdienten Ruhestand zu schicken. Doch was würde passieren, wenn sie plötzlich nicht mehr da wäre? Alle Aufgaben blieben unerledigt liegen, und Ihr Unternehmen bräche zusammen! Besser wäre es, sich etwas Zeit zu geben, bis Sie neue Mitarbeiterinnen finden, die die Funktionen in Ihrem Unternehmen verlässlich ausfüllen können. Erst dann können Sie auf Ihre alteingesessene Mitarbeiterin verzichten.

Die Esssucht verschwindet nicht über Nacht

Ähnlich wie mit der überarbeiteten Mitarbeiterin verhält es sich mit der Esssucht: Sie erfüllt zahlreiche Funktionen in unserem Leben und kann daher nicht von heute auf morgen »gekündigt« werden.

Obwohl ich mir etwas anderes einzureden versuchte: In Wahrheit lebte ich ein Leben, das mir nicht entsprach. Ich versuchte, anders zu sein, als ich war. Heute glaube ich, dass ich die Esssucht brauchte, um diesen Spagat zu ertragen.

Wir können nicht einfach beschließen: »Ab heute bin ich so, wie es meinem Wesenskern entspricht.« Schließlich haben wir unser Innerstes jahrelang, oft jahrzehntelang verleugnet oder unterdrückt. Es möchte unter dem Teppich hervorgeholt, abgestaubt und neu entdeckt werden. Das braucht naturgemäß seine Zeit! Wir können nicht einfach planen, die toxische Scham nicht mehr zu fühlen. Solange wir uns selbst als durch und durch mangelhaft empfinden, kann uns keine Macht der Welt vom Gegenteil überzeugen. Wir können den Eindruck, den wir von uns selbst haben, nur Schritt für Schritt verändern.

Ein anderer Grund, warum wir die Esssucht nicht über Nacht aufgeben können, ist die Hassliebe, die wir für sie empfinden. Der erste Teil des Wortes klingt logisch: »hassen«. Aber die Esssucht lieben?!? Ooohhh ja!

Natürlich würden wir das nie laut zugeben! Doch wenn wir ganz ehrlich sind ... irgendwie hat die Esssucht auch etwas Schönes. Da gibt es diesen Moment, diesen einen kleinen süßen Moment, in dem wir dem Essdruck endlich nachgeben und das Überessen beginnt. Da ist alles erlaubt, alles ist okay. Das Essen ist für uns da, umhüllt uns förmlich, es hat uns lieb, lullt uns ein. Wir müssen keine belastenden Gefühle spüren, keine unangenehmen Entscheidungen treffen, wir müssen in unserem Leben nichts ändern. Wir bestehen nur noch aus Essen. Einfach essen und alles vergESSEN. Wenigstens für diesen kurzen Moment. Nichts spüren, nichts denken, nichts hinterfragen, einfach nur eins sein mit dem Essen. Nichts tut weh, nichts verletzt, alles ist schön.

Wären wir in einem Hollywood Film, würde nun sanftes Geigenspiel anheben ...

... das abrupt verstummt, sobald die Trance zu Ende ist und die erbarmungslosen Selbstvorwürfe beginnen.

Wir glauben, wir wären frei, wenn die Esssucht plötzlich verschwände. Entspricht das tatsächlich der Wahrheit? Wäre es nicht im Gegenteil so, dass wir des emotionalen Essverhaltens beraubt komplett überfordert wären? Um diese Überlegung nachzuvollziehen, lade ich Sie auf ein Gedankenexperiment ein:

♥ **Die gute Fee:** Stellen Sie sich vor, dass eine anmutige Fee aus dem fernen Wunderland herbeieilt, um Ihren sehnlichsten Wunsch zu erfüllen. Sie schwingt ihren magischen Zauberstab, und im Nu ist es vollbracht: Ihre Essanfälle sind weg, genau wie Ihr Drang, sich zu überessen. Einfach so.

Vielleicht spüren Sie nun eine gewisse Erleichterung. Gönnen Sie sich dieses Gefühl, so lange Sie möchten.

Danach gehen Sie bitte all jene Situationen durch, die Sie bei der Übung auf Seite 37 (»Ich habe den Drang, mich zu überessen, wenn...«) aufgelistet haben. Wie geht es Ihnen, wenn Ihnen klar wird: »Das müsste ich ab sofort ohne Essen ertragen oder durchstehen«?

Mir schnürte dieser Gedanke den Hals zu. Wenn ich weder fressen noch daran denken durfte – was sollte ich stattdessen tun? Wie würde ich diese öden Vorlesungen überstehen, wie mich zum Lernen motivieren? Ich wusste nicht, wie ich all meine Gefühle ohne Essen ertragen oder wo ich Trost finden sollte. Ich befürchtete, dass ohne meine zwanghaften Gedanken und Handlungen eine Leere entstünde, die ich nicht wieder füllen konnte. Es war ein beständiger Kampf zwischen »Bitte, nehmt mir die Esssucht weg!« und »Hilfe, ich kann sie niemals hergeben!«

Zum jetzigen Zeitpunkt brauchen Sie die Esssucht, um Ihr Leben zu bewältigen, sonst wäre sie nicht da. Deswegen ist es angebracht, keine Hauruck-Veränderungen zu erwarten, sondern einen Schritt nach dem anderen zu gehen und das emotionale Essverhalten Stück für Stück abzubauen. Wir müssen uns damit abfinden, dass der Weg aus der Esssucht nicht in einem Zug zu erledigen ist.

Es braucht konkrete, kleine, realistische Ziele

Ich machte mir vor, ich könnte die Esssucht rasch loslassen, wenn ich nur die Ursachen genau verstünde. Nach dem Motto: »Kenne ich die Ursache, dann wird es wohl ein Leichtes sein, sie zu beheben.« Dementsprechend zermarterte ich mir daher oft und lange den Kopf, warum ich an Esssucht litt. Die Fülle an Antworten überforderte mich maßlos. Was sollte ich damit anfangen? Wie konnte ich das alles verändern? Wo bekam ich meinen Traummann her? Wie konnte ich entspannter werden? Wie eine Tätigkeit finden, die mich ausfüllte? Was, wo, wie, ...? Die Folge: Ich fühlte mich hilflos, gelähmt und unfähig.

Es reicht nicht, über Lösungen nur nachzugrübeln, wir müssen den Schritt vom Denken zum Handeln tun. Damit meine ich *keinen* blinden Aktionismus. Es geht darum, verschiedene Übungen auszuprobieren und mutig mit neuen Handlungsmustern zu experimentieren. Darum, neue Erfahrungen zu machen und die Erkenntnisse daraus schrittweise in Ihr Leben zu integrieren.

Rückblickend fällt mir auf, dass ich meine gewohnte Gedankenspirale namens »Wie-kann-ich-mein-perfektes-Gewicht-erreichen« durch eine neue ersetzte. Jetzt hieß es: »Wie-kann-ich-mein-Leben-perfekt-machen«. Ich glaubte, ich täte mir etwas Gutes, schließlich beschäftigte ich mich nun mit meiner Heilung!

Unkonkrete, viel zu hoch gesteckte Ziele sind wie erfolglose Diäten: Wir planen sie, scheitern an der Umsetzung und fühlen uns als Versagerinnen. Sie brauchen auf Ihrem Weg daher kleine, konkrete und vor allem realistische Ziele, die Sie in überschaubarer Zeit erreichen können. Sie brauchen Erfolgserlebnisse, um Energie für Ihren Weg zu gewinnen.

Der Weg entfaltet sich mit jedem Schritt

Ich hatte oft Angst. Was, wenn ich herausfinde, dass mir Freunde nicht guttun, dass mein Studium eine falsche E war und dass ich in Wahrheit doch eine schreckliche Kindheit hatte? Das würde bedeuten, dass ich ohne Freunde, ohne Perspektive und vielleicht ohne Familie dastehen würde. Das wäre ja schrecklich! Was, wenn ...?

Der Weg aus der Esssucht ist vergleichbar mit dem Aufbau von Muskeln: Wenn wir ein wenig Kraft entwickelt haben, ist es uns möglich, unseren Rucksack zu heben. Je öfter wir ihn heben, desto mehr gewinnen wir an Selbstvertrauen. Irgendwann wissen wir, dass wir den Rucksack tragen können. Dermaßen ausgerüstet sind wir langsam bereit, neue Länder zu erforschen. Der Weg aus der Esssucht entfaltet sich nach und nach. Er lässt sich nicht perfekt planen. Er verlangt, dass wir uns einlassen auf das Unbekannte und Ungewisse. Auf die Forschungsreise unseres Lebens.

Als ich 1996 die ersten Schritte aus der Esssucht tat, wusste ich nicht, wohin der Weg mich führen würde. Meine Talente und Vorlieben waren mir noch unbekannt, und ich hatte keinen Schimmer, was ich mit mir anfangen sollte. Ich glaube, dass dies einer der Gründe für mein emotionales Essenverhalten war: Ich hatte viel Energie, aber keine passende Idee, wohin mit ihr – und so dämpfte ich sie mit Essen. Wie sehr hätte ich mir eine Liste gewünscht, auf der alle nötigen Veränderungen standen, die ich nach und nach abarbeiten konnte. Heute weiß ich: Eine solche Liste hätte mir nichts gebracht. Die Veränderungen, die vor mir lagen, zu kennen, hätte mich heillos überfordert und auch erschreckt. Ich war noch nicht so weit. Es fehlte mir noch an »seelischen Muskeln«, mit denen ich die Veränderungen, die für mich nötig waren, stemmen konnte.

Den Rat: »Mach dich selbständig und begleite Menschen mit emotionalem Essverhalten«, hätte ich nicht umsetzen können. Wie auch, schließlich verfügte ich damals über viel zu wenig Selbstvertrauen und wusste kaum etwas von meinen Stärken und Vorlieben. Ich wäre völlig blockiert gewesen und auch von selbst niemals auf die Idee gekommen, eine neue Ausbildung zu beginnen, wie ich es einige Jahre später tun sollte.

Und wenn mir jemand gesagt hätte: »Du musst bis auf eine

Freundin deinen gesamten Freundeskreis wechseln«, wäre ich in Panik verfallen. Ich spürte damals noch nicht, welche Menschen mir guttaten und welche nicht. Ebenso wäre die Vorgabe »Du musst dich von deiner Familie zurückziehen und danach das Verhältnis auf neue Beine stellen« zu viel gewesen. Gutes Zureden wie »Du wirst dich eines Tages akzeptieren, wie du bist« wäre zum einen Ohr hinein- und zum anderen wieder hinausgegangen.

In meiner Praxistätigkeit erzählen mir die Menschen oft: »Ich weiß genau, wo meine Esssucht herkommt, und ich sollte … (es folgt eine Aufzählung von Dingen, die sich äußerst vernünftig anhören, wie zum Beispiel regelmäßig zu essen, nicht zu erbrechen, sich regelmäßig zu entspannen, nett mit sich selbst umzugehen) … doch ich schaffe es nicht.«

Früher gierte ich förmlich nach Ratschlägen, die mir für meine Lebensführung helfen sollten. Menschen, die mir erfahren schienen, fragte ich geradezu Löcher in den Bauch, und viele der Antworten, die ich erhielt, schienen mir logisch und klug. Dennoch wollte mir die Umsetzung nicht gelingen – mit dem Resultat, dass ich mich noch mehr als Versagerin fühlte, als ich es ohnehin schon tat. Bis ich irgendwann verstand: Ähnlich wie nach raschen Diäten gierte ich nach raschen Lebenslösungen.

Wir können stundenlang über Lösungen nachdenken, und im Kopf kann alles glasklar sein. Doch wenn sich das Gefühl in uns wehrt, weil wir emotional vielleicht noch nicht so weit sind, ist selbst die Umsetzung der brillantesten Idee blockiert. Es geht darum, unseren eigenen Weg zu suchen, zu finden und zu gehen – und zwar Schritt für Schritt, gemäß unserer momentanen Möglichkeiten. Allerdings können wir uns nur dann weiterentwickeln, wenn wir das Risiko eingehen, das neue Erfahrungen mit sich bringen, und uns Fehler zugestehen, aus denen wir lernen dürfen.

Wir können darauf bauen, dass Veränderungen erst dann passieren, wenn wir dazu bereit sind, also über jenes Wissen und jene Kraft verfügen, die dafür nötig sind. Daher ist es sinnvoll, immer nur einen Schritt nach dem anderen zu gehen.

Der Weg braucht inneres Wachstum

Bevor wir über Veränderungen im Leben nachdenken, stärken wir erst unsere »seelischen Muskeln«. Alles andere kommt, wenn wir so weit sind. Der Weg aus der Esssucht braucht inneres Wachstum, er kann nicht im Schnelldurchlauf absolviert werden.

Vielleicht kennen Sie die Geschichte von dem Indianer, der zum ersten Mal in seinem Leben mit der Eisenbahn fuhr. Am Ziel angekommen, setzte er sich auf die Schienen. Als er sich auch nach längerer Zeit nicht erhob, fragten Passanten, was er denn täte. Da antwortete der Indianer: »Ich warte hier, bis meine Seele nachgekommen ist.«

Die Langsamkeit, mit der Sie den Weg beschreiten, hat einen großen Vorteil: Alle Änderungen, die Sie vornehmen, werden dauerhaft sein, ohne Jo-Jo-Effekt.

Oft gestellte Fragen

Warum kommen Essanfälle meist am Abend?

Am Abend sind viele unserer Aufgaben erledigt, keine Kollegen und Kolleginnen mehr im Büro, die Kinder schlafen. Endlich Zeit für uns selbst! Wir dürfen uns verwöhnen, ausruhen und uns darauf einstellen, dass sich der Tag langsam seinem Ende zuneigt. Theoretisch zumindest. Denn wenn wir an Esssucht leiden, ist genau das ein Problem: Mit der Ruhe im Außen werden die Stimmen im Inneren lauter. Die toxische Scham meldet sich: »Du darfst dich jetzt nicht hinsetzen! Du hast noch genug zu tun! Wie es hier aussieht! Du musst aufräumen!«

Wir würden uns gern eine Pause gönnen, doch es ist uns nicht möglich. Da ist immer etwas, das uns antreibt und uns vor Augen führt, dass wir es noch längst nicht verdient haben, uns auszuruhen. Toxische Scham eben.

Das Essen ermöglicht es, uns Zeit für uns selbst zu nehmen. Nahrungsaufnahme ist überlebenswichtig – das ist ein guter Vorwand unsere lange To-do-Liste wenigstens für kurze Zeit zu ignorieren. Essen wir zu viel, werden wir bewegungsunfähig, insofern erkämpft das emotionale Essverhalten für uns die Pause.

Darüber hinaus nehmen wir bei Ruhe im Außen ausgerechnet jene Gefühle deutlicher wahr, die wir mit der Geschäftigkeit des Tages erfolgreich verdrängt haben, beispielsweise innere Unruhe oder Einsamkeit. Wenn diese Gefühle unerträglich werden, hilft uns das Essen, den inneren Druck abzubauen. Und es hilft gegen die Langeweile, die viele Menschen empfinden, wenn ihre Zeit nicht durchstrukturiert oder verplant ist, was überwiegend am Abend vorkommt. Essen beschäftigt.

Ein weiterer Grund, warum die Essanfälle abends kommen, könnte sein, dass Sie untertags zu wenig oder nicht in Ruhe gegessen haben. So kann sich abends der physische Hunger melden und mit Heißhunger deutlich auf sich aufmerksam machen. Insbesondere das Frühstück lassen esssüchtige Menschen oft aus, weil sie fürchten, dass, einmal begonnen, die Esserei den ganzen Tag andauern würde.

Ist es nicht doch nur ein Mangel an Disziplin?

Ich hielt mich für disziplinlos. Einer meiner Glaubenssätze war: »Wenn ich disziplinierter wäre, könnte ich meine Diätpläne einhalten, endlich abnehmen, und alles wäre gut.«

Heute weiß ich, dass ich meine Diätpläne nicht einhalten konnte, weil sie an meinen körperlichen Bedürfnissen vorbeigingen. Ich wendete viel Disziplin auf, um meinen Körper zu unterjochen, und dieser wehrte sich naturgemäß. Meine Essanfälle wurzelten nicht in meinem Mangel an Disziplin. Sie waren ein Alarmsignal meiner Seele. Ich behaupte sogar: Wenn wir in der Esssucht stecken, wenden wir bereits viel Disziplin an. In meinem Fall kann ich rückblickend erkennen:

Es kostete mich Disziplin, ein Studium zu absolvieren, das mir im Grunde keinen Spaß machte. Ich brauchte Disziplin, um ja sagen zu können, wenn ich innerlich nein meinte. Ich brauchte Disziplin, um ein Leben zu führen, das nicht meinem Wesenskern entsprach. Die einzige Möglichkeit, Disziplin und Kontrolle für einen Moment zu entkommen, war der Essanfall.

Bitte glauben Sie nicht, dass der Weg aus der Esssucht keine Disziplin erfordert – ganz im Gegenteil! Aber weil das Wort »Disziplin« landläufig negativ besetzt ist, möchte ich es lieber anders ausdrücken: Der Weg braucht ein konsequentes, regelmäßiges Üben, ein stetiges Dranbleiben, er braucht Kontinuität, Motivation und eine Menge Mut. Diese Art von Disziplin kreist nicht um Verbieten, Abschneiden, Wegmachen. Stattdessen geht es darum, sich Zeit zu nehmen, damit wir uns kennenlernen und verändern und irgendwann unserem Wesen entsprechend leben können. Wir setzen diese Disziplin *für* uns ein, statt *gegen* uns.

Wie lange dauert der Ausstieg aus der Esssucht?

Das ist schwer zu sagen, es hängt von vielen Faktoren ab: Wie lange dauert es, bis Sie eine Idee davon haben, dass das Essen nicht das wahre Problem ist? Sind Sie bereit, Hilfe anzunehmen? Ist es Ihnen möglich, Ihre bisherigen Lebensstrategien und eingefahrene Wege Schritt für Schritt zu verlassen? Wie stark hemmen Sie Ihre Angst und Ihre Widerstände? Wie viele Jahre haben Sie bereits mit Esssucht gelebt, bevor Sie sich auf den Weg machten? Wie viele Essanfälle pro Woche haben Sie? Erbrechen Sie oder nicht? Wie ehrlich sind Sie mit sich selbst? Wie gut können Sie sich selbst regulieren? Über wie viele Ressourcen verfügen Sie?

Bei mir begann das esssüchtige Verhalten 1993 im Alter von 21 Jahren, Thema waren Figur und Essen jedoch schon seit meinem 12. Lebensjahr. Meine erste konsequente Diät machte ich 1992, ein Jahr bevor es mit den Essattacken losging. Heute würde ich sagen, dass dies eine magersüchtige Phase war. 1996 begann ich damit, an mir zu arbeiten. Ein Jahr später hatte ich zwar immer noch Essanfälle, aber es ging mir wesentlich besser. Langsam versöhnte ich mich mit meiner Figur und mit meinem Wesen. Im Jahr 2000 konnte ich meinen Gefühlen begegnen, ohne mit Essanfällen zu reagieren, auch war ich mit meiner Figur im Großen und Ganzen einverstanden. Dennoch aß ich viel mehr als mir guttat, und ich beschäftigte mich nach wie vor intensiv mit dem Finden meiner Identität. Mit jedem kommenden Jahr fühlte ich mich wohler in meiner Haut und mein Verhältnis zum Essen lockerte sich stetig.

Die Essstörung wird Sie zwar noch einige Zeit lang begleiten, doch ihr Schrecken wird abnehmen. Mit jedem Schritt, den Sie vorwärts gehen, werden Sie Erleichterung spüren. Mit der Erleichterung wächst die Geduld: Wenn wir unseren gegenwärtigen Zustand besser aushalten, haben wir es nicht mehr ganz so eilig mit Veränderungen.

Zählt »Grasen« zur Esssucht?

Bei vielen Betroffenen tritt das sogenannte Grasen anstelle der Essanfälle. Darunter versteht man den Drang, nahezu pausenlos etwas zu essen: ein Keks hier, ein paar Nüsse dort, eine Scheibe Wurst hier, ein Stück Käse dort und so weiter. Ich werde oft gefragt, ob das nun Esssucht sei oder nicht.

Es gibt ein weltweit anerkanntes Klassifikationssystem für medizinische Diagnosen, den sogenannten ICD (International Statistical Classification of Diseases and Related Health Problems). Darin wird Grasen nicht als Teil von Essstörungen beschrieben.

Aber statt sich mit Begrifflichkeiten oder der Suche nach einer Diagnose aufzuhalten, finde ich es bedeutender, sich konkrete Fragen zu stellen: »Belastet mich mein Ess- und Diätverhalten?«, »Esse ich wesentlich öfter aus emotionalen Gründen, als es mir guttut«, und »Möchte ich daran von Grund auf etwas ändern, statt eine weitere Diät zu probieren?«. Falls Sie dreimal mit Ja antworten, werden Sie in diesem Buch zahlreiche Hinweise finden, die Ihnen für Ihren Weg nützlich sein könnten.

Werde ich zunehmen?

Diese Frage lässt sich leider nicht pauschal beantworten. Wenn Sie Ihr derzeitiges Gewicht nur mit äußerster Anstrengung halten können, werden Sie möglicherweise zunehmen. Vielleicht werden Sie später wieder abnehmen, vielleicht auch nicht. Wenn Sie übergewichtig sind, weil Sie pausenlos grasen, könnte es sein, dass Sie abnehmen, sobald Sie lernen, auf Ihre echten körperlichen und seelischen Bedürfnisse zu hören. Wenn Sie untergewichtig sind, werden Sie vermutlich zunehmen.

Auf unserem Weg aus der Esssucht lernen wir, den Bedürfnissen unseres Körpers zuzuhören. Es geht darum, ein Gewicht zuzulassen, mit dem sich unser Körper *wohl fühlt* und das wir leicht halten können, statt einem Gewicht hinterherzujagen, von dem wir *denken*, dass es gut für uns wäre. Wenn wir entspannt leben möchten, ist es an der Zeit aufzuhören, uns in eine Schablone hineinzuhungern, die vielleicht gar nicht zu uns passt.

Genau dies ist auf meinem Weg passiert. Ich wollte lernen, meinem Körper das zu geben, was er braucht, und das Gewicht zu akzeptieren, das er sich aussuchen möchte.

Am 28. Juni 1998 schrieb ich in mein Tagebuch:
»Ich möchte keine Diät halten, ich möchte mein Leben in Ordnung bringen.«

Ich spürte, dass dieser Entschluss wesentlich für meinen Weg aus der Esssucht sein würde. Ich nahm zunächst zu (darüber werden Sie später noch einiges erfahren), aber es fühlte sich trotzdem richtig an. Entscheidend war: Ich hatte nicht mehr das Gefühl, die Kontrolle zu verlieren und aus allen Nähten zu platzen. Ich lernte, meinem Körper zu vertrauen. Ich gönnte ihm ein stabiles Gewicht, das ich leicht hal-

ten konnte, ohne mich zu quälen. Etwas, das ich mir nie hätte vorstellen konnte, passierte: Ich konnte meinen Körper akzeptieren, obwohl er nicht mein »Kopfgewicht« hatte, denn ich fühlte mich besser, freier. Wenn mir das jemand ein paar Jahre zuvor prophezeit hätte, hätte ich es niemals geglaubt. Letztendlich erreichte ich mein heutiges Gewicht ohne Kasteiung und Panik. Es ist einfach das Gewicht, das zu mir und meinem momentanen Leben passt, mein Wohlfühlgewicht. Nicht das Gewicht, von dem ich denke, dass es passen müsste.

Vielleicht wenden Sie nun ein: »Sie sind schlank, kein Wunder also, dass Sie sich mit Ihrem Gewicht wohl fühlen.« *Ich kann diese Sichtweise gut verstehen, doch vielleicht relativiert sie sich, wenn ich Ihnen verrate: Als meine Esssucht begann, hatte ich das gleiche Gewicht wie zu dem Zeitpunkt, als das Cover für dieses Buch aufgenommen wurde. Dennoch fand ich mich viel zu dick, hatte unzählige Dinge an mir selbst auszusetzen und war gefangen in Diätgedanken. Als ich auf meinem Weg dann deutlich sichtbar zunahm, fühlte ich mich zu meiner Überraschung dennoch wohler in meiner Haut: Der Kampf, den ich so lange mit mir selbst ausgefochten hatte, durfte endlich enden.*

Unsere Gesellschaft möchte uns weismachen, dass man einen schlanken und trainierten Körper braucht, um sich wohl zu fühlen. Aufgrund meiner eigenen Erfahrung und der jahrelangen Arbeit mit Betroffenen weiß ich, dass dem nicht so ist. Es ist unser Körper, der sich sein Wohlfühlgewicht intuitiv aussucht, wenn man gut auf sich achtet und gelernt hat, seinen emotionalen Hunger überwiegend mit anderen Dingen als mit Essen zu befriedigen. Wohlgefühl kommt bei weitem nicht nur durch die Zahl auf der Waage zustande, sondern hängt mit vielen anderen Faktoren zusammen, vor allem mit der seelischen Gesundheit.

Wie soll ich meinen Weg beginnen?

Hierzu möchte ich Ihnen mitgeben: Ihr Weg beginnt nicht erst dann, wenn Sie dieses Buch ausgelesen haben. Nicht erst dann, wenn Sie die große Liebe oder den perfekten Job gefunden haben. Nicht erst, wenn Ihr Mann oder Ihre Kinder genau das tun, was Sie sich von ihnen wünschen. Nicht erst, wenn Sie den perfekten Sucht-Ausstiegs-Masterplan erstellt haben. Nicht erst, wenn Sie sich im Fitnessclub angemeldet haben. Nicht erst nach dem nächsten Festessen, bei dem Sie noch einmal ungehemmt schlemmen möchten. Nicht erst morgen früh, nachdem Sie sich heute noch »ein letztes Mal« Ihre »verbotenen« Lebensmittel zugestehen.

Der Ausstieg aus dem emotionalen Essverhalten beginnt hier. Jetzt. Bitte warten Sie nicht auf *das* Wundermittel oder *die* ultimative Erkenntnis, die alles mit einem Schlag heilt. So etwas gibt es nicht, zumindest habe ich es bisher nicht gefunden. Der Weg aus der Esssucht setzt sich aus vielen kleinen Schritten zusammen. Welcher genau der erste ist, ist nicht wesentlich. Hauptsache, Sie gehen los. Dabei ist jeder einzelne Schritt von Bedeutung, auch dann, wenn der Fortschritt nicht immer sofort erkennbar ist. Ja, es gilt, eine Menge zu lernen, und dieser Prozess dauert seine Zeit, doch es lohnt sich! Das verspreche ich Ihnen!

Kapitel 2

Den Tunnelblick öffnen

Tagebucheintrag vom 7. Juni 1996, 0:10 Uhr:

»*Habe gerade sehr viel gefressen. Irgendwie hat mir die ganze Sache keinen Spaß gemacht. Die ersten zwei Croissants mit Käse habe ich verschlungen, während ich was am Computer getippt habe – habe es gar nicht richtig bemerkt, und husch, weg waren sie, ohne dass ich sie geschmeckt hätte. (...) Morgen wollte ich keinen Bauch haben, ich wollte W. zum Essen einladen und mein Kleid anziehen. Selbst schuld. Werde, bis er kommt fasten, eventuell nur Obstsaft.*«

Dies ist die letzte Seite eines Tagebuches, das gefüllt ist mit Diäten, die ich nie durchhalten konnte, mit detaillierten Zielgewichtsrechnungen, mit Durchhalteparolen und Selbstanklagen. Mit dem letzten Eintrag in jener Nacht nahm ich erstmals deutlich wahr, dass mir die Essanfälle in Wahrheit keine echte Erleichterung verschafften.

Indem ich mich mit den Hintergründen meiner Esssucht auseinandersetzte, reifte in mir ein tieferes Verständnis für mein Verhalten. Langsam begriff ich, dass es nötig sein würde, mein Denken und Handeln neu auszurichten, statt die immer gleichen, destruktiven Gedankenschleifen zu drehen. Um 0:22 Uhr schrieb ich: »aus mit dem Tagebuch des Selbstmitleides. Schlussstrich.«

Ein paar Tage später, am 11. Juni 1996, begann ich mit einem neuen Tagebuch. Ich wählte eines, das mich förmlich anlächelte, in meiner Lieblingsfarbe lila:

»Dies ist ein Schönwetter-, ein Positiv-Denken-interessante-Erlebnisse-Tagebuch. In meinem vorherigen Tagebuch habe ich genug schlechte Gedanken aufgeschrieben. Wenn du sie vermisst, nimm es zur Hand und aale dich in dem Selbstmitleid ... das kannst du dort in jeder erdenklichen Facette finden. Hier nicht. Was nicht heißen soll, dass ich Probleme nicht lösen werde. Das werde ich. Und wie. Dieses Tagebuch ist ein Schritt in diese Richtung. Will nicht mehr niederschreiben, was ich tun sollte, wie im alten Tagebuch, sondern was ich getan habe!«

Ich übernahm die Verantwortung für mich selbst, statt auf ein Wunder zu warten, das nie kam. Langsam begann ich, vorwärts zu gehen, statt mich immerzu im Kreis zu drehen.

In der Esssucht neigen wir dazu, uns mit anderen Menschen zu vergleichen und uns selbst als minderwertig zu erleben, was letztlich eine Ausprägung der toxischen Scham ist.

Daher möchte ich betonen, dass mein Weg keinesfalls so klar strukturiert ablief, wie er Ihnen jetzt vielleicht erscheinen mag. Er glich eher einer Schlangenlinie:

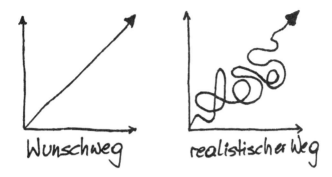

Ich probierte dieses und jenes aus. Manchmal konsequent, viel zu oft nicht. Ich war selten sicher, ob meine Bemühungen auch Früchte tragen würden. Es war ein Weg des »Versuchs und Irrtums«, mit vielen Schleifen, vielen Essanfällen, viel Verzweiflung, aber auch mit vielen schönen Erlebnissen.

Was ich in diesem Buch beschreibe, ist die Essenz aus meinen jahrelangen Erfahrungen. Es sind jene Dinge, die mir rückblickend am meisten geholfen haben. Doch sie sollen Ihnen bloß als Anregungen dienen. Es ist an Ihnen, Ihren eigenen Weg zu finden und zu gehen, in Ihrem höchstpersönlichen Tempo.

Förderliche Gedanken einladen

Wenn wir mitten in der Esssucht stecken, kreisen unsere Gedanken unablässig um Essen, Figur und Gewicht. Sie kreisen um all das, was wir heute wieder nicht geschafft haben und um unsere vermeintlichen Fehler und Mängel. Wir können uns selbst nicht ausstehen, was wir uns unzählige Male am Tag bestätigen. In uns wütet eine Stimme, die uns einflüstert, dass wir nicht schön, nicht gut genug wären. Diese Gedanken setzen einen Teufelskreis in Gang: Je mieser wir uns fühlen, desto mehr beschimpfen wir uns, fühlen uns dadurch noch mieser, brauchen den Essanfall, um das Gefühl zu betäuben, und so weiter und so fort.

»Sie sind wertvoll, so wie Sie sind.« Falls ich Ihnen das nun sagte, würden Sie mir vermutlich ohnehin nicht glauben, oder? Deswegen werde ich erst gar nicht den Versuch unternehmen, Sie oder Ihre innere Stimme davon zu überzeugen.

Stattdessen möchte ich Ihnen *zusätzliche* Denkvarianten anbieten, um Ihren Teufelskreis aus destruktiven Gedanken zu verlangsamen. Bedienen wir uns dazu dem Bild einer Balkenwaage: Die gewohnten, destruktiven Gedanken ruhen dann in der einen Waagschale, in die andere legen wir unsere förderlichen Gedanken, die ein Gegengewicht bilden. Dadurch entsteht eine Balance, die destruktiven Gedanken fallen nicht mehr unverhältnismäßig stark ins Gewicht und nehmen uns somit nicht mehr so stark in Beschlag.

Sie müssen jetzt auch nicht alles positiv sehen, denn das wäre vielleicht nur eine weitere Maske, die Sie sich überstülpen. Das Leben besteht nun einmal aus Gut und Schlecht, aus Positiv und Negativ, aus Hell und Dunkel, aus Lachen und Weinen – und aus den vielen Schattierungen dazwischen.

Ich möchte Sie dazu ermutigen, Ihren Fokus zu verschieben. Wenn Sie – so wie ich – ein Harry-Potter-Fan sind, kennen Sie vielleicht die Worte von Albus Dumbledore:

»Aber glaubt mir, dass man Glück und Zuversicht selbst in Zeiten der Dunkelheit zu finden vermag. Man darf nur nicht vergessen ein Licht leuchten zu lassen.«
(aus dem Film zum Buch: »Harry Potter und der Gefangene von Askaban« von Joanne K. Rowling)

Lassen Sie uns wieder mit einem Beispiel beginnen: Wenn wir an einem trüben Tag durch die Stadt gehen, können wir uns über das trostlose, graue Straßenbild beschweren. Wir können unseren Fokus aber auch darauf richten, Farben zu entdecken: eine Blume hier, ein buntes Haus dort. Es darf beides – die graue *und* die bunte Welt – nebeneinander existieren, wir entscheiden, wo wir momentan hinsehen möchten. Aufmerksamkeit ist wie Dünger, je mehr davon wir einer Sache zuteilwerden lassen, desto stärker wird sie. Konzentrieren wir uns auf das Unangenehme, vermehrt es sich. Gleiches gilt jedoch auch für das Angenehme.

Nun können Menschen mit Esssucht zum Beispiel in jeder Auslagenscheibe Ihre Figur betrachten und verächtlich kommentieren – oder Sie beobachten den süßen Hund auf der anderen Straßenseite. Sie haben die Wahl.

Um den Fokus zu verschieben, also die Aufmerksamkeit bewusst zu lenken, braucht es immer wieder von neuem eine Entscheidung. Wir können nicht erwarten, gewohnte Denkschleifen und Handlungsmuster von heute auf morgen ablegen zu können. Ähnlich wie beim Muskelaufbau ist stetiges Training angesagt.

Dafür werde ich Ihnen ein paar Übungen vorstellen, die in den Alltag integrierbar sind, ohne dass Sie dafür viel Zeit freischaufeln müssen. Beispielsweise auf dem Weg zur Arbeit, beim Schlangestehen an der Supermarktkassa, im Aufzug, auf dem Kinderspielplatz, in langweiligen Meetings …

Dennoch kann es einen herausfordern, an das Üben zu denken. Das ist völlig normal! Einerseits, weil wir uns aufgrund der toxischen Scham dagegen wehren, etwas für uns selbst zu tun. Und dann sind wir schlicht und einfach Gewohnheitstiere. Bis Neues in uns integriert ist, braucht es stetiges Dranbleiben und regelmäßiges Üben.

Falls Sie also über längere Zeit nicht daran denken, seien Sie sich bitte nicht böse. Sollten Ihnen die Übungen zusagen, fangen Sie einfach bei der nächsten Gelegenheit wieder damit an. Sie können sich dazu auch kleiner Hilfsmittel bedienen, wie einer Erinnerung im Handy, einer Haftnotiz am PC oder eines kleines Herzens, das Sie mit Kuli auf Ihre Handinnenfläche gemalt haben. Auch die Koppelung an täglich wiederkehrende Alltagshandlungen kann sinnvoll sein, zum Beispiel, wenn Sie stets beim Zähneputzen, Duschen oder auf der täglichen Fahrt mit öffentlichen Verkehrsmitteln oder mit dem Auto, üben.

♥ **Dankbarkeit mal fünf:** Bitte überlegen Sie sich jeden Abend fünf Dinge, für die Sie heute dankbar waren, über die Sie sich gefreut haben, die Sie schön oder angenehm fanden. Falls Sie möchten, notieren Sie diese fünf Dinge in Ihr Tagebuch. Bitte finden Sie möglichst kleine Vorkommnisse wie zum Beispiel: Der Straßenbahnfahrer hielt extra für mich an; die Rose roch gut; die Verkäuferin lächelte freundlich; meine Freundin hat angerufen; die Dusche war angenehm warm; meine Katze begrüßte mich; die Sonne schien so wohltuend in mein Gesicht. Falls Sie keine fünf Begebenheiten finden sollten, reicht eine, das ist ein guter Anfang.

♥ **Wörter malen:** Schreiben Sie ein Blatt Papier voll mit stärkenden oder schönen Worten: Danke, Liebe, Mut, Vertrauen, Freude, Hoffnung, Luftballon, Schmetterling, ... Nutzen Sie dafür viele verschiedenen Farben, Schriftarten und -größen.

♥ **Positive Anker:** Umgeben Sie sich mit Nutzgegenständen, die Sie an etwas Freudvolles, an etwas, das Sie mögen, erinnern. Sie lieben Lila? Dann könnte ein lila Kugelschreiber, eine lila Kuscheldecke oder ein lila Handtuch genau das Richtige für Sie sein. Sie mögen Schmetterlinge? Wie wäre es mit einer großen Schmetterlingstasse für Ihren Arbeitsplatz? Sie finden Pippi Langstrumpf bewundernswert? Vielleicht entdecken Sie einen Schlüsselanhänger, auf dem sie zu sehen ist?

Wenn Sie einen dieser Gegenstände benutzen, berühren oder sehen, spüren Sie bitte bewusst den damit verankerten, freudvollen, stärkenden Gedanken. Umgeben Sie sich mit so vielen Ankern, wie Ihnen beliebt.

Als positive Anker eignen sich auch schöne Dinge: beispielsweise ein Stein, der Sie an einen angenehmen Spaziergang in der Natur erinnert, oder ansprechende Postkarten, die Sie auf einer Pinnwand oder in Wechselbilderrahmen zur Geltung bringen. Als positive Anker dienen ebenso Lieder, die unsere Laune heben oder mit denen wir schöne Erinnerungen verbinden.

Hier einer meiner positiven Anker. Ich liebe Schafe und genieße diesen Ausblick an trüben Regentagen:

♥ **Preise vergeben:** Machen Sie ein Gedankenspiel und vergeben Sie, wenn Sie unterwegs sind, innerlich Preise für Bauwerke, Gegenstände, Naturschönheiten oder Tiere. Beispielsweise für das schönste Haus, den buntesten Regenschirm, den schönsten Baum oder für den süßesten Hund.

♥ **Tiere berühren und beobachten:** Tiere verfügen über positive Lebenskraft. Wir können davon profitieren, indem wir sie berühren und beobachten. Falls Sie keine Haustiere haben können oder möchten, empfehle ich Ihnen, hin und wieder Freunde mit Tieren oder einen Streichelzoo zu besuchen und aufmerksam durch die Natur zu gehen.

Kennen Sie die Sprichwörter »Lächle und die Welt lächelt zurück« oder »Wie man in den Wald hineinruft, so schallt es wider«? Wenn wir kleine Freuden verschenken, erhalten wir Freude zurück, was wiederum uns selbst zugutekommt. So gelingt es manchmal, die um uns selbst zirkulierenden, zerstörerischen Gedankenkreise zu öffnen. Vielleicht möchten Sie dazu Folgendes ausprobieren:

♥ **Dankeskarte:** Gibt es jemanden, dem Sie schon lange »Danke« sagen wollten? Dann kaufen Sie eine schöne Grußkarte und machen Sie es. Gerade in Zeiten von E-Mail und SMS bekommen handgeschriebene Wörter einen besonderen Wert.

♥ **Komplimente verschenken:** Wenn Sie etwas Gutes über einen Mitmenschen denken und es sich für Sie wirklich stimmig anfühlt, dürfen Sie Freude in Form eines kleinen Kompliments schenken.

♥ **Anderen der Vortritt lassen:** Versuchen Sie an einem beliebigen Tag, sooft es Ihnen möglich ist, anderen den Vortritt zu lassen. Wenn es sich anbietet, lassen Sie die Person hinter Ihnen in der Warteschlange vor. Lassen Sie den Fußgänger die Straße überqueren, wenn Sie mit dem Auto oder Fahrrad unterwegs sind. Halten Sie jemandem die Tür auf, oder bieten Sie Ihren Sitzplatz an. Beobachten Sie, was die Reaktion der Menschen mit Ihrer eigenen Stimmung macht. Diese Übung ist gut geeignet, um die auf Seite 45 beschriebene Ich-Zentriertheit zu relativieren.

Selbstkommunikation

Mit dem Wechsel meiner Tagebücher im Juni 1996 entschied ich mich bewusst, jene Wörter auszutauschen, die ich in meiner Selbstkommunikation verwendete.

Vor dem Hintergrund der toxischen Scham können wir verstehen, warum dieser Schritt bedeutend war: Unsere Scham-Stimme sitzt in unserem Kopf und nimmt dort viel Raum ein. Sie will uns ständig von unserer Minderwertigkeit überzeugen und ist dermaßen präsent, dass wir glauben, sie hätte recht.

Auf dem Weg aus der Esssucht geht es darum, diese Stimme zu externalisieren, sie uns bewusst zu machen und Schritt für Schritt zu verändern. Hier ist es wesentlich, unsere Ziele realistisch zu setzen. Scham-Stimmen können nicht sofort entlarvt oder gar verbannt werden. Beginnen wir also mit kleinen Schritten.

Welche Wörter verwenden Sie für Ihre Esssucht?

Der Weg aus der Esssucht braucht ein gewisses Verständnis für uns selbst. Stellen Sie sich vor, ein wenige Wochen altes Baby weint, weil ihm etwas weh tut. Wenn Sie es schütteln und anbrüllen, was wird dann wohl passieren? Es wird noch lauter weinen. Nehmen Sie das Baby in Ihren Arm und schenken Sie ihm Aufmerksamkeit, stehen die Chancen gut, dass es sich beruhigt.

Ähnlich ist es mit der Esssucht. Wenn Sie sich selbst für Ihr Versagen anbrüllen, dann wird es nicht besser. Wenn Sie jedoch langsam Verständnis für Ihr Verhalten aufbringen, haben Sie die Chance, Schritt für Schritt Veränderungen zu vollziehen.

Vielleicht denken Sie jetzt: »Ist doch egal, wie ich innerlich mit meiner Esssucht spreche.« Es ist jedoch alles andere als egal. Sprache hat enorme Auswirkungen auf unsere Gefühlswelt. Es geht hier um die Macht der Wörter.

♥ **Freundinnen-Check**: Stellen Sie sich bitte bildlich eine Freundin vor, die vor Ihnen steht, an Ihren Schultern rüttelt und brüllt: »Stell dich nicht so an! Du musst jetzt endlich deine Esssucht besiegen! Bist du unfähig, oder was?«

Wie fühlt sich das an?

Nun stellen Sie sich vor, wie ebenjene Freundin den Arm um Sie legt und liebevoll sagt: »Deine Esssucht ist da, weil du sie brauchst. Du weißt zwar momentan nicht genau wozu, doch das wirst du bestimmt herausfinden. Wenn es so weit ist, kannst du sie gehen lassen. Ich glaube an dich.«

Wie fühlt sich dies im Vergleich an?

Die Esssucht belastete mich und war mitunter kaum auszuhalten. Meistens verwendete ich Kampfrhetorik, wenn ich über sie nachdachte: »Ich will meine Esssucht besiegen«; oder: »Ich werde gegen sie kämpfen«.

Besiegen. Kämpfen. Wir kämpfen gegen Feinde, die uns etwas Böses antun wollen. Wir wappnen uns, schlagen Alarm, verteidigen uns, gehen zum Angriff über, gewinnen oder verlieren.

Hier stellt sich für mich die Frage: Ist die Esssucht tatsächlich eine Feindin, gegen die wir kämpfen müssen? Geht es hier wirklich um Gewinnen oder Verlieren?

Ich vermute, dass Sie es nicht gern hören werden, doch Fakt ist: die Esssucht ist momentan ein Teil von Ihnen, ein Teil Ihres Lebens. Demnach hieße gegen die Esssucht zu kämpfen, dass Sie Krieg gegen sich selbst führen.

»Klar ist die Esssucht meine Feindin«, werden Sie vielleicht sagen, »ich hasse sie.« Doch ich behaupte: Die Esssucht hat nicht die Absicht, Ihnen etwas Böses anzutun. Bitte erinnern Sie sich nochmals an die Übung »Ich habe den Drang, mich zu überessen, wenn ...:« (Seite 37). Die Esssucht ist bei Ihnen, weil Sie sie momentan brauchen.

❤ **Neue Wörter und Sätze finden:** Ich laden Sie ein, sich Sätze oder Wörter zu überlegen, die Sie anstelle von Schimpfwörtern und Kampfvokabular verwenden können.

Sie müssen Ihrer Esssucht keine heißen Liebeserklärungen machen, das wäre wohl ein bisschen zu viel verlangt. Doch vielleicht finden Sie wenigstens neutrale Formulierungen. Wenn Sie möchten, notieren Sie diese in Ihr Tagebuch.

Hier ein paar Beispiele: Wie wäre es, »verdammte« mit »herausfordernde Esssucht« zu ersetzen? Anstelle von »Ich möchte meine Esssucht besiegen«, zu sagen: »Ich möchte lernen, meinem Körper und meiner Seele zu geben, was sie brauchen.« Für: »Ich hasse meine Esssucht«, könnte man vielleicht verwenden: »Ich weiß, dass du da bist, weil ich dich noch brauche.«

Wann immer eine alte, aggressive Formulierung in Ihnen auftaucht, denken Sie hinterher bitte an die neue.

Vielleicht werden Sie nun anmerken, dass ein neuer Satz oder ein paar neue Wörter Sie nicht von Ihren Essanfällen befreien. Da haben Sie recht, doch der Weg aus der Esssucht besteht aus vielen kleinen Schritten, die sich aneinanderreihen. Es ist kein einmaliges, großes Ereignis, und die Veränderungen zeigen sich mitunter nicht sofort, nicht nach jedem kleinen Schritt, sondern erst mit der Zeit.

Wie denken Sie über sich?

Ich hatte ständig den Satz im Kopf: »Ich bin zu dick, ich muss abnehmen.« Vor allem, wenn ich sitzend an mir herabblickte, fand ich meine Oberschenkel übermäßig fett. Daher versuchte ich beim Sitzen, meine Beine leicht anzuheben, in der Hoffnung, dass sie dadurch schmaler erschienen. Ich betrachtete meinen nackten Hintern genauestens im Spiegel und verurteilte jede Unebenheit. Wollte ich Jeans kaufen, die mir nicht passten, beschimpfte ich mich für meine Figur. Hatte ich Lust auf Süßigkeiten, machte ich mir Vorwürfe. Mein Selbsthass ging so weit, dass ich mich über eine Grippe freute, weil sich durch die Krankheit die Möglichkeit bot, ein paar Kilogramm abzunehmen.

Die »Selbst-Beschimpfungen« waren so normal für mich, dass sie mir gar nicht weiter auffielen. Es war meine übliche Selbstkommunikation, obwohl ich mit niemandem sonst, nicht einmal mit meiner ärgsten Feindin, auf ähnliche Weise gesprochen hätte.

Was ich Ihnen nun sage, ist schwer zu verdauen: Möglicherweise boykottieren Ihre inneren Stimmen Sie selbst dann noch, wenn Sie Ihr Wunschgewicht erreicht haben. Wir erwarten mit der Gewichtsabnahme ein erhebendes Glücksgefühl. Doch wenn wir an Esssucht leiden, kann es passieren, dass die toxische Scham dieses Gefühl nicht zulässt.

Als ich wie durch ein Wunder mein Zielgewicht erreicht hatte, waren meine »Ich hasse mich«-Sätze immer noch da. Sie führten mich direkt zum nächsten Essanfall und somit wieder zur Gewichtszunahme, was meinen Selbsthass noch weiter verstärkte.

Ich beschrieb im Kapitel über toxische Scham, dass das Schamgefühl internalisiert, also quasi zu unserer Identität wird. Deshalb ist es nötig, dass wir uns diese destruktiven Stimmen in uns drin bewusstmachen, sie also externalisieren.

Wenn wir den Scham-Stimmen sukzessive neue Stimmen als Gegengewicht anbieten, mildert dies den Selbsthass und den Drang zur Selbstzerstörung. Langfristig geht es darum, nicht mehr alles glauben zu müssen, was uns die inneren Stimmen zuflüstern.

Ich weiß, dass wir in der Esssucht davon überzeugt sind, keine netten Worte verdient zu haben, das ist das Wesen der internalisierten Scham. Daher möchte ich Sie in einem ersten Schritt dazu anregen, sich selbst wenigstens jene Höflichkeit zu gewähren, die Sie allen anderen Menschen entgegenbringen, egal ob Ihnen diese sympathisch sind oder nicht. Sie müssen in Sachen Selbstliebe noch nicht fortgeschritten sein, um wenigstens angemessen höflich mit Ihnen selbst zu sprechen.

♥ **Freundinnen-Sätze:** Bitte beobachten Sie ab sofort, wie Sie mit sich selbst sprechen. Und fragen Sie sich danach stets, ob Sie so mit Ihrer besten Freundin reden würden. Falls dem nicht so ist, finden Sie bitte andere Formulierungen. Hier ein Beispiel: »Meine Güte, siehst du heute wieder fett aus!« Fragen Sie sich: Würde ich das meiner besten Freundin sagen? Nein? Dann formulieren Sie bitte um: »Oh, du Arme, fühlst du dich heute nicht wohl in deiner Haut?« Ein anderes Beispiel: »Wow, was bist du unfähig!« Würden Sie so zu Ihrer besten Freundin sprechen? Nein? Dann ändern Sie den Satz, beispielsweise in: »Oh, das war jetzt nicht besonders geschickt, aber macht nichts, Scherben bringen bekanntlich Glück, ich kaufe morgen eine neue Vase.«

Legen Sie sich verschiedene Freundinnen-Sätze zurecht. Ziel ist es, in einem ersten Schritt die Selbstbeschimpfung zu erkennen und sie in einem zweiten Schritt mit dem Freundinnen-Satz zu neutralisieren.

Ihre Selbstkommunikation könnte dann wie folgt ablaufen: »Oh, da habe ich mich ganz schön selbst beschimpft. Das ist mein Muster, das ist in Ordnung. Nun sage ich noch meinen Freundinnen-Satz zu mir!« Vielleicht entdecken Sie mit der Zeit wiederkehrende Situationen, in denen Sie Ihre Selbsthass-Sätze auf sich loslassen. Beispielsweise jedes Mal, wenn Sie zu einer neuen Gruppe kommen. Oder immer dann, wenn Sie sich in einer Auslagenscheibe sehen. Sobald Sie diese Situationen einmal kennen, wird es leichter, Ihre Alarmglocken läuten zu lassen und sich daran zu erinnern: »Es ist nun Zeit für den Freundinnen-Satz!«

Falls Sie sich zu dieser Übung entschließen, machen Sie sich bitte eine Sache klar: Es wird kaum möglich sein, ab jetzt immer auf Ihre Selbstkommunikation zu achten. Setzen Sie sich daher lieber kleine, erreichbare Ziele. Überlegen Sie sich konkrete Situationen, in denen Sie Ihre innere Kommunikation erforschen möchten, wie kurz nach dem Aufwachen, beim nächsten Blick in den Spiegel oder heute nach dem Abendessen.

Sie müssen wie gesagt nicht sofort mit heißen Liebeserklärungen anfangen. Neutrale Bezeichnungen reichen für den Anfang voll und ganz. Wenn sich ab und zu ein paar freundliche Worte untermischen, umso besser. Kleine Schritte!

♥ **Brief an die Freundin:** Stellen Sie sich vor, wie Ihnen eine enge Freundin verzweifelt gesteht: »Ich habe Esssucht und schäme mich entsetzlich dafür.« Spüren Sie einen Moment nach: Wie würden Sie reagieren? Welche Wörter würden Sie benutzen? Wenn Sie etwas Zeit haben, nehmen Sie Ihr Tagebuch zur Hand und schreiben dieser Freundin einen Brief. Vermutlich würden Sie sie trösten, ihr Mut zusprechen. Dieser Brief gibt Ihnen eine Anregung, welche Art von Selbstkommunikation Ihnen guttun würde.

♥ **Scham-Alarm-Stopp-Taste:** Sobald Sie eine anrollende Scham-Attacke verspüren, Sie sich also beschimpfen oder entwerten, lassen Sie innerlich ein rotes Alarmsignal aufleuchten. Scham-Alarm!!! Scham-Alarm!!! Vielleicht hören Sie sogar ein lautes Sirenengeräusch »Wuiuiui!!!« Sie müssen nicht allen Gedanken zuhören. Sie müssen nicht alles glauben, was Sie denken. Sagen Sie innerlich »Stopp« (oder, wenn Sie allein sind, laut). Wenn Sie möchten, stellen Sie sich eine überdimensionale Stopptaste vor, die Sie jetzt drücken.

♥ **Ein schöner Satz:** Ich hatte einen Standardsatz, den ich mir vorsagte, wenn ich hart mit mir ins Gericht ging. »Ich möchte lernen, meinem Körper zu geben, was er braucht. Er darf sich das Gewicht aussuchen, das ihm guttut.« Wenn Sie möchten, suchen Sie einen solchen Satz und notieren Sie ihn in Ihr Tagebuch. Dabei ist es ratsam, ohne negative Wörter wie »nie«, »nicht«, »kein« auszukommen. Denn es ist wie mit dem rosa Elefanten: Man soll *nicht* an ihn denken, und schon steht er da.

♥ **Ein schönes Wort:** Ebenso können Sie auf harte Selbstkritik ein Wort folgen lassen, das nichts mit der Situation zu tun hat und für Sie eine angenehme Assoziation darstellt. So unterbrechen Sie die Scham-Stimme mit einem schönen Bild. Ich selbst mag Wörter, die Leichtigkeit und Davonfliegen beschreiben, beispielsweise »Schmetterling« oder »Luftballon«.

♥ **Speziell für Frauen:** Haben Sie schon einmal darauf geachtet, ob Ihre Stimmung mit Ihrem Zyklus zusammenhängt? Viele Frauen sind kurz vor Einsetzen der Periode überkritisch mit sich selbst, fühlen sich aufgeschwemmt, hässlich oder unzulänglich. Mir persönlich half es zu wissen: »Ah! Das sind bloß die Hormone, das geht vorbei.«

♥ **Sich selbst einen guten Morgen wünschen:** Bitte beobachten Sie, wie Sie mit sich selbst sprechen, nachdem der Wecker geläutet hat. Läuft das Ganze ungefähr so ab? »Jetzt beeil dich gefälligst, was trödelst du schon wieder herum?!« Oder: »Ich bin gespannt wie sich das Fressgelage von gestern auf der Waage niederschlägt. Bestimmt hast du zugenommen, du dickes, undiszipliniertes Ding.« Oder: »Was, du bist immer noch müde?! Wie viel Schlaf brauchst du noch, du fauler Sack?«

Wem diese Form der Selbstkommunikation bekannt vorkommt, empfehle ich folgendes Gedankenspiel: Stellen Sie sich vor, Sie schlafen neben Ihrem Partner oder Ihrer Partnerin. Kaum erwacht, setzen Sie sich auf und schmettern ihm oder ihr die obenstehenden Sätze entgegen. Würden Sie so etwas tun? Natürlich nicht. Daher möchte ich Sie dazu ermuntern, auch mit sich selbst etwas freundlicher umzugehen. Wie wäre es, wenn Sie sich sagten: »Diese Gedanken klingen nach toxischer-Scham. Ich höre ihnen jetzt einfach nicht zu und wünsche mir erst einmal einen guten Morgen!« Dann rubbeln Sie Ihr Gesicht, vielleicht auch Ihre Oberarme und strecken sich ausgiebig.

♥ **Selbstkommunikation unter der Dusche:** Wie denken Sie am Morgen unter der Dusche über sich selbst, also in jenem Moment, in dem Sie mit Ihrem nackten Körper konfrontiert sind? Schenken Sie diesem Moment bitte etwas Aufmerksamkeit. Statt Ihren Körper zu bemängeln, könnten Sie Ihre Aufmerksamkeit auf das angenehme, warme Wasser lenken. Oder in Ruhe abwägen, in welcher Kleidung Sie sich heute am wohlsten fühlen, welche Materialien und Schnitte Sie heute mögen.

Eine Sache, die ich mir neben meinem neuen lila Tagebuch genehmigte, war Selbstlob. Ich kaufte bunte Sticker und goldene Sternchen. Wann immer ich auch nur den kleinsten Erfolg, den kleinsten Fortschritt sah, notierte ich ihn und klebte einen hübschen Sticker dazu oder sammelte Lob-Goldsternchen.

♥ **Selbstlob:** Ich möchte Sie ermutigen, insbesondere auf kleine Erfolge zu achten und sich dafür zu loben. Zum Beispiel, wenn Sie es geschafft haben, eine Selbstbeschimpfung aufzudecken.

Vielleicht möchten Sie jetzt anmerken, dass diese Maßnahme noch lange nicht Ihren Essdruck wegzaubert. Stimmt; doch uns geht es darum, viele kleine Erfolge aneinanderzureihen. Ich kann es gar nicht oft genug sagen: Die Esssucht verschwindet nicht über Nacht und ebenso wenig durch ein großes Wunder. Es ist die Aneinanderreihung scheinbar banaler Schritte, die sie schwächer werden lässt, bis sie schließlich nicht mehr gebraucht wird.

Sie dürfen sich für jede kleinste Veränderung loben, für eine neue Erkenntnis oder für einen Moment, den Sie genießen konnten. Bitte suchen Sie Ihre kleinen Erfolge nicht nur im Bereich des Essens. Konzentrieren Sie sich nicht ausschließlich auf »Essanfall: ja oder nein«, denn, ich sage es noch einmal: Ihre Esssucht und somit Ihre Essanfälle können und werden nicht von heute auf morgen verschwinden.

Die Einträge in Ihrem Tagebuch werden Sie auffangen, wenn Sie wieder einmal das Gefühl toxischer Scham überwältigt und Sie davon überzeugt sind, auf voller Linie versagt zu haben und nichts, aber auch rein gar nichts zustande zu bringen. Daher bitte ich Sie, möglichst viele Ihrer Erfolge zu notieren, auch wenn sie noch so klein sind.

♡ **Erreichbare, konkrete, kleine Ziele setzen:** Genauso wichtig wie die Wertschätzung kleiner Erfolge ist das Setzen kleiner Ziele. Also bitte keine »ab jetzt« –, »für immer«- und »nur noch«- Ziele. Lieber etwas in die Richtung von: »Morgen möchte ich dieses oder jenes probieren, und dann möchte ich mich selbst loben.« Zu große, zu unkonkrete Ziele führen automatisch zu Versagen. Bitte schwächen Sie sich damit nicht unnötigerweise.

Oder denken Sie, dass Sie Ihre Sucht nur mit ordentlicher Strenge und Disziplin loswerden können? Vielleicht haben Sie Angst – so wie ich damals –, dass Sie, wenn Sie zu lieb zu sich sind, fett und faul werden?

♡ An dieser Stelle lade ich Sie wieder zu einem **Freundinnen-Check** ein. Wie fühlt es sich an, wenn Ihre Freundin Sie anbrüllt: »Hör auf mit diesem Psycho-Quatsch und reiß dich gefälligst zusammen! Du wirst sonst garantiert fett und faul, ich kann bereits sehen, wie dein Hintern wächst!«

Danach stellen Sie sich bitte vor, wie Sie dieselbe Freundin liebevoll bestärkt: »Du wirst deinen Weg finden, ich bin mir ganz sicher. Es wird noch ein bisschen dauern, aber eines Tages wirst du dich in deinem Körper wohl fühlen. Ich habe Vertrauen in dich.«

Wie fühlt sich das im Vergleich an?

Als jemand, der beide Wege ausprobiert hat, möchte ich Ihnen den liebevolleren Weg ans Herz legen. Ich bin erst weitergekommen, als ich mir selbst helfend zur Seite stand. All jene Kraft, die wir nicht für den inneren Kampf verschwenden, können wir für unsere Selbstheilung einsetzen.

Wie sprechen Sie über sich?

Ebenso wie unsere Selbstkommunikation, also die Art und Weise, wie wir *mit* uns sprechen, können wir verändern, wie wir *über* uns sprechen – selbst dann, wenn wir noch abwertend über uns denken. Hören wir damit auf, unser »Scham-Denken« in der Welt zu verbreiten.

Nehmen wir zum Beispiel Komplimente. Geht es Ihnen auch so – wie mir damals –, dass Sie Komplimente nicht annehmen können? Das würde zum Muster der toxischen Scham passen: Wer sich innerlich schlecht fühlt, glaubt keinem Kompliment. Diese innere Haltung umzugestalten ist schwierig, denn dagegen wehrt sich die toxische Scham nur allzu gern. Daher schlage ich vor, bei Ihrem Umgang mit Komplimenten anzusetzen. Die Änderung Ihrer Handlungsweise kann langfristig Ihr Denken beeinflussen.

♡ **Danke für das Kompliment:** Wie reagieren Sie auf Komplimente? Vielleicht wie im folgenden Dialog? »Sie tragen eine schöne Jacke!« – »Finden Sie? Die habe ich bereits seit fünf Jahren. War ein Sonderangebot.« Vielleicht so: »Sie haben eine schöne Frisur heute!« – »Gerade heute ist mein Haar ganz zerzaust.« Oder auch so: »Dieser Text von Ihnen ist ganz toll!« – »Ich finde, ich habe schon bessere verfasst. Außerdem habe ich viel zu lange dafür gebraucht.« Wie wäre es stattdessen, auf ernst gemeinte Komplimente mit einem einfachen »Danke« zu antworten? Keine Entschuldigung, keine Rechtfertigung – einfach nur »Danke«, »Danke, dass dir das auffällt« oder »Danke, dass du das sagst«.

♥ **Reden Sie schlecht über sich?** Gibt es typische Situationen, in denen Sie sich selbst oder Ihre Leistung fast schon automatisch vor anderen herabsetzen? Zum Beispiel, wenn Sie für Freunde kochen? (»Ich hoffe, dass das halbwegs genießbar ist.«) Oder wenn Sie zu einer neuen Gruppe dazustoßen? (»Ich habe da nicht so viel Erfahrung wie ihr.«) Oder wenn Sie eine Arbeit abgeben? (»Ich glaube, die ist nicht besonders gut geworden.«) Es ist nicht nötig, sich vor anderen als großartig darzustellen und somit wieder eine Maske aufzusetzen. Es reicht, wenn Sie sich in solchen Momenten entschließen, einfach nichts zu sagen, statt sich negativ über sich selbst zu äußern.

Tagebucheintrag vom 7. Juli 1996:

»Will nicht mehr ›Ich weiß nicht‹ sagen, wenn ich es sehr wohl weiß. Will zu mir stehen. Auf das, was ich geleistet habe, stolz sein. Ich kann auf einiges stolz sein! Einfach stolz, nicht überheblich. Die Gedanken kreisen nicht mehr nur um das Essen! Ich kann über alles nachdenken, die Zeit viel besser nutzen! Intensiver erleben.«

♥ **Entschuldigen oder rechtfertigen Sie sich ständig?** Eine andere Form der schambesetzten Kommunikation ist die ständige Entschuldigung oder Rechtfertigung. Vielleicht möchten Sie beobachten, ob Ihnen dies bekannt vorkommt? Dazu sei gesagt: Wir müssen nicht alles aussprechen, was wir über uns selbst denken.

Die Sprache der Musik

♥ **Unterstützende Lieder finden:** Musik kann eine heilende Wirkung haben. Ich möchte daher anregen, nach Liedern zu suchen, die eine freundliche Selbstkommunikation fördern. Falls Sie einen ähnlichen Musikgeschmack haben wie ich, könnten Ihnen folgende Stücke gefallen:

»True Colors« von Cindy Lauper
»Read All About It« von Emeli Sandé
»Try« von Colbie Caillat
»F**kin' Perfect« von Pink
»All About That Bass« von Meghan Trainor
»Scars to Your Beautiful« von Alessia Cara
»Grapefruit« von Julia Engelmann
»Wie kann jemand dir jemals sagen« von Gila Antara

Vielleicht haben Sie Lust, Ihre stärkenden Lieder auf Ihren MP3-Player oder Ihr Handy zu laden. Diese können Sie hören, wenn Sie wieder einmal hart mit sich ins Gericht gehen.

Den Text von Cindy Laupers »True Colors« hatte ich lange Zeit an meinem Kühlschrank hängen. Ich las ihn so oft, bis ich ihn auswendig konnte. In dunklen Stunden sang ich mir das Lied vor, irgendwie beruhigte mich das.

Bevor ich mir bewusst positive Stücke suchte, waren jene Lieder meine Hymnen, die mir meine Minderwertigkeit vor Augen führten, beispielsweise »I'm Nuthin'« von Ethan Hawke oder »Creep« von Radiohead. Heute weiß ich, dass es etwas mit mir machte, wenn ich in schwarzen Stunden lautstark sang: »I'm a creep (Ich bin ein Widerling), I'm a weirdo (Ich bin ein Spinner).«

Gehen Sie freundlich mit sich um – darin möchte ich Sie wirklich bestärken. Denn auch in Hinblick auf Ihr Essverhalten kann die positive Selbstkommunikation helfen. Wie das gemeint ist, werden wir uns im nächsten Kapitel genauer anschauen, wo wir uns dem Kernthema der Esssucht widmen: dem Essen.

Kapitel 3

Den physischen Hunger stillen

Wer mit seinem Essverhalten hadert, wünscht sich vor allem auf drei Fragen sehnlichst eine Antwort:

Wann soll ich essen?
Wie viel soll ich essen?
Was soll ich essen?

Ich habe diesen Fragen lange Zeit Regeln entgegengesetzt. Ich war mir absolut sicher, dass ich diese nur genauestens befolgen müsste, um abzunehmen. Allerdings wollte sich der erhoffte Gewichtsverlust nie dauerhaft einstellen, wofür ich wiederum meine mangelnde Disziplin verantwortlich machte. »Wenn ich mich bloß mehr anstrengen würde, wenn ich die Regeln 14 Tage lang einhalten würde, dann ...« Doch dieses »dann« stellte sich nie ein, weil regelmäßig Essanfälle meine Pläne durchkreuzten.

Ich erlebte meinen Körper als maßloses, Lebensmittel verschlingendes Monster. Wenn ich mein Wohlfühlgewicht erreichen wollte, musste ich diese Maßlosigkeit kontrollieren. Davon war ich so lange überzeugt. Erst als ich mich näher mit dem Thema Esssucht beschäftigte, keimten neue Gedanken in mir auf: Konnte es sein, dass meine Gier genau wegen dieser strengen Kontrolle keine Grenzen kannte? War selbst mein »Monsterkörper« zu klugen Ratschlägen fähig, sobald ich mich traute, auf ihn zu hören?

Obwohl es ein Aufbruch ins Ungewisse war, wollte ich lernen, meinem Körper das zu geben, was er brauchte. Doch konnte ich nach den vielen Jahren der Esssucht seine Sprache nicht mehr verstehen. Es war wie die Annäherung zweier Fremder. Wir mussten uns noch einmal völlig neu kennenlernen, mein Körper und ich.

Kontrollmechanismen der Esssucht

Ich wollte meinen Körper wieder spüren können. Um dahin zukommen, musste ich mich von meinen vertrauten Kontrollinstanzen lösen: den Diäten, dem Kalorienzählen und der Körperwaage.

Diäten

Es ist interessant, wie viele unterschiedliche Diäten es mittlerweile gibt. Die meisten versprechen den ultimativen Erfolg hinsichtlich Gewichtsverlust und Gesundheit. Nur: Welche ist denn nun die ultimativste der ultimativen Diäten?

1992, in dem Jahr bevor es mit meinen Essanfällen losging, aß ich bis Mittag ausschließlich Obst und ansonsten streng nach Trennkost. Ich nahm ab, schlank genug fühlte ich mich dennoch nie. Außerdem war mir oft eiskalt, und ich litt unter Blähungen und Bauchkrämpfen. 1993 nahm ich jedes verlorene Kilo wieder zu. Ich versuchte etliche Male, zu meiner »Erfolgsdiät« zurückzukehren, aber der gewünschte Gewichtsverlust blieb aus, als mir immer öfter Essanfälle dazwischenkamen. Dennoch hielt ich eisern an meinem Speiseplan fest und unterdrückte, dass ich oft Appetit auf etwas anderes hatte. So stopfte ich das Brot, auf das ich beim Frühstück mühsam verzichtete, abends während meiner Essanfälle in mich hinein.

Diäten schaffen Heißhunger. Je mehr wir auf etwas verzichten müssen, desto mehr wollen wir es. Das liegt in der Natur der Menschen. Stellen Sie sich vor, ich platziere mitten in Ihrem Wohnzimmer ein wunderschön verpacktes Geschenk, lege es auf einen goldenen Sockel und versehe es mit einem Warnschild: »NICHT ÖFFNEN!!!« Ist doch klar, was dann passiert: Wir umkreisen dieses Päckchen wie eine hungrige Löwin und wünschen uns nichts sehnlicher, als hineinblicken zu dürfen. Ähnlich verhält es sich mit den verbotenen Speisen: Sie kommen uns genau deshalb unübertrefflich vor, weil wir sie nicht haben dürfen.

1994 versuchte ich es mit einer speziellen Saft-Diät, die neben den Obst- und Gemüsesäften einige übelschmeckende Mittelchen enthielt, die Mangelerscheinungen ausgleichen sollten. Eine Woche lang auf feste Nahrung zu verzichten, fiel mir schwer, doch ich schaffte es und nahm herrlich ab. Um ehrlich zu sein: Wirklich wohl fühlte ich mich dabei nicht. Außerdem konnte ich mich nicht mein Leben lang nur von Saft ernähren und versuchte daher nach einer Weile, mich wieder an feste Nahrung zu gewöhnen. Ich kam mit dem Essen im Alltag nicht zurecht und nahm die verlorenen Kilo rasch wieder zu. In der Folge legte ich immer wieder Obsttage ein, je mehr desto besser. Ich hoffte dadurch, zu »entschlacken«. Doch letztendlich glich ich jeden Obsttag durch meine Essattacken wieder aus.

1995 stieß ich auf ein Buch über die Paleo-Diät, auch bekannt unter dem Namen Steinzeit-Diät. Die dort vertretene Hypothese war, dass wir aufgrund der langsam voranschreitenden Evolution nur Lebensmittel beziehungsweise Zubereitungsmethoden aus der Steinzeit vertragen. Das erschien mir vernünftig. Ich aß also nur noch rotes Fleisch und rohes Gemüse. Obwohl mir rotes Fleisch gar nicht schmeckt, vor allem, wenn es – wie in jenem Buch empfohlen – bloß in Wasser gekocht und ungewürzt serviert wird. In der ersten Woche funktionierte die Diät hervorragend. Die Regeln waren einfach und überschaubar, ich wusste, was ich zu tun hatte. Ich nahm ein paar Kilo ab und war überglücklich. Doch dann hatte ich ein ganztägiges Seminar an der Universität, in dessen Mittagspause alle gemeinsam essen gingen. Ich wollte nicht als Außenseiterin dastehen und schloss mich meinen Kolleginnen und Kollegen an. Im Restaurant konnte ich an meinem strengen Ernährungsplan nicht festhalten. Obwohl ich das kalorienärmste Menü auf der Karte wählte, plagte mich das schlechte Gewissen. In dieser unerwarteten Situation hatte ich das Gefühl, meine Nahrungsaufnahme nicht mehr unter Kontrolle und damit versagt zu haben. Noch am gleichen Abend reagierte ich mit einem Essanfall. Das war das Ende meiner Steinzeit-Diät.

Diätpläne ignorieren unsere Bedürfnisse, unsere Vorlieben und erst recht unseren Alltag. Sie funktionieren unter der Prämisse, dass wir uns jeden Tag gleich fühlen und mit einer exakt vorgeschriebenen Essensmenge auskommen. Sie lassen uns darüber hinaus keinen individuellen Spielraum, weshalb die Bedürfnisse unseres Körpers letztlich außen vor bleiben.

Bei Diäten steht der Verzicht im Vordergrund. Ist es nicht seltsam, dass sie oft genau das verbieten, was wir am meisten lieben? So einen Verzicht ein Leben lang durchzuhalten ist schwer, vor allem in Zeiten seelischer Krisen. Das sind dann genau jene Momente, wo wir keine zusätzliche Belastung mehr ertragen und auf die Diät gepfiffen wird. Dem berühmten Jo-Jo-Effekt sind damit Tür und Tor geöffnet.

Ist Ihnen schon aufgefallen, dass sämtliche Frauenzeitschriften vor Weihnachten die besten Plätzchen-Rezepte und nach Silvester die besten Diätstrategien liefern? Spätestens nach Ostern folgen die besten Tipps für die perfekte Bikini-Figur. Erst heute Morgen hörte ich im Radio die Werbebotschaft: »Verlieren Sie zwei Kilo in sieben Tagen mit der neuen Wunderdiät!«

Früher kaufte ich unzählige Zeitschriften, die Ähnliches versprachen. Als ich die »Wunderdiäten« dann etwas eingehender studierte, war ich jedes Mal aufs Neue heillos überfordert. Da waren Abbildungen von herrlichen, gekochten Menüs. Hätte mir eine persönliche Köchin diese fertig vor die Nase gestellt, wäre es so einfach gewesen! Doch all das selbst zubereiten? Dreimal täglich? Noch dazu für mich selbst? Puh! Außerdem sah mein Speiseplan meist ganz anders aus. Ich hätte innerhalb dieser sieben Tage also nicht nur kochen lernen, sondern auch alle meine Gewohnheiten komplett umstellen müssen. Daher fing ich diese Diäten nie an und versuchte stattdessen durch Fasten rasche Erfolge zu erzielen.

1996 entschloss ich mich bewusst dazu, ab jetzt keine »Wunderdiät« mehr auszuprobieren. Ich wollte keinen kurzfristigen Erfolgen mehr nachjagen. Und ich hatte das Gewichts-Auf-und-Ab satt. Stattdessen suchte ich eine Ernährungsform, die ich dauerhaft und ohne übergroße Anstrengung durchhalten konnte. Eine Ernährungsform, bei der ich nicht ständig das Gefühl hatte, auf alles, was mir schmeckte, für immer verzichten zu müssen. Ich sehnte mich nach Stabilität in meinem Essverhalten.

Kalorientabellen

Ich war lange Zeit wie eine wandelnde Kalorientabelle. Ich kannte alle Werte auswendig und rechnete während des Essens automa-

tisch mit. Zuhause wog ich meine Speisen ab, schließlich musste ich ganz sicher sein, wie viel ich aß. Beim Salat zählte ich jeden Tropfen Öl einzeln ab. Nur ja nicht zu viel! Unter keinen Umständen die festgelegte Menge an Tageskalorien überschreiten!

Am liebsten waren mir Lebensmittel, die viel Masse und wenig Kalorien hatten, beispielsweise Wassermelone. Manchmal aß ich davon so viel, dass ich einen kugelrunden Wasserbauch bekam. Wohl fühlte ich mich damit natürlich nicht. Doch mein Kopf war zufrieden, solange nur die Kalorienbilanz stimmte.

Restaurantbesuche fielen mir besonders schwer, weil man nie genau wissen konnte, welche Zutaten und damit Kalorien in den Speisen versteckt waren. Außerdem konnte ich dort unmöglich das Essen abwiegen. Ich hatte keine Kontrolle über meine Kalorienzufuhr, was mir überhaupt nicht behagte. Deshalb wählte ich meistens das »sicherste« Gericht auf der Speisekarte, in meinem Fall das mit den geringsten Kalorien: den Salat.

Ich saß also vor meinem Salat, während die anderen genau das auf dem Tisch hatten, was ich mir verbot: Pizza, Pasta, Kuchen. Da die Verführungen direkt vor meiner Nase lauerten, wuchs mein Appetit darauf ins Unermessliche. Am liebsten hätte ich alle Teller leergegessen, doch ich blieb eisern bei meinem Salat. Dennoch fand ich mich maßlos und gierig und verurteilte mich dafür.

Doch egal, wie diszipliniert ich mich verhielt, langfristig ging die Rechnung nie auf. Je größer mein Verzicht war, desto größer war auch der folgende Essanfall. Dann zählte ich keine Kalorien und stopfte alles in mich hinein, was verboten war: Fett, Weißmehl, Kohlenhydrate und vor allem viel Zucker.

Meine Denkweise war wie folgt: »Ich muss so gut es geht auf Kalorien verzichten, damit ich die Essanfälle ausgleichen kann.« Oder war es vielleicht genau umgekehrt? Also dass der ständige Verzicht erst die Essanfälle hervorrief?

Haben Sie sich schon damit beschäftigt, wie Kalorienwerte ermittelt werden? Man benutzt dazu ein sogenanntes Bombenkalorimeter. Das ist ein relativ kleiner Stahlcontainer, in dem das Lebensmittel unter Sauerstoffüberdruck verbrannt wird. Über der Brennkammer liegt ein Stahlmantel, der wiederum vollständig von Wasser umgeben ist. Durch die Energie, die durch die Verbrennung frei wird, erwärmt sich nun dieses Wasser und man kann anhand des Wärmegrades die Energiemenge, die Kalorien, berechnen.

Es ist umstritten, was Kalorien tatsächlich über den Nährwert von Essen aussagen. In dieses Bombenkalorimeter könnte man nämlich ebenso gut ein Stück Holz legen und den Brennwert bestimmen. Dennoch nährt uns Holz nicht. Außerdem wird in unserem Körper nichts verbrannt. Wir tragen keinen Ofen in uns, sondern einen Verdauungsapparat.

Ich finde folgenden Vergleich passend: Essen anhand von Kalorien zu bewerten, ist genauso sinnlos, wie einen Kleiderschrank anhand seines Brennwertes zu kaufen. Den Kleiderschrank beurteilen wir danach, wie er aussieht, wie er in unseren Raum passt und wie viel hineingeht. Wir kämen nie auf die Idee, ihn anzuzünden, bevor wir unsere Kaufentscheidung treffen.

Was sagt der Brennwert eines Lebensmittels darüber aus, ob es uns wirklich wohlig satt und zufrieden macht? Hierbei spielen viele andere Dinge eine Rolle: die Qualität, die Verarbeitung, die Frische, die Zusatzstoffe, der Vitamingehalt, der Anteil an Eiweiß, Kohlenhydraten und Fett, die Temperatur einer Speise, unsere Verdauung, unsere Vorlieben, unser Geruchsinn, unsere Gemütsverfassung, die Liebe, mit der etwas zubereitet wurde und vieles mehr.

1996 beschloss ich, sukzessive mit dem Zählen der Kalorien aufzuhören. Am Anfang war es schwierig, die Zahlen aus meinem Kopf zu bekommen, doch immer, wenn eine Zahl auftauchte oder ich zu rechnen begann, sagte ich innerlich »Stopp!«. Es war eine bewusste Entscheidung. Heute weiß ich keine Kalorienzahlen mehr auswendig. Ich hätte es damals nie für möglich gehalten, aber Vergessen ist tatsächlich möglich. Es war wie früher mit den Französisch-Vokabeln: Als ich sie nicht mehr regelmäßig wiederholte, gerieten sie in Vergessenheit.

Körperwaage

Gegen die Körperwaage an sich ist nichts einzuwenden. Ich möchte Sie jedoch dazu anregen, den Gebrauch zu überdenken, falls das Abwiegen Ihr Leben bestimmt. Eine Entscheidungshilfe bieten die folgenden Punkte:

- Sie fühlen sich äußerst unwohl, wenn Sie sich aus irgendwelchen Gründen an einem Tag nicht wiegen können.
- Vielleicht steigen Sie sogar mehrmals täglich auf die Waage.
- Sie wiegen sich nach einer Darmentleerung nochmals, weil Sie hoffen, dann ein paar Gramm weniger zu wiegen.
- Sie haben Angstgefühle, bevor sie auf die Waage steigen.
- Ihre Stimmung ist abhängig von der Zahl, die sich auf der Waage zeigt. Das aufscheinende Gewicht entscheidet binnen dem Bruchteil einer Sekunde über Euphorie oder Frustration.
- Wenn die Waage mehr anzeigt als erwartet, denken Sie: »Dieser Tag ist gelaufen.« Sie fühlen sich sofort um einiges dicker, selbst dann, wenn Ihr Körperempfinden zuvor gut war.
- Sie verstehen die Welt nicht mehr, wenn die Waage nicht weniger anzeigt, obwohl Sie am Tag zuvor »brav« gegessen haben.
- Sie freuen sich unheimlich, aufgrund einer Grippe abgenommen zu haben und sind maßlos enttäuscht, wenn Sie das verlorene Gewicht ein paar Tage später wieder zugenommen haben.
- Sie fürchten, eine »fremde« Waage könnte mehr Gewicht anzeigen als Ihre eigene und damit Ihre Abnehmerfolge relativieren.
- Sie nehmen Ihre Waage mit in den Urlaub.
- Es ist Ihre Waage, die entscheidet, ob Sie am Wochenende die Pizza oder den Kuchen essen dürfen oder nicht.
- Bereits 300 Gramm mehr beunruhigen Sie extrem.

Ich erinnere mich an ein besonderes Erlebnis: Eines Tages zeigte meine Waage ein Kilo weniger an als am Vortag. Ich war überglück-

lich. Meine Kleidung saß locker, und ich fühlte mich wunderbar. Ein herrlicher Tag! Beschwingt ging ich durch die Stadt, ich war in Flirtlaune, kein Wunder, ich fand, dass ich toll aussah!

Später besuchte ich eine Freundin und stellte mich bei ihr nochmals auf ihre Waage. Zwei Kilo und 800 Gramm mehr als zu Hause! Das konnte nicht sein! Also zog ich rasch meine Kleidung aus, kalkulierte, wie viel ich schon getrunken und gegessen hätte, doch es blieb dabei: Ich hatte laut der Waage meiner Freundin gar nicht abgenommen! Meine Kleidung erschien mir plötzlich viel zu eng, und ich fühlte mich schrecklich.

Ist es nicht bedenklich, welche Wirkung die Waage haben kann?

Da ich den Kontrollverlust nicht in vollem Ausmaß ertragen konnte, entwöhnte ich mich schrittweise: Ich traf mit mir die Vereinbarung, dass ich mich nicht mehr vor meiner Regelblutung wiegen würde. Denn aufgrund der Wasseransammlung brachte ich zu dem Zeitpunkt stets mehr auf die Waage als sonst. Außerdem hörte ich auf, mich nach Essanfällen zu wiegen. Ich wollte mich nicht mehr zusätzlich quälen. Darüber hinaus verstaute ich die Waage im hintersten Eck meiner Wohnung, so dass sie nicht mehr jederzeit verfügbar war. Ich musste mich immer wieder neu dazu entschließen, die Waage nicht hervorzukramen. Als heilsam erwies es sich, nicht mehr ein punktgenaues Zielgewicht anzuvisieren, sondern die Kommazahlen auf der Waage zu ignorieren.

Wir sind keine Maschinen. Daher ist es völlig normal, dass unser Gewicht schwankt, selbst, wenn wir ein regelmäßiges Essverhalten haben.

Ich weiß noch, wie mich lange Zeit 300 Gramm zu viel auf der Waage zur Verzweiflung bringen konnten. »300 Gramm mehr als gestern? Was, wenn es morgen wieder 300 Gramm mehr sind? Und übermorgen wieder?! Dann werde ich am Ende des Monats in kein einziges Kleidungsstück mehr passen!« Panik. Insofern war es erstaunlich, festzustellen, dass ich 300 Gramm mehr oder weniger gar nicht spüren konnte. Indem ich mich nicht mehr täglich wog, konnte ich mir einige Stimmungsschwankungen ersparen.

Essen ohne Kontrollmechanismen?

Wenn wir *keine* Diät machen, *keine* Kalorien zählen und uns *nicht* von der Waage dirigieren lassen: Wie sieht dann der Weg aus der Esssucht aus? Dass wir unkontrolliert schlemmen und irgendwann unweigerlich aus allen Nähten platzen?

Die Antwort lautet definitiv: nein! Auch bei einem Leben ohne Esssucht braucht es beim Essen eine gewisse Form der Kontrolle. Wir leben heutzutage in einer Überflussgesellschaft. Das Angebot an Nahrung ist riesig, sie ist leicht verfügbar und für die meisten von uns erschwinglich. Wenn wir uns in unserem Körper wohl fühlen möchten, dürfen wir nicht all das essen, was verfügbar ist! Wir müssen entscheiden, was wir uns zuführen möchten und was nicht.

Richtungsweisend ist, *wie* wir zu dieser Entscheidung kommen. Bei Esssucht bestimmt der Kopf, was der Körper braucht. Letzterer hat relativ wenig zu melden, er wird nach Möglichkeit ignoriert oder dominiert. Ich glaube, dass sich so kein körperliches Wohlgefühl einstellen kann. Den Weg aus der Esssucht zu gehen, bedeutet daher, wieder auf die eigenen Körperbedürfnisse lernen zu hören. Der Körper darf also selbst bestimmen, was er braucht.

Wenn wir noch ungeübt sind, ist die Stimme unseres Körpers eher wie das Summen einer Biene inmitten des Dröhnens einer Autobahn: Wir können sie leicht überhören oder übergehen. Daher braucht unser Körper zusätzliche Unterstützung, um seine Bedürfnisse trotz Alltag, Zeitmangel und sonstiger Hinderungsgründe zu stillen. Hier spielt unser Denken eine außerordentlich wichtige Rolle! Der Kopf darf uns dabei helfen, einen Weg zu finden, um das Ja oder Nein des Körpers umzusetzen. Anders als in der Esssucht agieren unsere Gedanken nun also unterstützend statt unterdrückend. Ein Leben im Einklang mit den eigenen Bedürfnissen bedeutet, dass Kopf und Körper miteinander handeln.

Woher weiß nun unser Körper, wann, wie viel und was er essen soll? Wir brauchen dafür körperorientierte Maßeinheiten, die uns als Entscheidungshilfen dienen. Diese möchte ich Ihnen auf den folgenden Seiten vorstellen:

Hunger und Sättigung
sowie:
Summer und Zuwinker

Früher dachte ich, ein Leben ohne Esssucht hieße, sich keine großen Gedanken über das Essen zu machen. Doch das entspricht nicht dem, wie es heute bei mir ist: Ich esse jeden Tag und muss daher jeden Tag von neuem aus dem großen Angebot auswählen, darüber nachdenken oder vielmehr nachspüren, was heute für mich gut ist und wie viel ich heute brauche. Was sich verändert hat, ist, dass meine Gedanken wesentlich lustvoller sind, so dass sie mich nicht mehr belasten. Außerdem empfinde ich nicht mehr diesen riesengroßen Mangel, wenn ich nein zu etwas sage, weil ich weiß: Es wird bestimmt ein Ja zu einem anderen Zeitpunkt geben. Ich habe meine Erlaubnis, dass ich täglich genussvoll essen darf.

Ich möchte Ihnen allerdings nichts vormachen: Nur, weil die Maßeinheiten körperorientiert sind, heißt das noch lange nicht, dass unsere inneren Stimmen nicht gegen sie rebellieren. Essen verführt, sieht lecker aus, riecht gut, hat uns lieb, ist für uns da, macht uns Freude, tröstet uns, vertreibt Müdigkeit oder Langeweile, füllt so manches Loch. Nein zu sagen, kann herausfordernd sein, selbst wenn Körper und Geist zusammenarbeiten. Doch wenn das Nein unserem Körper entspringt, lässt es sich meiner Erfahrung nach langfristig leichter umsetzen.

Die Betonung liegt auf »langfristig« – denn es braucht Übung, um neue Verhaltensmuster einzuführen.

Früher hasste ich Worte wie »langfristig«, »Geduld haben«, »Zeit geben«. Mein Problem war belastend, daher sehnte ich mich nach »Wunderdiäten«, raschen Lösungen und sofort sichtbaren Erfolgen. Als wesentlich für mein Umdenken erwies sich folgende Einsicht: Der Weg aus der Esssucht war nichts anderes als mein Leben zu verändern, und das war rasch nicht möglich. Meine Heilung begann, als ich mich nicht mehr vor dem langen Weg scheute.

Gemäß der intuitiven Körperbedürfnisse zu leben, bedeutet, die Sprache unseres Körpers zu verstehen. Ich finde, man kann das gut mit Lesenlernen vergleichen. Was haben wir uns als Kinder mit unseren ersten Worten abgemüht! Heute lesen wir ganze Bücher mühelos. Ähnlich verhält es sich mit der Sprache unseres Körpers: Sie zu erlernen, erfordert Übung und Entschlossenheit. Bitte gehen Sie dabei besonders freundlich und unterstützend mit sich um. So wie Sie es mit einem Kind tun würden, das gerade lesen lernt. Was Ihnen heute schwierig scheint, wird mit stetiger Übung zur Routine.

Körpermaßeinheit Hunger

Auf die Frage »Wann soll ich essen?« gibt Ihnen Ihr physischer Hunger eine Antwort. Sie lautet: »Immer dann, wenn Ihr Körper hungrig ist.«

Physischer Hunger ≠ emotionaler Hunger

Wir essen immer dann, wenn unser *Körper* hungrig ist. Die Betonung liegt auf dem Wort Körper. Wir dürfen essen, wenn wir einen körperlichen/physischen Hunger empfinden. Von diesem ist der seelische/emotionale Hunger zu unterscheiden.

Der physische Hunger ist der Hunger des Körpers, also ein körperlicher Mangel. Damit sich unser Körper satt anfühlt, brauchen wir Essen, das sowohl nährend ist als auch mengenmäßig ausreicht. Als »nährend« bezeichne ich Nahrungsmittel, die unseren Körper nicht nur voll, sondern auch zufrieden machen.

Der emotionale Hunger ist der Hunger der Seele, also ein empfundener innerer Mangel. Damit sich unsere Seele satt fühlt, braucht sie etwas, das sie nährt. Schokopudding oder Chips schaffen das nur bedingt. Vielmehr ist bei dieser Art Hunger Selbstfürsorge nötig, in Form von nährenden Gedanken und nährenden Taten.

Wenn wir noch nicht gelernt haben, zwischen physischem und emotionalem Hunger zu unterscheiden, empfinden wir beides als physischen Hunger und stillen diesen mit Essen. Deshalb gilt es, zu lernen, die beiden Formen zu unterscheiden. Nur so können wir adäquat auf unseren Hunger reagieren.

Mein Hunger schien keine Grenzen zu kennen. Ein Stück, eine Schnitte, eine Portion, ein Teller, eine Packung – egal wie viel es war, es war nie genug. Im Grunde hätte ich immerzu essen können, manchmal »graste« ich den ganzen Tag. Ich war überzeugt davon, dass ich meinem maßlosen Hunger nicht trauen konnte! Würde ich auf ihn hören, dann würde ich mir die doppelte, dreifache, vierfache Menge oder noch mehr einverleiben und irgendwann aus allen Nähten platzen. Ich versuchte also, meinen Hunger so gut es ging zu unterdrücken.

Es war ein Aha-Erlebnis, als ich begriff: Maßlos war mein emotionaler Hunger, nicht mein physischer! Endlich verstand ich, warum ich beispielsweise Schokolade während meiner Essanfälle weder schmecken noch genießen konnte. Mein emotionaler Hunger wollte in Wahrheit etwas anderes! Ich musste auf meinem Weg daher unterscheiden lernen: Welche Nahrung (im Sinne von Essen) brauchte mein Körper? Welche Nahrung (im Sinne von Stärkung) brauchte meine Seele? Wenden wir uns zunächst den Bedürfnissen unseres Körpers zu.

Physischen Hunger wahrnehmen

Physischer Hunger ist, wie jedes andere Gefühl auch, eine höchst subjektive Angelegenheit. Daher gilt es zu erforschen, welches Ihre höchstpersönlichen Hungeranzeichen sind. In der Psychologie wird gern das Werkzeug der Skalierung eingesetzt, um herauszufinden, wie stark ein bestimmtes Gefühl subjektiv erlebt wird.

Ebenso können wir unser Hungergefühl skalieren: »Hunger 1« bedeutet ein bisschen, »Hunger 10« extrem hungrig.

Viele Menschen glauben, dass Hungergefühl gleichbedeutend mit Magenknurren ist. Aber Hunger macht mit wesentlich mehr Zeichen auf sich aufmerksam, und zwar sowohl auf körperlicher, als auch auf seelischer Ebene.

Physische Hungersignale auf körperlicher Ebene

Skala 1 bis 4 – Signalstufe Grün – kleiner Hunger

- Essensgerüche werden verstärkt wahrgenommen
- leichtes Ziehen entlang des Magenmeridians, beispielsweise im Gesicht, am Hals, Brustkorb und/oder auf den Außenseiten der Beine (wenn Sie »Magenmeridian« in Ihre Internetsuchmaschine eingeben, finden Sie zahlreiche Abbildungen)
- mitunter trockener Mund

Skala 5 bis 6 – Signalstufe Orange – gesunder Hunger

- metallener, salziger oder einfach unguter Geschmack im Mund (es wird Zeit für einen Kaugummi)
- Speichelbildung beim bloßen Gedanken an Essen
- Gefühl der Enge im Hals
- leichtes Ziehen im Magen
- leichtes Ziehen im Kopf
- leichtes Leeregefühl im Bauch

Skala 7 bis 10 – Signalstufe Rot – Heißhunger

- Kopfweh
- Kreislauf sackt in den Keller
- Kältegefühl
- Schwindel

- ✸ Unterzuckerung
- ✸ sich zittrig fühlen
- ✸ Schwäche
- ✸ flaues Gefühl bis hin zur Übelkeit
- ✸ Gefühl von großem Loch im Bauch
- ✸ hörbares Knurren im Magen
- ✸ Magenschmerzen

Physische Hungersignale auf seelischer Ebene

Skala 1 bis 4 – Signalstufe Grün – kleiner Hunger

- ✸ Die Gedanken an Essen nehmen zu.
- ✸ Konzentration lässt nach, klares Denken wird schwieriger
- ✸ Es ist noch genügend innere Ruhe vorhanden, um sich Speisen zu kochen oder sie anzurichten.

Skala 5 bis 6 – Signalstufe Orange – gesunder Hunger

- ✸ zunehmende Ungeschicklichkeit
- ✸ zunehmende Fahrigkeit, Ungeduld und Gereiztheit
- ✸ Umweltgeräusche werden dumpfer wahrgenommen
- ✸ Unruhe oder, im Gegenteil: zunehmende Müdigkeit
- ✸ Die Muße für Kochen oder Anrichten der Speisen ist bereits deutlich geringer als in »Signalstufe Grün«.

Skala 7 bis 10 – Signalstufe Rot – Heißhunger

- ✸ Gefühl von Überlegenheit »Ich bin willensstark, weil ich nicht esse!«
- ✸ aggressive Gefühle
- ✸ Abfall der Energie bis hin zur Erschöpfung
- ✸ gute Laune kippt schlagartig
- ✸ weinerliches Gefühl

- ✱ Gedanken werden dunkler, leichte depressive Verstimmung
- ✱ Kleine Probleme, die normalerweise leicht lösbar sind, bauschen sich zu großen Sorgen auf.
- ✱ Gedanken an Essen drängen sich massiv auf, direkt proportional steigt der Selbsthass.
- ✱ große Gier auf alles Essbare oder, im Gegenteil: großer Ekel vor Essen
- ✱ keine Geduld für das Kochen oder Anrichten von Speisen
- ✱ Gefühl von »Essen! Sofort! Viel!«
- ✱ fahriges Aufreißen von Lebensmittelpackungen, essen mitten im Supermarkt

Mir waren meine Hungeranzeichen lange Zeit nicht bewusst, insbesondere die seelischen. So schalt ich mich, wenn ich wieder einmal nur an Essen denken konnte und meine Energie abfiel. Der rasante Wechsel meiner Stimmung von »gutgelaunt« zu »trübsinnig« belastete mich. Daher war ich erleichtert, als ich begriff: Das war schlicht und einfach physischer Hunger!

Wichtig ist, dass Sie in allen drei Kategorien – »Hunger 1 bis 4«, »Hunger 5 bis 6« und »Hunger 7 bis 10« – Ihre persönlichen Signale erforschen. Bitte betrachten Sie die obenstehenden Punkte als Inspiration, vermutlich treffen nicht alle auf Sie zu.

Je stärker der Hunger wird, desto vehementer werden die Anzeichen. Das ist biologisch durchaus sinnvoll: Je hungriger wir werden, desto deutlicher gibt unser Körper zu verstehen, dass er jetzt Nahrung braucht.

Bitte erwarten Sie nicht, dass Ihre intuitiven Hungersignale sozusagen zur Tür hereinspazieren und rufen: »Da bin ich!« Ganz im Gegenteil: Am Anfang sind Sie aufgefordert, danach zu suchen. Dabei hilft es, sich immer wieder daran zu erinnern: »Halte einen Moment inne und beobachte, ob du bereits hungrig bist.«

♥ **Mein Hunger, ich spüre dich**: Ich lade Sie ein, sich untertags wiederholt mit Ihrem Körper zu verbinden und Ihre Hungersignale zu erforschen. Nutzen Sie dafür die Wartezeiten im Alltag (Rolltreppe fahren, beim Kopierer stehen, am Kinderspielplatz warten, ...) oder zweigen Sie bei Routinetätigkeiten ein wenig Ihrer Aufmerksamkeit ab.

Sie können beispielsweise innerlich sagen: »Mein Hunger, ich spüre dich«, und beobachten, ob etwas auftauchen möchte. Oder Sie nehmen die Liste mit den Hungersignalen zur Hand und gehen sie wie eine Checkliste durch.

Gefühle lassen sich manchmal gut über Vergleiche mit früheren Situationen bestimmen: Wie war es das letzte Mal, als ich in mich hineingehört habe? Wie ist es jetzt? Vielleicht möchten Sie sich Notizen machen.

Wenn Sie keinen Hunger spüren können

Wenn Sie keine Hungersignale wahrnehmen können, kommen dafür verschiedene Gründe in Frage:

1.) Vielleicht ist es Ihnen zum jetzigen Zeitpunkt noch nicht möglich, Ihren Körper zu spüren.

Falls dem so ist, nehmen Sie sich das bitte nicht übel. Sich wieder spüren zu lernen, braucht seine Zeit. Wir werden uns damit später noch eingehend beschäftigen.

Als ich meine Körpersignale noch nicht zweifelsfrei identifizieren konnte, aß ich dennoch über den Tag verteilt drei Hauptmahlzeiten und zwei Snacks. Mit dieser Regelmäßigkeit schaffte ich es, meinen Blutzucker zu stabilisieren, so dass meine Essanfälle nicht mehr ganz so heftig ausfielen.

2.) Vielleicht sind Sie schlicht und einfach noch nicht hungrig.

Wenn Sie eine Vermutung in diese Richtung haben, können Sie einmal versuchen, nicht zu für Sie üblichen Tageszeiten zu essen:

Warten Sie bewusst etwas ab, und erforschen Sie Ihre Körpersignale später erneut.

Falls das Grasen, also das ständige »mal hier mal dort Essen« Ihr Thema ist, kann es sein, dass Sie keinen Hunger empfinden, weil Sie sich zu wenige Essenspausen gönnen. Diese Gewohnheit sofort abzustellen ist selten möglich, da emotionale Bedürfnisse dahinterstecken, wie sich zu beschäftigen, zu belohnen, zu kompensieren oder abzulenken. Zunächst ist es wichtig, dass Sie sich dieser Verhaltensweise bewusst werden. Dafür lernen wir später noch Werkzeuge kennen, insbesondere das Essen im Sitzen. Vielleicht gelingt es Ihnen, einmal probeweise beispielsweise zwischen Mittag- und Abendessen nicht zu grasen, um die Möglichkeit zu bekommen, Ihren physischen Hunger zu erforschen.

3.) Vielleicht sind Sie viel zu hungrig.

Bei vielen Menschen verschwinden die Hungersignale wieder, wenn sie sich auf der Hungerskala jenseits der 10 befinden, also ihre körperlichen Bedürfnisse ignoriert und nicht gestillt haben. Sie meinen dann, gar nicht mehr hungrig zu sein, und schieben die Nahrungsaufnahme noch weiter auf. Bei esssüchtigen Menschen kann das zu einem Essanfall führen: Wenn der Körper in diesem Stadium auch nur einen Bissen Nahrung erhält, springt der Hunger hervor wie ein ausgehungertes Raubtier. Wir essen alles, was wir in die Finger bekommen, und sind gleichzeitig überrascht, weil wir keinen Hunger mehr verspürt hatten.

4.) Vielleicht verwechseln Sie Hunger mit anderen Gefühlen.

Hunger wird oft mit Müdigkeit verwechselt. Müdigkeit, die von Hunger hervorgerufen wird, fühlt sich allerdings anders an als die erschöpfte Müdigkeit. Sie können den Unterschied selbst erforschen, indem Sie sich, vielleicht an einem freien Wochenende, vor einer Mahlzeit probeweise genussvollen Schlaf gönnen.

Es könnte auch sein, dass Sie Hunger mit Durst verwechseln. Falls Sie das Gefühl haben, dass das auf Sie zutreffen könnte, empfehle ich, ein kleines Glas Wasser zu trinken. Dabei ist wichtig: Bitte benutzen Sie das Wasser nicht, um Ihren Hunger zu unterdrücken. Es geht nun darum, Ihr Durstgefühl zu erkunden.

5.) Vielleicht nehmen Sie sich zu wenig Zeit für die Erforschung.

Zu Beginn dauerte es gefühlt Stunden, bis ich irgendetwas herausfand. Ich kam mir wie eine Idiotin vor, weil ich das, was kleine Kinder intuitiv können, mühsam von neuem erlernen musste. Mit der Zeit ging es rascher, und heute kann ich meine Hungergefühle in Sekundenschnelle einordnen.

Es braucht ein neues Vokabular, um die inneren Sensationen benennen zu können, und der Prozess ist keineswegs so trivial, wie er scheinen mag. Es ist normal, dass er uns anfangs einiges abfordert. Doch wie so oft im Leben gilt auch hier: Übung macht die Meisterin!

6.) Vielleicht suchen Sie zu verbissen.

Bestimmt kennen Sie die folgende Situation: Sie suchen fieberhaft nach etwas und durchwühlen alle Schubladen. Erst als Sie die Suche aufgeben, liegt besagter Gegenstand plötzlich vor Ihnen. Ähnliches kann bei der Suche von Hungergefühlen geschehen. Deshalb möchten wir lernen, den Blick zu weiten und die Eindrücke offen aufzunehmen, anstatt nach einem ganz bestimmten Symptom auf einer Liste zu suchen. Die Haltung und Perspektive der Forscherin einzunehmen, hilft uns auf diesem Weg, damit Sie anstatt krampfhaft zu suchen, einfach nur beobachten, was gerade in Ihnen da ist.

7.) Vielleicht haben Sie die Gleichung im Kopf: Hunger = ich sollte essen = ich könnte zunehmen = das will ich nicht = ich will keinen Hunger haben.

Manchmal hetzte ich von A nach B und tat unendlich geschäftig. Pausen einlegen, um etwas zu essen? Sorry, keine Zeit! Mir gefiel es, auf Nahrung zu verzichten oder Mahlzeiten ganz zu vergessen. Ich hatte viel erledigt und keine Kalorien zu mir genommen, das würde bestimmt zu einer Gewichtsabnahme führen! Wenn ich ein Knurren im Bauch hörte, war ich selig! Mein Magen war leer, jetzt musste mein Körper auf seine Reserven zurückgreifen. Jubel!

Bis dann von einer Sekunde auf die nächste meine Stimmung kippte und in den Keller sackte. Auf einmal überkam mich mein bis dahin gut verdrängtes Gefühl der Minderwertigkeit. Die Gedanken an Essen nahmen rasant zu. Ich versuchte, sie beiseitezuschieben, wurde jedoch zunehmend machtloser. Der innere Kampf mündete letztendlich in einem Essanfall. Unzählige Male fiel ich auf dieses Muster herein. Hinterher zermarterte ich mir den Kopf, warum ich schon wieder einen Essanfall erlitten hatte. Dabei war die Lösung ganz einfach: Ich war hungrig.

Warten, bis der Hunger da ist

Wir essen viel zu oft, ohne hungrig zu sein. Wenn der Körper nicht nach Nahrung verlangt hat, sie demnach nicht braucht, legt er Reserven an. Das ist nur natürlich. Reserven zu haben ist an sich nichts Schlechtes, zu viele davon können allerdings ganz schön beschweren. Für ein körperliches Wohlgefühl ist es daher wesentlich, überwiegend erst dann zu essen, wenn Sie auf der Hungerskala bei 5 bis 6 angekommen sind. Das Wort »überwiegend« ist mir in diesem Zusammenhang wichtig, denn wir sind nur Menschen und damit nicht perfekt. Niemandem gelingt es, immer zum genau richtigen Zeitpunkt zu essen.

♥ **Schmecken Sie den Unterschied:** Wenn wir angenehm hungrig sind, schmeckt es uns am besten. Probieren Sie es aus! Essen Sie das gleiche Lebensmittel oder die gleiche Speise einmal, wenn Sie noch gar keine Hungersignale spüren, und ein anderes Mal, wenn Sie hungrig sind, und noch einmal, wenn Sie Heißhunger haben. Schmecken Sie einen Unterschied? Wann können Sie das Essen am intensivsten wahrnehmen?

♥ **Überprüfen von Gewohnheiten:** Oft essen wir aus Gewohnheit. Beispielsweise vor dem Fernseher, im Kino oder wenn es Punkt 12:00 Uhr ist. Speziell im Alltagstrott ist es bedeutsam zu prüfen, also genau zu spüren, ob Sie tatsächlich hungrig sind.

Mir hilft es, in solchen Momenten liebevoll mit mir zu sprechen: »Komm, warte noch ein bisschen. Du weißt doch, dass es dir am besten schmeckt, wenn du auf der Hungerskala bei 5 bis 6 bist. Ich glaube, es wird nur noch eine halbe Stunde dauern. Machen wir diese Arbeit fertig, und dann gibt es etwas Leckeres!«

Eine bewusste Entscheidung treffen

Wenn Sie noch nicht hungrig sind und trotzdem essen möchten, liegt die Entscheidung bei Ihnen: Wollen Sie auf Ihren Körper hören oder nicht? Machen Sie sich nicht zum Opfer der Süßwarenindustrie, Chips-Fabriken, Überflussgesellschaft oder von sonst jemandem. Sie sind erwachsen und tragen die Konsequenzen für Ihr Handeln.

Sie dürfen ruhig mal einfach nur essen, weil es Sie freut, weil Sie Appetit haben oder weil Sie Ihren emotionalen Hunger stillen möchten. Das ist in Ordnung. Wir dürfen uns manchmal verführen lassen, und wir dürfen Spaß daran haben. Wir streben keine Perfektion an. Es geht darum, eine gesunde Balance zu finden, damit wir uns langfristig in unserem Körper wohl fühlen.

Erlaubnis, bei Hunger zu essen

Es ist wichtig, dass Sie sich erlauben zu essen, wenn Sie auf der

Hungerskala 5 bis 6 sind. Selbst wenn Sie es locker noch einige Stunden ohne Essen aushalten würden.

Ich probierte so oft und so lange es ging, meinen Hunger zu ignorieren. Ich machte mir vor, dass ich so in der Summe weniger zu mir nehmen würde. Doch das stimmte nicht: Während meiner Essattacken stopfte ich die eingesparten Kalorien wieder in mich hinein.

Wiederholte strenge Diäten wirken sich negativ auf unseren Stoffwechsel aus. Außerdem steigern sie auf Dauer den Fettanteil des Körpers, da wir uns nach jeder Hungerphase mit Vorliebe auf gehaltvolle Speisen stürzen und vermehrt zulangen. Das ist in Hinblick auf die Evolution durchaus sinnvoll. Hungern wir unseren Körper aus, sendet er das Signal: »Alarm! Alarm! Nahrungsmittelüberschuss sofort nutzen und genügend Fettpolster für die nächste Dürreperiode anlegen!«

Zur Zeit meines Diätwahns hatte ich starke Gewichtsschwankungen, mein Gesicht war aufgedunsen. Ich hatte das Gefühl, zunehmend schwammiger zu werden.

Meine Erfahrung ist, dass der Ausstieg aus der Essucht nur durch regelmäßige Nahrungsaufnahme funktioniert, also durch ein Aufrechterhalten des Blutzuckerspiegels. Sobald unser Körper längere erzwungene Phasen des Fastens durchlebt, kann er kaum mehr darauf vertrauen, dass er regelmäßig genährt wird. Dann setzt er Heißhunger und Gier ein, um zu seinem Recht zu kommen. Wenn wir Fasten und Überessen abwechseln, wird unser Körpergewicht entsprechend schwanken. Ein konstantes Körpergewicht braucht Regelmäßigkeit.

Ich hatte in meinem Kopf die fixe Regel, dass soundso viele Stunden zwischen den Mahlzeiten vergehen mussten. Das Resultat war, dass ich oft mit der Uhr dasaß und die Minuten zählte, bis ich wieder essen durfte, anstatt auf meinen Körper zu hören. Wie von so vielem verabschiedete ich mich auf dem Weg aus meiner Essucht auch von dieser Regel. Mit der Zeit entdeckte ich, dass mein Körper von selbst seine Abstinenzzeiten einhielt. Doch es waren seine eigenen und nicht von außen aufgezwungene.

Körpermaßeinheit Sättigung

Das Sättigungsgefühl gibt uns Antwort auf die Frage: »Wie viel soll ich essen?« Die Antwort lautet: »Sie essen so viel, bis Sie satt sind.«

Physische Sättigung ≠ emotionale Sättigung

Ähnlich wie beim Hunger kann man auch bei der Sättigung zwei Arten unterscheiden: Die physische Sättigung signalisiert, dass unser Körper satt ist. Wenn wir danach noch weiter essen möchten (oder vielmehr müssen), bedeutet das mit großer Wahrscheinlichkeit, dass unsere Seele nicht satt ist, sich also der emotionale Hunger meldet. Um zu wissen, ob unser Körper oder unsere Seele nach Nahrung verlangt, ist es hilfreich, die Anzeichen physischer Sättigung kennenzulernen.

Physische Sättigung wahrnehmen

Genau wie der physische Hunger, kann auch die physische Sättigung unterschiedlich stark ausgeprägt sein. Um sie besser einordnen zu können, bedienen wir uns wieder der Skalierung: »1« bedeutetet nicht satt, »10« übervoll.

Nach Jahren der Esssucht konnte ich nicht mehr spüren, wann ich satt war. Das einzige Sättigungsgefühl, das mir bekannt war, war das Übervollsein.

Physische Sättigungssignale auf körperlicher Ebene

Skala 1 bis 4 – Signalstufe Grün – noch nicht satt

- ✽ Einige der körperlichen Hungersignale sind noch spürbar.
- ✽ Der Kreislauf erholt sich.

* Es fühlt sich an, als ob noch Platz im Bauch wäre.

Skala 5 bis 6 – Signalstufe Orange – körperlich satt

* Alle körperlichen Hungersignale sind verschwunden.
* Die Leere im Bauch ist verschwunden.
* Der Bauch ist angenehm gefüllt.
* Leichte, zufriedene Müdigkeit, keine »Hunger-Müdigkeit«.
* angenehmes Wärmegefühl

Skala 7 bis 10 – Signalstufe Rot – übervoll

* Bauchschmerzen
* Übelkeit
* Unbeweglichkeit, Trägheit

Physische Sättigungssignale auf seelischer Ebene

Skala 1 bis 4 – Signalstufe Grün – noch nicht satt

* Das Essen macht großen Spaß.
* Es ist relativ leicht, mit der Aufmerksamkeit beim Essen zu bleiben.
* Der Geschmack des Essens kann intensiv wahrgenommen werden.
* Die Stimmung bessert sich.

Skala 5 bis 6 – Signalstufe Orange – körperlich satt:

* Ein Gefühl der Zufriedenheit zeigt sich.
* Ein Gefühl, als ob eine Tür zugehen würde, stellt sich ein.
* Eine leise Stimme, die flüstert: »Eigentlich reicht es mir.«
* Der Geschmack des Essens wird nicht mehr so intensiv wahrgenommen.

✳ Die Aufmerksamkeit für das Essen nimmt ab. Es werden andere Dinge interessanter – beispielsweise, was der Tischnachbar über den neuesten Kinofilm erzählt.
✳ Keine wirkliche Lust mehr, aufmerksam zu essen, es werden parallel andere Tätigkeiten aufgenommen wie Küche aufräumen, SMS schreiben etc.
✳ Die Gedanken beginnen, langsam um die Sorge der Gewichtszunahme aufgrund dieser Mahlzeit zu kreisen.

Skala 7 bis 10 – Signalstufe Rot – übervoll

✳ Es ist keinerlei Aufmerksamkeit mehr beim Essen, gekaut wird nur noch mechanisch.
✳ Der Geschmack des Essens tritt völlig in den Hintergrund. Eigentlich könnte ebenso gut ein Stück Styropor gekaut werden, es würde kaum auffallen.
✳ Es werden neben dem Essen viele andere Dinge gemacht.
✳ Es wird geschlungen statt gegessen.
✳ Das schlechte Gewissen ist groß, Panik vor Gewichtszunahme gesellt sich dazu.
✳ Das Bedürfnis, heimlich zu essen, nimmt zu.
✳ Die Gier zeigt sich: Sie will alles essen, solange es noch möglich ist, und noch viel mehr.

Wie beim physischen Hunger gilt es auch bei der physischen Sättigung, Ihre persönlichen Anzeichen in allen drei Kategorien zu erkunden: Was unterscheidet für Sie persönlich »Sättigung 1 bis 4«, »Sättigung 5 bis 6« und »Sättigung 7 bis 10«?

Wenn Sie keine Sättigung spüren können

Wenn Sie keine Sättigungssignale wahrnehmen können, kommen dafür verschiedene Gründe in Frage:

1.) Vielleicht haben Sie zu essen begonnen, als Sie noch nicht hungrig waren.

Wenn Sie de facto satt mit dem Essen beginnen, sind die Sättigungsanzeichen der Signalstufe Grün und Orange nicht wahrnehmbar.

2.) Vielleicht sind Sie noch nicht satt.

In der Esssucht arbeiten wir mit fixen Zahlen und Mengen: maximal soundso viele Kalorien pro Mahlzeit, maximal eine halbe Portionsgröße, auf alle Fälle weniger als die Freundin und so weiter. Manchmal kommt es vor, dass dieses gewählte Maß für Ihre körperlichen Bedürfnisse einfach zu wenig ist. Darüber hinaus brauchen manche Menschen ausreichend Eiweiß und/oder Fett, um sich wohlig satt zu fühlen. Vor allem auf Letzteres wird oft aus Diätgründen verzichtet.

3.) Vielleicht haben Sie die Gleichung im Kopf: Sättigung = ich sollte aufhören zu essen = das will ich aber noch lange nicht = ich will Sättigung nicht spüren.

In diesem Fall ist es nötig, zwei Dinge zu entkoppeln: das Spüren der physischen Sättigung auf der einen Seite und den Anspruch, das Essen sofort zu beenden, wenn wir satt sind, auf der anderen. Jetzt möchten wir erst einmal lernen, die physische Sättigung wahrzunehmen. Die Entscheidung, ob wir tatsächlich mit dem Essen aufhören, folgt erst danach.

4.) Vielleicht sind Sie während des Essens gestresst.

Hilfreich war es für mich, Essen und Arbeiten voneinander zu trennen. Wenn ich beim Arbeiten aß, krampfte sich mein Magen zusammen, so dass ich meine Sättigung nicht mehr unverfälscht einschätzen konnte. Ähnlich erging es mir, wenn ich unterwegs aß und ich rasch von A nach B gelangen musste. Für mich wurde es bedeutsam, meine Mahlzeiten in Ruhe und in angenehmer Atmosphäre einzunehmen. Nur so war es mir möglich, meine Körpersignale wahrzunehmen.

5.) Vielleicht lenken Sie sich während des Essens zu viel ab.

Während unserer Mahlzeiten sind wir manchmal mit ganz schön vielen Dingen beschäftigt:

- TV-Serien zappen
- Zeitung oder Zeitschrift lesen
- nach Neuigkeiten auf Facebook schauen
- schnell mal ein Selfie machen
- am Smartphone herumspielen
- SMS verschicken
- das läutende Handy in der Handtasche suchen
- telefonieren
- noch rasch die Bahn oder den Bus erwischen
- Auslagen ansehen
- einkaufen
- das Geburtstagsgeschenk öffnen
- die Freundin beim Liebeskummer trösten
- von unserem Tag erzählen
- die Kinder besänftigen
- mit dem Partner oder der Partnerin streiten
- wichtige Entscheidungen besprechen
- To-do-Listen beim Geschäftsessen erörtern
- mit dem Auto fahren

Physische Sättigung ist ein leises Signal. Wenn wir zu laut, also zu beschäftigt sind, werden wir es leicht überhören. Unser innerer Dialog braucht einiges an Aufmerksamkeit, insbesondere wenn wir es nicht gewohnt sind, unsere Körpersignale zu spüren. Der Unterschied zwischen Hunger und »genug« ist oft nur ein Bissen.

♥ **Die Essens-Ablenkungen erforschen:** Bitte beobachten Sie, was Sie sonst noch alles tun, während Sie essen. Sie müssen sich nicht rigoros alle Ablenkungen verbieten. Zum Beispiel lesen viele Menschen gern während des Essens oder sie sehen fern. Dies ist dann in Ordnung, wenn Sie gleichzeitig mit Ihrem Körper verbunden bleiben können.

Wenn Sie beispielsweise gern vor dem Fernseher essen, beobachten Sie bitte, ob Ihre Körperwahrnehmung sich ändert, wenn Sie eine bestimmte Sendung ansehen oder Sie wahllos herumzappen. Achten Sie einmal darauf, ob es Unterschiede zwischen einzelnen Sendungsinhalten gibt, zum Beispiel zwischen aufwühlenden und wenig anspruchsvollen Programmen. Ähnliches gilt beim Lesen: Macht es einen Unterschied, ob Sie Bilder in einer Zeitschrift ansehen oder Tagesmeldungen lesen? Falls Sie während des Essens gern Ihr Smartphone zur Hand nehmen: Können Sie sich weiterhin auf Ihre Körpergefühle konzentrieren?

Bitte überprüfen Sie auf ähnliche Art Ihre persönlichen Ablenkungen und wägen Sie ab, welche der Tätigkeiten oder Gespräche Sie daran hindern, Ihre Sättigung zu spüren.

Fernsehen stand auf meiner Liste der »unnötigen Tätigkeiten« ganz oben. Statt faul auf der Couch zu liegen und mich berieseln zu lassen, konnte ich unzählige andere, sinnvollere Dinge erledigen! Doch essen musste ich schließlich, warum nicht parallel dazu eine Sendung ansehen? Dann wäre – so dachte ich – die Zeit nicht verschwendet. Allerdings funktionierte das nicht, denn viel zu oft aß ich mehr, als ich brauchte, nutzte also die Mahlzeit als Alibi, um noch weitere Zeit vor dem Fernsehgerät verbringen zu dürfen. Häufig mündete dieses Verhalten in einen Essanfall. Für mich war es daher nötig, eine Zeitlang Fernsehen und Essen zu entkoppeln. Ich entschied mich dafür, während meiner Mahlzeiten bloß in einer belanglosen Illustrierten zu blättern oder ein seichtes Hörbuch zu hören. Oder einfach nur zu essen. Parallel dazu begann ich, mir immer öfters bewusst Pausen – beispielsweise vor dem Fernseher – zu gönnen, und zwar ohne das Alibi Essen.

Häufig sind es gefühlsbeladene Gespräche, die uns während

des Essens ablenken. Sobald negative Gefühle wie Wut oder Trauer in uns aufkommen, fällt es schwer, sich auf die Bedürfnisse des Körpers zu konzentrieren. Ebenso kann es passieren, dass diese Gefühle mit Hilfe von Essen unterdrückt werden. Oder Sie bemerken nicht, wann Sie satt sind, und überessen sich, wodurch Sie sich noch unwohler fühlen.

Wenn Sie gemeinsam mit Freunden oder Arbeitskolleginnen in ein Restaurant gehen, empfehle ich, explosiven Gesprächsstoff zu vermeiden. Sollte Ihnen das nicht möglich sein, weil es etwas Wichtiges zu bereden gibt, wählen Sie lieber eine andere Art des Zusammenseins: Treffen Sie sich beispielsweise zum Tee oder zu einem Spaziergang. Oder einfach nur zu einem Gespräch.

♥ **Während des Essens über das Essen reden:** Probieren Sie, während der Mahlzeiten nur über das Essen zu sprechen: Wie gut es schmeckt, welche Gewürze es enthält, wie schön es ist, gemeinsam zu kochen, oder wie angenehm die Atmosphäre im Lokal ist. Das erlaubt es Ihnen, sich ausschließlich auf den Genuss der Speisen zu konzentrieren und dennoch ein Gespräch zu führen.

Überlegen Sie sich gut, ob Sie eine Essenseinladung von Leuten annehmen, bei denen Sie sich nicht wohl fühlen. Die emotionale Belastung, die bei einer solchen Verabredung eventuell entsteht, könnte sich auf Ihr Essverhalten auswirken. Wenn Sie diese Menschen treffen müssen, ist ein gemeinsamer Tee oder Kaffee vielleicht ratsamer.

Ich kenne viele, die das Essen mit Kindern am Familientisch als hektisch erleben. Wenn das auch auf Sie zutrifft, könnten Sie erwägen, gemeinsam mit Ihren Kindern eine Kleinigkeit zu essen und Ihre eigene Mahlzeit davor oder danach in Ruhe einzunehmen. Nicht wenige Menschen haben das Bild einer harmonischen Familie, die gemeinsam bei Tisch sitzt, im Kopf – so wie es in der Werbung dargestellt wird. Ich finde es wichtiger, dass sich Eltern und Kinder entspannt fühlen, als zu versuchen, ein vielleicht unerreichbares Ideal anzustreben. Außerdem lernen Kinder durch

Nachahmung. Wie sollen sie lernen, auf ihre Bedürfnisse zu hören, wenn wir es ihnen nicht vorleben?

Nein sagen nach Eintritt der Sättigung

Wenn Sie sich nach Eintritt des Sättigungsgefühls dazu entscheiden, mit dem Essen aufzuhören, braucht es Entschlossenheit, um den Verführungen zu widerstehen. Möglicherweise helfen Ihnen dabei die nachfolgenden Gedanken.

Mehr von etwas zu haben, bedeutet nicht notwendigerweise mehr Genuss. Stellen Sie sich vor, Sie gönnen sich im Winter eine warme Dusche. Die ersten zehn Minuten sind herrlich! Müssten Sie jedoch weitere 30 Minuten unter der Brause verbringen, würde der Genuss schwinden. Ähnlich verhält es sich beim Essen: Wenn Sie große Mengen von etwas zu sich nehmen, schmecken Ihnen nicht zwangsläufig alle Bissen gleich gut. Es kann sogar sein, dass Sie viele der Bissen nicht bewusst wahrnehmen, weil Sie in Gedanken woanders sind.

Um etwas genießen zu können, ist auch der passende Zeitpunkt entscheidend. Nehmen wir an, Sie besuchen ein Konzert, obwohl Sie erschöpft sind und lieber zu Hause im Bett wären. Die Musik werden Sie dann kaum genießen können. Ähnlich ist es beim Essen: Wenn Sie satt sind, also der Zeitpunkt nicht passt, ist der Genuss geschmälert.

Eine Mahlzeit geht zwar schnell vorbei, doch die nächste kommt bestimmt! Wenn Sie zulassen, dass diese eine Mahlzeit endet, machen Sie den Weg frei, wieder hungrig zu werden und aufs Neue eine Mahlzeit zu sich zu nehmen. Diese kann sogar noch besser schmecken als die vorherige. In der Zwischenzeit dürfen Sie Ihre Vorfreude genießen.

Vielleicht bekommen Sie ein spezielles Nahrungsmittel tatsächlich nur ein einziges Mal in Ihrem Leben. Das kann durchaus vorkommen. Doch ich versichere Ihnen: Sie werden bestimmt auch später wieder etwas Köstliches, Exotisches, Delikates essen.

Diese eine Mahlzeit wird garantiert nicht Ihre letzte Chance auf höchsten Genuss sein.

Die Verlängerung der Mahlzeit hält ihr Ende nicht auf. Früher oder später müssen Sie vom Tisch aufstehen und etwas anderes tun. Sie können selbst bestimmen, ob Sie diese Tätigkeit befriedigt und mit einem Wohlgefühl oder elend und vollgestopft in Angriff nehmen.

(Viele dieser Anregungen wurden inspiriert vom Buch »Essen als Ersatz« von Geneen Roth ab Seite 22.)

Bitte bezichtigen Sie sich nicht der Gier. Es ist normal, dass wir alles von dem wollen, was uns gut schmeckt. An diesem Punkt der Sättigung ist die liebevolle Selbstkommunikation besonders wichtig. Wir möchten das Mangelgefühl, das nun auftaucht, besänftigen. Hier ein paar Sätze, die Ihnen möglicherweise helfen:

* »Ich spüre deutlich, dass ich satt bin. Wenn ich in fünf Minuten wieder hungrig bin, dann darf ich wieder essen. Aber jetzt höre ich auf.«
* »Ich werde bestimmt wieder gute Dinge zu essen bekommen. Es gibt keinen Grund, jetzt alles aufzuessen.«
* »Ich verstehe, dass du jetzt noch weiter essen magst, es sieht ja wirklich köstlich aus. Aber du weißt doch, hungrig schmeckt es dir viel besser.«
* »Selbst, wenn du dich bereits ein bisschen überessen hast, darfst du jetzt aufhören. Du musst dich nicht vollstopfen, nur weil du nicht exakt dann aufgehört hast, als du satt warst. Wenn du jetzt aufhörst, fühlst du dich immer noch besser, als wenn du zum Platzen voll bist.«
* »Wenn du hungrig bist, hast du mehr Genuss! Das hast du bereits oft erfahren. Möchtest du das hier nicht lieber wegpacken und später essen? Ich nehme es dir bestimmt nicht weg.«
* »Wenn du das hier jetzt wegpackst, hast du später noch einmal den vollen Genuss!«

✱ »Komm, Süße, was brauchst du wirklich? Noch eine Portion ist es nicht, oder?«

Wenn Sie Ihre Entscheidung gegen das Weiteressen getroffen haben, lenken Sie Ihre volle Aufmerksamkeit auf die nächste Tätigkeit. Dadurch helfen Sie sich zu erkennen: Jetzt ist diese Mahlzeit vorbei, jetzt ist etwas anderes dran. Je nachdem, wo Sie sich gerade aufhalten, können Sie noch weitere, unterstützende Maßnahmen ergreifen.

Zu Hause:

✱ Entfernen Sie die Speisereste aus Ihrem Blickfeld. Packen Sie alles in verschließbare Behälter. Räumen Sie die Teller weg, befüllen Sie die Geschirrspülmaschine, oder waschen Sie das Geschirr.
✱ Versprechen Sie sich: »Für den Moment bin ich satt, also räume ich alles weg. Wann immer ich hungrig bin, darf ich erneut essen, selbst wenn das bereits in zehn Minuten sein sollte.«
✱ Wenn Sie Lebensmittel nicht aufbewahren können, ohne sie sofort aufzuessen, wäre es eine Möglichkeit, sie zu verschenken, beispielsweise an den Nachbarn oder den Stammfriseur ums Eck.
✱ Nachdem alles weggeräumt ist, lenken Sie sich bewusst ab.

Im Restaurant:

✱ Schieben Sie den Teller weg, so dass der Kellner weiß, dass er ihn mitnehmen kann.
✱ Wenn Sie möchten, lassen Sie sich Ihre Essensreste einpacken. Wenn nichts verschwendet wird, fühlen Sie sich vielleicht nicht gezwungen, sofort alles aufzuessen.
✱ Lenken Sie das Gespräch vom Thema Essen bewusst auf ein anderes.

Beim Buffet:

* Wenden Sie sich vom Buffet ab, und vertiefen Sie sich in ein Gespräch.
* Schaffen Sie Abstand zur Situation, indem Sie sich beispielsweise Ihre Hände waschen.

Eine bewusste Entscheidung treffen

Aufhören bei physischer Sättigung ist mitunter keine leichte Sache. Es ist nur allzu menschlich, dass wir auf etwas Gutes nicht verzichten möchten. Sobald der Körper satt ist, werden unsere inneren Stimmen oftmals lauter und versuchen uns zu überreden, weiterzuessen:

* »Mein Tag war ohnehin schon hart genug, jetzt darf ich mich endlich so richtig belohnen!«
* »Ich gönne mir sonst nie etwas!«
* »Essen ist momentan meine einzige Freude im Leben, die lasse ich mir nicht auch noch nehmen.«
* »Ich bin gestresst/in einer Ausnahmesituation/schwanger/..., jetzt darf ich!«
* »Ich habe heute genug Sport gemacht, also kann ich es mir leisten, mehr zu essen.«
* »Heute ist mein ›Cheat Day‹, an dem darf ich alles.«
* »Fernsehen ist mit Essen viel gemütlicher.«
* »Komm, iss noch ein bisschen, die Arbeit kann warten.«
* »Alle essen noch, da kann ich auch noch zulangen.«
* »Die Gelegenheit, genau diese Spezialität zu essen, wird so bald nicht wiederkommen.«
* »Einmal ist keinmal.«
* »Ich hab so vieles noch nicht probiert, alles sieht lecker aus.«
* »Hier beim Buffet ist alles gratis.«

- »Ich habe noch einiges auf dem Teller, es wäre Verschwendung das wegzuwerfen.«
- »Das ist ein teures Galadinner mit exquisiten Speisen, da kann ich nichts übriglassen!«
- »Du hast mehr gegessen als geplant, nun ist es schon egal. Iss heute noch so viel du möchtest, und ab morgen reißt du dich wieder zusammen.«
- »Ab morgen muss ich auf Zucker verzichten, also esse ich jetzt noch viel davon.«

Meine innere Stimme zeigt sich gern in Form eines kleinen Kindes, das sich theatralisch am Boden wälzt und sich lautstark bemerkbar macht: »Ich will das jetzt auch noch haben. Sofort!«

Diese inneren Stimmen haben verführerischen Charakter, fast wie die Sirenen in der griechischen Mythologie. Ich habe die Erfahrung gemacht, dass sich oft der emotionale Hunger dahinter verbirgt. Wenn wir mitten in der Esssucht stecken, ist er es gewohnt, durch Nahrung gefüttert zu werden. Erst mit der Zeit lernen wir, den emotionalen Hunger anders, adäquater zu stillen. Bis es so weit ist, kennt er aber nur ein Mittel, und das lautet: »Mehr essen. Jetzt! Sofort!«

Bitte erinnern Sie sich an das Kapitel über Scham. Wir schämen uns für das Überessen. Die Scham gedeiht in der Heimlichkeit, daher ist es sinnvoll, dieses Verhalten ans Tageslicht zu holen und dazu zu stehen. Damit meine ich nicht, allen Menschen von Ihrem Essverhalten zu erzählen. Ich möchte, dass Sie lernen, sich selbst Ihr Verhalten einzugestehen. Zu sagen: »Ja, ich merke, ich bin körperlich satt. Dennoch werde ich jetzt weiteressen. Vermutlich braucht meine Seele etwas, das ich ihr momentan noch nicht auf andere Weise geben kann.«

Wir möchten die Opferhaltung aufgeben und erkennen: Obwohl es sich anders anfühlt, haben wir eine Wahl. Wenn Sie also trotz Sättigung weiteressen möchten, ist das in Ordnung. Niemand von uns is(s)t immer perfekt! Bitte denken Sie daran: Der Weg aus dem emotionalen Essverhalten lässt sich nicht über

Nacht bewältigen. Möglicherweise werden Sie bereits das nächste Mal anders entscheiden. Für jetzt können Sie stolz darauf sein, dass Sie Ihren Sättigungspunkt überhaupt wahrnehmen konnten und vor dem Weiteressen kurz innehielten!

♥ **Schmeckt es immer noch?** Wenn Sie sich für das Überessen entschieden haben, beobachten Sie bitte, ob Sie das, was Sie essen, bewusst schmecken können. Können Sie den guten Geschmack tatsächlich noch wahrnehmen, oder entspringt er nur Ihrer Erinnerung?

Körpermaßeinheit Summer und Zuwinker

Summer und Zuwinker helfen uns bei der Frage: »Was soll ich essen?« Die Antwort lautet: »Essen Sie Summer und vermeiden Sie Zuwinker.«

Das Konzept der Summer und Zuwinker beschrieben bereits 1975 das Psychologenehepaar Leonard und Lillian Pearson in ihrem Buch »Psycho Diät«. 1989 wurde es von der Therapeutin Geneen Roth nochmals in »Essen als Ersatz« aufgegriffen. Ich fand es sehr aufschlussreich, das gleiche Konzept aus zwei unterschiedlichen Blickwinkeln kennenzulernen – und möchte es Ihnen nun aus meiner Perspektive vorstellen.

Summer sind Lebensmittel, die in Ihnen summen: »Hmmm, das wäre jetzt fein!« Sie können Summer förmlich schmecken und riechen, noch bevor Sie sie vor sich haben. Wir fühlen uns nach dem Genuss eines Summers nicht nur satt, sondern genährt und zufrieden – ein »Oh ja!«-Gefühl.

Beispiele für Summer:

* Ihnen ist saukalt, und Sie haben das innere Bedürfnis nach einer warmen Suppe. Ah, wäre das jetzt fein!
* Sie sitzen in einem Seminarraum, wo es weit und breit nichts

zu essen gibt, und haben plötzlich Appetit auf eine bestimmte Speise. Sie können sie förmlich vor Ihrem inneren Auge sehen und fast schon riechen.

✴ Sie haben seit Tagen Appetit auf ein bestimmtes Lebensmittel. Egal wie sehr Sie sich ablenken, dieser Appetit bleibt.
✴ Summen können auch Orte oder Personen.

Wenn beispielsweise die Köchin Sandra Hartmann in ihrer »Ayurveda Kochschule« auftischt, summt in mir jede Speise, die sie auf den Teller zaubert. Mich begeistern vor allem die Atmosphäre und die Liebe, mit der sie ihre Speisen zubereitet.

Summer sind innere, intuitive Bedürfnisse, sie halten sich nicht an Diätpläne oder Kalorienvorgaben. Unser Körper ist keine Maschine und will nicht täglich das Gleiche zugeführt bekommen. Es kann daher jeden Tag etwas anderes in uns summen, abhängig von unserer Stimmung, unserer geleisteten Arbeit, dem Wetter und vielen anderen Faktoren. Es lässt sich nicht vorhersehen, worauf wir am nächsten Tag um Punkt 12:00 Uhr Appetit haben werden. Genau das ist die Herausforderung des Spürens: Unsere Bedürfnisse verändern sich laufend.

Zuwinker sind Lebensmittel, die geradezu winkend vor Ihnen auf- und abhüpfen und rufen: »Schau mich an! Iss mich! Du willst mich! Sofort!« Zuwinker sind Verführer. Wenn wir sie gegessen haben, fühlen wir uns seltsam enttäuscht und leer, selbst wenn wir körperlich übervoll sind.

Zuwinker sind typisch für unsere Wohlstandsgesellschaft. An jeder Ecke winkt uns ein Lebensmittel zu, das wir uns in den meisten Fällen problemlos leisten können oder uns als Geschenk gereicht wird. Die Zuwinker entsprechen jedoch nicht unseren wahren Bedürfnissen. Daher ist es so schwierig, mit Ihnen aufzuhören. Denn wenn wir sie ohne Bedürfnis essen, wie soll uns dann unser Bedürfnis sagen, dass es genug ist?

Beispiele für Zuwinker:

Zuwinker können wir daran erkennen, dass sie unerwartet vor unserer Nase auftauchen und wir plötzlich Appetit bekommen. Die Lust auf Zuwinker kommt von außen.

* Am Ende Ihrer Yogastunde zaubert die Trainerin unerwartet einen Teller voller Pralinen hervor: als kleines Geschenk vor der Sommerpause für jede Teilnehmerin. Plötzlich haben Sie Appetit auf Pralinen.
* Ihr Partner bringt Chips mit nach Hause. Plötzlich wollen Sie Chips.
* Sie gehen in ein Kaffeehaus, um einen Kaffee zu trinken und Zeitung zu lesen, sehen die Kuchenvitrine und möchten plötzlich Kuchen.
* Bei jedem Kinobesuch möchten Sie Popcorn, sobald Sie am Kinobuffet vorbeigehen.
* Ein Freund kauft sich ein Eis, Sie haben plötzlich auch Appetit auf Eis.
* Eine Kollegin bringt unerwartet einen Kuchen mit, Sie haben plötzlich Appetit auf Kuchen.
* Eine andere Kollegin ruft Sie an und bietet Ihnen die kunstvoll belegten Brötchen an, die von der Vorstandssitzung übriggeblieben sind. Sie gehen sofort zu ihr und essen die Brötchen.
* Die essbare Dekoration auf Christbäumen winkt gerne zu.
* Zu Hause grasen Sie herum, das heißt Sie essen ein Keks hier, eine Scheibe Wurst dort oder was auch immer gerade herumliegt.
* Nachdem Sie im Restaurant Ihre Speise gewählt haben, sehen Sie am Nachbartisch etwas anderes – und wollen plötzlich das andere.
* Der Kellner bringt Ihnen ungefragt »einen Gruß aus der Küche« oder Brot und Butter.
* In der Schlange vor der Supermarktkassa trinkt die Person vor Ihnen frisch gepressten Orangensaft. Sie wollen auch einen.

* Sie gehen an einem Fastfood-Restaurant vorbei, und es regt sich plötzlich der Appetit auf einen Hamburger, obwohl Sie davor nicht daran gedacht haben.
* Beim Tischabräumen schlecken Sie schnell noch den Löffel ab.
* Ihre Kinder lassen etwas auf ihrem Teller übrig. Sie essen es auf.
* Sie sehen die Werbung für eine bestimmte Speise und verspüren plötzlich den Drang danach.

Ich hatte einmal die Gelegenheit, beim Dreh eines Werbespots dabei zu sein. Es ist unglaublich, welch Aufwand für ein paar Sekunden Botschaft betrieben wird! Kein Wunder, dass uns das Wasser im Munde zusammenläuft, wenn wir Lebensmittel in der Werbung sehen. Das ist *der* klassische Zuwinker! Leonard und Lillian Pearson vergleichen in Ihrem Buch »Psycho Diät« auf Seite 14:

summendes Essen	zuwinkendes Essen
Sie denken daran, ohne es zu sehen oder ehe Sie es sehen	Sie haben nicht daran gedacht, ehe Sie es sahen
Sie sehnen sich danach – Sie wollen es essen	Es lockt sie, es »will« gegessen werden
Es kann im Augenblick unerreichbar sein	Es ist ohne weiteres erreichbar
Sie wollen es sofort und unbedingt haben. Das Verlangen danach kommt aus inneren Tiefen	Es wirkt appetitlich. Es würde Ihnen sicher schmecken, doch Sie sehnen sich nicht unbedingt danach
Sie essen es – es stillt Ihren Hunger	Sie essen es – mit Genuss, bleiben aber unbefriedigt. Sie müssen sich damit »vollstopfen«, um sich satt und somit befriedigt zu fühlen

Summen oder zuwinken können nicht nur Lebensmittel, sondern ebenso Getränke, die wie kleine Mahlzeiten in flüssiger Form wirken: Joghurtdrinks, Frucht- oder Gemüsesäfte, Smoothies ... Ebenso können flüssige Genussmittel wie Alkohol, Kaffee, Tee, Energydrinks und kalorienfreie Softdrinks sowohl summen als auch zuwinken.

So manche Gewohnheit ist meiner Meinung nach ebenfalls den Zuwinkern zuzuschreiben, beispielsweise das Süße nach dem Essen oder die Chips zum Fußballmatch. Gegen solche Verbindungen ist an sich nichts einzuwenden, doch wir sollten uns jedes Mal bewusst dafür – oder manchmal auch dagegen – entscheiden dürfen.

Den Summer identifizieren

Wenn Sie hungrig sind, nehmen Sie sich bitte Zeit zu erkunden: Was summt im Moment in mir? Summer lassen sich am besten identifizieren, während Sie sich zwischen der grünen und orangefarbenen Signalstufe befinden, also in der Hungerphase 4 bis 5.

Manchmal fällt es schwer herauszufinden, was in uns summt. In solchen Fällen könnte es sein, dass Sie zu wenig oder zu viel Hunger verspüren. Wenn Sie nicht hungrig genug sind, können Sie sich zwar verschiedene Nahrungsmittel vorstellen, die Auswahl fällt aber schwer. Ohne Hunger gibt es nichts zu befriedigen. Auf Signalstufe Rot, also bei sehr großem Hunger, hat der Körper nicht die Muße, in Ruhe zu goutieren, was er essen möchte. Dann lautet seine Botschaft: »Gib mir etwas, egal was, SOFORT!!!« Lassen Sie es am besten gar nicht so weit kommen.

Wenn es doch so weit kam, aß ich wenn möglich ein Lebensmittel, das für mich nicht gefährlich war – also nicht unmittelbar zu einem Essanfall führte. In meinem Fall waren das eine Karotte oder ein Knäckebrot. Dadurch verringerte ich bewusst meinen Hunger, ohne mich satt zu essen. So hatte mir der ungefährliche Snack dabei geholfen, in Ruhe meinen Summer zu finden.

Wie beim Erkunden von Hunger- und Sättigungsgefühlen brauchen wir auch auf der Suche nach dem Summer Aufmerksamkeit und Zeit. Wir müssen uns dazu aber nicht unbedingt minutenlang still auf einen Platz setzen. Wir können wieder die Wartephasen im Alltag nutzen, beispielsweise wenn wir beim Bäcker in der Warteschlange stehen oder indem wir bewusst langsam in die Kantine gehen. Oder wir nutzen eine Routinetätigkeit an unserem Arbeitsplatz, bei der wir ein wenig Aufmerksamkeit für die Innenschau abzweigen können. Die Erkundung der Summer gleicht einem Dialog, den wir mit uns selbst führen. Je freundlicher und verständnisvoller wir mit uns umgehen, desto besser.

Manchmal hatte ich das Gefühl, ich bräuchte ewig, um herauszufinden, was ich eigentlich essen wollte. Vor allem in Restaurants war mir das schrecklich peinlich. Dann sagte ich mir: »Du hast nun alle Zeit der Welt, deinen Summer auszuwählen.« Dieser Satz half mir gegen den Druck. Mit der Zeit wurde ich geübter und lernte mich selbst besser kennen. So stellte ich irgendwann fest, dass ich im Restaurant meist jenes Gericht auf der Speisenkarte wirklich wollte, das mich als Erstes »ansprang«.

Sie dürfen sich sagen: »Ich darf mit leichtem Herzen entscheiden.« Schließlich geht es bei dieser Entscheidung nicht um Leben und Tod. Sollten Sie tatsächlich eine falsche Wahl getroffen haben, bemerken Sie Ihre Empfindungen und erlauben Sie sich, aus Ihrer Erfahrung zu lernen. Das intuitive »Summer-Gefühl« lernt man nur durch mutiges Experimentieren und Ausprobieren kennen.

♥ **Auswählen aus allen Speisen der Welt:** Wenn Sie hungrig sind, kann die Vorstellung helfen, Sie könnten hier und jetzt aus allen verfügbaren Speisen der Welt wählen – mit der Garantie, dass Ihre Wahl keinerlei Auswirkung auf Ihr jetziges Gewicht hat. Welche Speise wünschen Sie sich?

♡ **Beschaffenheit der Nahrung:** Wenn vor Ihnen kein klares Bild auftaucht, so macht das gar nichts. Dann können Sie über Geschmacksrichtungen und Konsistenz Ihrem Summer auf die Spur kommen. Dabei können Sie in mehrere Richtungen fragen.

Temperatur:
Will ich etwas Warmes oder Heißes? Oder soll es Zimmertemperatur haben? Oder gar kühl oder kalt sein?

Bissfestigkeit:
Will ich etwas Flüssiges oder lieber etwas Cremiges, das mir ohne Anstrengung den Hals hinabrinnt? Oder doch lieber etwas Knackig-knuspriges, in das ich richtig reinbeißen kann? Oder bevorzuge ich eine Mischung aus Weich und Fest?

Die momentane Vorliebe für eine bestimmte Beschaffenheit von Nahrung kann übrigens mit unserem inneren Zustand zusammenhängen. Wenn wir etwas Weiches essen wollen, braucht unsere Seele möglicherweise etwas Umschmeichelndes, wenn wir etwas Knackiges bevorzugen, kann das darauf hindeuten, dass wir Stress abbauen möchten.

Geschmack:
Will ich es süß oder lieber salzig? Würzig oder mild? Oder eher sauer, bitter?

♡ **Was möchte Ihr »inneres Kind« essen?** Manchmal fällt es leichter, sich um andere zu kümmern als um sich selbst. Wenn Sie möchten, probieren Sie Folgendes aus: Stellen Sie sich vor, dass in Ihrem Bauch oder Magen ein kleines Kind haust, das Sie liebevoll versorgen: »Hallo, meine Kleine, was möchtest du heute am liebsten essen? Womit kann ich dich verwöhnen? Was hältst du davon, wenn wir für unsere Mahlzeit den hübschen Teller mit den Blumen verwenden?«

Ihren Summer akzeptieren

Es hat einen Grund, warum wir bei Essanfällen nie zu Salat, Hüttenkäse oder fettarmem Joghurt mit Süßstoff greifen: Wollen wir uns wirklich zufrieden und genährt fühlen, reicht es nicht aus, unseren Körper einfach nur mit kalorienarmen Dingen anzufüllen. Er verlangt nach den »Summern«.

Wichtig ist, die Summer tatsächlich zu essen und sich nicht zu betrügen, so auf die Art: »Ja, ich weiß, du willst jetzt die Torte, die summt deutlich. Aber sie hat zu viele Kalorien, also iss den Salat!« Oder: »Die Torte zu Beginn der Mahlzeit? Das geht doch nicht! Was werden die anderen denken? Du musst zuerst die Hauptspeise bestellen!« Oder: »Iss zuerst etwas Gesundes, damit du danach weniger von der Torte isst!«

Wenn die Torte (der Käse, die Salami …) jetzt summt, dann dürfen Sie diese jetzt essen. Es braucht Mut, sich an den Mittagstisch zu setzen und zu sagen: »Ich fange mit dem Dessert an.«, oder: »Ich möchte jetzt Chips und nichts ›Vernünftiges‹.« Möglicherweise wird Ihnen das vor anderen schwerfallen. Gönnen Sie sich diese Abweichung von den Konventionen daher zunächst bei Mahlzeiten, die Sie allein einnehmen.

Mir passierte es damals oft, dass ich in einem Lokal die Speisekarte öffnete und mein Blick sofort auf eine bestimmte Speise fiel. Ich dachte: »Hmmm, DAS wäre fein!«, und spürte sogleich das Wasser in meinem Mund zusammenlaufen. Dann meldete sich aber meine übliche innere, maßregelnde Stimme, die mir die Kalorien vorrechnete und mich dazu drängte, stattdessen den Salat zu bestellen. Falls meine Begleitung zufällig die von mir begehrte Speise wählte, kostete ich davon, aber schalt mich für jeden einzelnen Bissen, weil ich diese Kalorien als äußerst unnütz abtat. Selbstverständlich verzichtete ich auf das Dessert. Nur mit äußerster Willenskraft konnte ich verhindern, von jenem meiner Begleitung zu naschen. Schließlich hatte ich bereits ausreichend »gesündigt«.

Nach solchen Restaurantbesuchen überkam mich meistens, sobald ich wieder allein war, ein Essanfall. Damit hatte ich in Summe wesentlich mehr zu mir genommen, als ich es mit meiner Wunschspeise getan hätte.

Was bringt es, erst das »Gesunde« zu essen, nur um hinterher die Packung Kekse oder Chips in sich reinzuschieben? Wäre es nicht klüger, gleich die Kekse oder Chips zu genießen und sich damit unnötige Essensmengen und ein Kurz-vor-dem-Platzen-Gefühl zu ersparen?

Ein Argument, das ich in diesem Zusammenhang häufig höre, lautet: »Wenn ich zuerst etwas ›Vernünftiges‹ esse, habe ich danach hoffentlich weniger Appetit auf das ›Ungesunde‹ und erspare mir viele Kalorien.« Hier frage ich Sie: Funktioniert diese Strategie?

Bei mir jedenfalls funktionierte sie nicht. Unterdrückte ich meinen Appetit auf Kekse und aß zuerst das »Gesunde«, kamen die Kekse dennoch hinterher dran. Ich nahm letztendlich die doppelte Menge Kalorien zu mir, die »gesunden« und die »ungesunden«.

Ebenso oft begegnet mir ein anderes Argument: »Ich brauche die Vitamine, deshalb kann ich nicht auf das ›Gesunde‹ verzichten.« Falls Sie sich diesbezüglich Sorgen machen, empfehle ich Ihnen, sich während Ihrer Forschungsphase in Absprache mit Ihrem Arzt oder Ihrer Ärztin ein hochwertiges (!) Vitaminpräparat zuzulegen.

Es ist von Bedeutung, dass Sie sich bewusstmachen: Es geht hier *nicht* um die hemmungslose Völlerei von »Verbotenem«. Es geht darum, bewusst zu spüren, was Ihr Körper jetzt tatsächlich möchte, und auf seine Signale zu achten. Nur wenn wir uns gönnen, worauf wir intuitiv Lust haben, kann ein Gefühl der Befriedigung entstehen.

Ich werde nie den Moment vergessen, als ich bei einem Einkaufsbummel in der Stadt einen deutlichen Summer im Kopf hatte: Erdbeer-Milkshake. Eigentlich stand der ganz oben auf meiner Verbotsliste. Ich konnte die kühle Masse förmlich meinen Hals herabrinnen spüren. Es war kein Restaurant in der Nähe, wo ich so einen Milkshake bekommen konnte, weit und breit keine Werbung, die mir Appetit gemacht hätte. Also musste das ein Summer sein! Ich nahm extra einen Umweg in Kauf, um genau den Milkshake meiner Wahl zu bekommen. Ich setzte mich hin, roch ihn, schmeckte den ersten Löffel. Es war herrlich. Dann passierte das Wunder. Ich war nach diesem einen Milkshake dermaßen zufrieden, dass kein Essanfall folgte! Es war einfach genug. Ich war begeistert. Endlich hatte ich das intuitive »Summer-Gefühl« erlebt und dadurch wirklich verstanden.

Essen wir, was uns wirklich befriedigt, sind wir schneller satt und zufrieden. Langfristig lässt der Heißhunger nach. Denn wenn Sie das, was Sie wollen, essen können, wann immer Sie hungrig sind, gibt es keinen Grund, alles jetzt gleich zu verschlingen. Dann ist nichts mehr »ab morgen« verboten und die Essanfälle lassen langsam nach.

Um das Gefühl der Befriedigung kennenzulernen, braucht es zunächst den mutigen Schritt, sich auf diesen Prozess einzulassen. Ich kann Ihren Aufschrei jetzt förmlich hören: »Wenn ich ab jetzt nur noch esse, was ich will, höre ich nie wieder auf, [ergänzen Sie hier bitte gedanklich Ihre verbotenen Lebensmittel] zu essen! Bis ich irgendwann nicht mehr durch meine eigene Haustür passe!«

Ich darf Ihnen an dieser Stelle verraten: Ich bin diesen Weg gegangen und passe immer noch durch die Haustür. Es kann aber gut sein, dass in Ihnen zunächst tatsächlich nur »verbotene Lebensmittel« summen. Das ist normal, denn der Körper sehnt sich nach dem, was er jahrelang nicht oder nur heimlich während der Essanfälle bekommen hat.

Als ich mich 1996 entschloss, keine Diäten mehr zu machen, sondern mir alle Lebensmittel zu erlauben, summte ausschließlich Schokolade. Also aß ich sie, in jeglicher Form: mit Keks, ohne Keks, als Kugel, als Praline, als Muffin. Ich aß sie langsam, konzentriert und erlaubte mir den Genuss. Es war keine Völlerei, kein blindes Hineinstopfen. Ich ging tatsächlich vor jeder Mahlzeit in mich und hörte jedes Mal das Süße summen. Ich aß mit größtmöglicher Achtsamkeit und versuchte, so gut es ging, auf meine Anzeichen von Hunger und Sättigung zu hören. Ich aß Schokolade – aber nicht mehr mit diesem Gefühl der Ohnmacht, das ich von den Essanfällen kannte. Es geschah ganz bewusst. Ich wollte meinem Körper die Chance geben, zu bestimmen. Ich wollte lernen, ihm wieder zu vertrauen. Selbst wenn bis ans Ende meiner Tage nur noch Süßes summen sollte, würde mein Körper bekommen, was er sich wünschte. Ich konnte die selbstauferlegte Kasteiung nicht mehr ertragen. Ich kapitulierte. Ich war bereit, meinen Körper entscheiden zu lassen, welche Figur er haben wollte.

Nach ungefähr zwei Wochen passierte etwas Unerwartetes. Am 25. Juli 1996 schrieb ich in mein Tagebuch:

»Mir war schlecht in der Nacht, hatte starkes Darm-Drücken, als ob er gerade eine große Packung Butter verarbeiten müsste. Mit dem, was ich mir zuführe, kann ich mein Wohlbefinden steuern! Ich bin bereit, öfter an meine Gesundheit und mein Wohlbefinden zu denken. Ich möchte mich und meinen Körper genug lieben, um in diesen Dimensionen zu denken.«

Natürlich wusste ich, dass es für den Körper nicht gut sein konnte, ausschließlich Süßigkeiten zu essen, aber jetzt konnte ich es das erste Mal in meinem Leben spüren! Ich weiß noch, als wäre es gestern gewesen, dass plötzlich ein knackiger Apfel summte. Und wie! Ich erlaubte mir, Schokolade so viel ich wollte, dennoch summte ein Apfel! Ich musste ich mich nicht mehr dazu zwingen Obst zu essen, ich wollte es freiwillig. Wie herrlich diese fruchtige Süße schmeckte, diese knackige Frische! Zum ersten Mal in meinem Leben verzichtete ich freiwillig auf Süßigkeiten. Weil ich sie einfach nicht mehr wollte. Ich konnte es nicht fassen!

Ich war immer davon ausgegangen, dass ich ausschließlich die verbotenen Leckereien essen würde, falls ich den Dingen ihren Lauf ließe. Konnte es sein, dass dem gar nicht so war? Konnte es sein, dass mein Körper in Wirklichkeit nach anderen Dingen verlangte? Entsprang mein schier maßloser Appetit auf Süßigkeiten etwa nur meinem Kopf?

Nach diesem Experiment war ich ein paar Wochen mit dem Auto unterwegs, es war eine Rundreise in Südafrika. Ich weiß noch, wie sehr ich mich freute, weil ich nicht mehr ständig an das Essen im Kofferraum denken musste. Ich hatte nicht mehr das Bedürfnis, alle Nahrungsmittel in meiner Nähe sofort aufzuessen. Das war wie ein Wunder für mich.

Ich möchte Ihnen nicht verheimlichen, dass ich nach meiner Süßigkeiten-Aktion zunahm. Aber ich spürte, dass ich dieses Gewicht momentan brauchte und es sich wieder von selbst einpendeln würde, ganz ohne Kampf und Krampf. Es würde sich einpendeln, sobald mein Körper dazu bereit war. Wenn ich lernte, meinem Körper zu geben, was er brauchte, würde er sich eines Tages wohl fühlen und damit auch sein Wohlfühlgewicht bekommen. Vielleicht wäre es nicht das Zielgewicht, das ich jahrelang in meinem Kopf hatte, doch darauf konnte ich keine Rücksicht mehr nehmen. Durch meinen hohen Leidensdruck war ich bereit dazu, den Weg ins Ungewisse einzuschlagen.

Am 6. September 1996 schrieb ich in mein Tagebuch:

»Nein, keine Kalorien zählen. Ich bin der festen Meinung, dass mein Körper weiß, welches Gewicht er haben will, wenn ich auf ihn höre und ihn regelmäßig bewege. Mein Denken soll nie wieder von Essen bestimmt werden. Der Überschuss wird schon weggehen. Worauf ich achten muss: Fett (Schokolade, Butter) bewusst zu essen, damit ich kein Bauchdrücken bekomme, und gleich damit aufzuhören, wenn ich satt bin. Speziell am Abend. Und nie nebenbei ohne wirklichen Hunger zu essen, vor allem in der Arbeit. Und regelmäßige Bewegung (kein Leistungssport!). Das sind Regeln, nach denen ich leben kann! Ich habe die Wahl. Bei allem, was ich tue. Es ist mein Leben.«

Nachdem ich fast einen Monat lang ausschließlich Süßigkeiten gegessen hatte, lechzte ich nicht mehr ständig danach, und das Gewicht, das ich durch mein Experiment zulegte, verringerte sich langsam wieder. Ganz von selbst.

Abgesehen von Süßigkeiten war übrigens auch Brot ein zentrales Thema. In Zeiten der Esssucht war es auf der Verbotsliste ebenfalls weit oben. Als ich damit ähnlich vorging wie mit den Süßigkeiten, verlor auch Brot irgendwann seine magische Anziehungskraft.

Am 12. Dezember 1996 notierte ich in mein Tagebuch:

»Habe mich heute zum ersten Mal seit dem 6. September gewogen. Ich habe ganz von selbst abgenommen, obwohl ich seit Juli keine Diät mehr gemacht habe! Fünf Monate ohne Diät! Momentan esse ich, was mir Freude macht, seit einer Woche fast täglich ein ganzes (!) Fladenbrot (Weißbrot!) mit Butter (!) zu Mittag. Noch ist es zu früh, mich wieder bewusst einzuschränken. Ich muss meine Gesundung erst festigen. Mit meinem jetzigen Gewicht kann ich gut leben.«

Das Gewicht, das sich damals einpendelte, war höher als das Zielgewicht, das ich jahrelang angestrebt hatte. Dennoch fühlte ich mich wohler als unter dem strengen Diät-Regime. Hätte mir das zuvor jemand prophezeit, ich hätte es nicht glauben können. Ich hatte zwar nicht mein Zielgewicht, dafür aber wesentlich mehr innere Freiheit erreicht. Das war mir jetzt wichtiger als die Zahl auf der Waage. Denn ich spürte endlich ganz klar und deutlich: »Ich bin auf dem richtigen Weg!«

Im Sommer 1997 machte ich die Erfahrung, dass es manchmal ratsam ist, solche Einsichten für sich zu behalten, da sie für nicht eingeweihte Menschen befremdlich wirken können. So erzählte ich einer Freundin nach einem Urlaub stolz: »Ich habe mich drei Mal täglich richtig satt gegessen, mir bewusst nichts verboten, und es gab sogar zu Mittag UND am Abend Nachspeise und dazwischen manchmal noch ein Eis, aber nur, wenn ich wollte.« Für mich war es eine Sensation. Ich musste mir nichts mehr vorenthalten und durfte regelmäßig essen! Klar, ich aß öfters mehr, als mir mein Hunger- und Sättigungsgefühl signalisierten. Aber ich spürte, dass ich nach jahrelangen Diäten einigen Aufholbedarf hatte. Ich war bereit, mich auf diesen neuen Weg einzulassen, obwohl ich noch nicht wusste, was dabei herauskommen würde. Da bemerkte ich den taxierenden Blick meiner Freundin, vermutlich dachte sie, ich hätte nicht mehr alle Tassen im Schrank. Sie war sehr auf ihre Figur bedacht und konnte ganz offensichtlich nicht verstehen, dass jemand bewusst viel aß und eine deutlich sichtbare Gewichtszunahme in Kauf nahm. Ich schämte mich und wechselte rasch das Thema. Zu diesem Zeitpunkt war es mir noch nicht möglich, meinen Weg zu rechtfertigen, mein neu gewonnenes Lebenskonzept war dafür noch zu fragil. Ich teilte es daher künftig nur mit jenen Menschen, bei denen ich darauf vertrauen konnte, von ihnen verstanden zu werden.

Außerdem half es mir, neue, größere Kleidung zu kaufen. Ich hatte keine Lust mehr, mich in zu enge Hosen quetschen, und wollte mich auch in diesem Stadium meiner Forschungsreise wohl und schick fühlen.

Als ich damit begann, mir nach und nach die »verbotenen« Dinge zu erlauben, strich ich gleichzeitig das Wort »sündigen« aus meinem Wortschatz. Ich wollte nicht mehr »sündigen«, indem ich Schokolade aß. Sünden wogen schwer, meine Schokolade durfte ab nun ein Genuss sein.

Schritt für Schritt wuchs das Vertrauen in meine eigenen Bedürfnisse. Erstmals empfand ich mein Gewicht als stabil, eine echte Erleichterung! Denn als ich noch auf Dauerdiät war, hatte ich ständig in der Angst gelebt, von heute auf morgen aufzupoppen wie eine Schaumstoffpuppe, die in einen kleinen Karton gepresst worden war. Mit dem Gewicht, das ich nun hatte, konnte ich ohne Angst und Kasteiung leben. Die Essanfälle wurden immer seltener und: Wenn Sie kamen, waren sie für mich auch nicht mehr so schrecklich wie im Jahr davor.

Tagebucheintrag vom 27. Juni 1997:

»Seit genau einer Woche keinen unkontrollierten Anfall gehabt. Viel essen ist in Ordnung, nichts ist verboten. Was nicht in Ordnung ist, ist das hastige und heimliche Schlingen, vor allem

außerhalb der in Ruhe eingenommenen Mahlzeiten. Zurzeit mache ich das erstaunlicherweise kaum noch. Eine Chance! Gestern haben mir weniger als zwei Rippen Schokolade gereicht. Ich hatte nicht das Bedürfnis, die ganze Tafel und noch mehr zu essen.«

Ich betone noch einmal, dass alles, was ich in diesem Buch beschreibe, ein längerer Entwicklungsprozess war, den ich hier sozusagen im Zeitraffer darstelle. Wenn wir jahrelang, vielleicht sogar jahrzehntelang davon überzeugt waren, dass unser Körper lügt und wir seine Bedürfnisse unterdrücken müssen, braucht es seine Zeit, bis wir ihm wieder vertrauen können. Das ist normal. Es erfordert Mut, sich auf das Ungewisse einzulassen. Bitte verlangen Sie nicht zu viel auf einmal von sich, sondern gehen Sie genau jenes Tempo, das für Sie möglich ist.

Hätte ich in meinen esssüchtigen Zeiten ein Buch wie dieses gelesen, hätte ich nun *endlich* erfahren wollen, wie viele Kilos die Autorin zu- oder abgenommen hat und wie lang das alles dauerte. Ich habe mich bewusst dazu entschlossen, in diesem Buch auf genaue Gewichts- und Zeitangaben zu verzichten. Kein Körper gleicht dem anderen, jede Geschichte ist unterschiedlich. Zudem können Zeitangaben sowohl Druck als auch Angst erzeugen, wie beispielsweise: »Oh, so rasch ging das bei ihr, wieso nicht bei mir? Ich bin eine Versagerin!« Oder: »Was? So lange hat das bei ihr gedauert? Wie soll ich diese Zeit durchstehen? Das schaffe ich nie!«

Irgendwann im Entwicklungsprozess verlieren Vergleiche mit Gewichts- und Zeitangaben anderer Betroffener an Bedeutung. Dann erkennen wir, dass wir unseren persönlichen Weg gehen müssen beziehungsweise wollen, egal was er für uns bereithält oder wie lange er dauert.

Nun möchte ich Sie ein Stückchen weiter mitnehmen auf dem Weg und Ihre Aufmerksamkeit nochmals auf die Zuwinker lenken:

Auf Zuwinker, so oft es geht, verzichten

Vielleicht erinnert Sie das Wort »Verzicht« schmerzlich an all die Jahre der Kasteiung, die Sie hinter sich haben. Doch Verzicht heißt in diesem Fall: im Gleichklang mit Ihren Bedürfnissen. In einer Überflussgesellschaft gilt es oftmals, nein zu sagen, damit wir uns wohl fühlen. Allerdings nicht (mehr) wegen bestimmter Kalorienvorgaben. Wir möchten nein sagen zu Nahrung, die uns nicht befriedigt, und dabei unsere inneren Signale bejahen.

Als Hilfestellung bei der Identifikation der Zuwinker empfehlen Leonard und Lillian Pearson folgende Frage (»Psycho Diät«; Seite 18): »Werde ich mich betrogen fühlen, wenn ich darauf verzichte?« Lautet die Antwort nein, handelt es sich um einen Zuwinker. Wir fühlen uns nicht betrogen, weil der Wunsch nach diesem nicht aus unserem Inneren kommt. Der Zuwinker hätte genauso gut ein anderes Lebensmittel oder eine andere Speise sein können, denn sie sind austauschbar. Je lauter etwas winkt, desto mehr wollen wir es.

Ich finde in diesem Zusammenhang auch die Frage hilfreich: »Was habe ich in der Minute gedacht, bevor ich das Lebensmittel wahrnahm?« Wenn Sie an etwas anderes gedacht haben, haben Sie ein weiteres Indiz.

♥ **Schmecken Sie den Unterschied**: Essen Sie ein bestimmtes Lebensmittel, wenn es in Ihnen summt. Wie schmeckt es Ihnen? Wie fühlen Sie sich, nachdem Sie es gegessen haben? Wie geht es danach Ihrer Gier? Essen Sie an einem anderen Tag das gleiche Lebensmittel, obwohl ein anderes summt. Wie schmeckt es heute im Vergleich zum letzten Mal? Wie geht es danach Ihrer Gier?

Naturgemäß fällt es schwer, zu verzichten, falls jemand plötzlich ein Lebensmittel vor uns stellt, das wir üblicherweise mögen, und sein Duft in unsere Nase dringt. Möchten wir uns langfristig in unserem Körper wohl fühlen, ist es allerdings nötig, nein zu sagen, vor allem dann, wenn wir nicht hungrig sind. Der große Unterschied zum esssüchtigen Verhalten ist: Das Nein geht konform mit unseren echten Bedürfnissen, es entsteht nicht, weil uns eine Verbotsliste dazu zwingt.

Gehen wir entlang der Summer und entlang unseres Hungergefühls, werden wir zu demselben Lebensmittel einmal ja sagen und ein anderes Mal nein – abhängig von unseren tagesaktuellen Bedürfnissen. Es gibt kein prinzipielles Nein mehr und keine Verbotsliste.

Bitte blättern Sie an dieser Stelle zurück auf Seite 121 und lesen Sie nochmals den Abschnitt: »Nein sagen nach Eintritt der Sättigung«. Die dort beschriebenen Anregungen gelten ebenso bei »Zuwinker-Alarm«.

Wie wir essen

Neben dem »wann«, »wie viel« und »was«, möchte ich nun Ihre Aufmerksamkeit auf die Art und Weise des Essens lenken.

Dem Essen mit Freundlichkeit begegnen

Essen und all das, was mit Essen zu tun hatte, war »böse«. So auch die Lebensmittel, die ich einkaufte. Die nahm ich rasch aus dem Regal und pfefferte sie in den Einkaufswagen, danach schmiss ich sie auf das Förderband der Supermarktkassa und stopfte sie schließlich in meine Tasche. Zuhause riss ich die Packungen auf und machte mir meistens nicht einmal die Mühe, einen Teller zu nehmen.

Dies alles führte dazu, dass es mir kaum mehr möglich war, das Essen zu genießen. Dafür hasste ich mich besonders. Erst nachdem ich mich bewusst dazu entschlossen hatte, liebevoller mit Lebensmitteln umzugehen, änderte sich das langsam. Ich wollte dem Essen wieder die Relevanz geben, die es verdiente. Schließlich half es mir, meinen Körper zu nähren.

♥ **Sanfter Umgang mit Lebensmitteln:** Falls Sie ähnlich mit Lebensmitteln umgehen wie ich damals, lege ich Ihnen nahe, das bewusst zu ändern. Sie brauchen jetzt nicht jedes Stück Gurke stundenlang anzuhimmeln. Aber versuchen Sie, wenigstens gewahr, vielleicht auch dankbar dafür sein, ein Lebensmittel vor sich zu haben, das irgendjemand für Sie produziert hat. Falls Sie Fleisch kaufen, möchten Sie vielleicht dem Tier dafür danken, dass es für Sie gelebt hat. Bitte legen Sie Ihre Einkäufe sanft in Ihren Einkaufswagen und auf das Kassenband.

♥ **Liebevoll anrichten – nur für mich:** Es macht einen Unterschied, *wie* wir essen. Wenn Sie möchten, können Sie folgendes ausprobieren: Besorgen Sie hübsche Servietten mit einem Motiv, das Ihnen Freude bereitet, eine Kerze in Ihrer Lieblingsfarbe, vielleicht eine Vase für ein Blümchen und, falls Sie es noch nicht haben, einen besonders schönen Teller oder eine Schüssel. Gestalten Sie Ihren Essensplatz ansprechend. Wie fühlt es sich an, wenn Sie Ihrem Essen diesen Rahmen geben?

Probieren Sie, selbst einfache Speisen hübsch anzurichten. Beispielsweise können Sie einen Toast in zwei Dreiecke schneiden, hübsch belegen und mit Kirschtomaten dekorieren. Spüren Sie, ob es im Vergleich dazu für Sie einen Unterschied macht, wenn Sie den Belag lieblos auf eine Brotscheibe klatschen und diese dann hinunterschlingen.

Nehmen Sie sich ein klein wenig mehr Zeit, und umsorgen Sie sich so, wie Sie es mit einer guten Freundin machen würden. Es dauert kaum eine Minute länger. Sie gewinnen dadurch Selbstachtung, und Sie können ein Zeichen setzen: Ich bin es mir wert, meinen Körper achtsam zu nähren. Die bewusste Änderung von Handlungsweisen zieht vielfach die Änderung unseres Denkens nach sich.

Das liebevolle Anrichten ist übrigens nur mit moderatem Hunger möglich. Wenn Sie heißhungrig sind, werden Sie das Essen direkt aus der Packung verschlingen. Also noch ein Argument für Essen in »Hungerphase 5 bis 6«.

Bewusstmachen: Ich esse jetzt

Es ist wichtig, dass Sie sich bewusstmachen, dass Sie essen. »Wie sollte mir das nicht bewusst sein?«, werden Sie vielleicht einwerfen. Ist Ihnen jeder einzelne Bissen, den Sie essen, tatsächlich bewusst? Ist dem wirklich so? Dann sehen Sie bitte genauer hin! Passiert es Ihnen nie, dass Sie bei einer Kollegin stehen und schnell Gummibärchen oder Chips naschen? Oder dass Sie die Reste des Essens in die Küche tragen und noch schnell etwas vom Teller stibitzen? Oder dass Sie nebenbei ein paar Keks aus der Dose nehmen? Wissen Sie am Ende des Tages immer, wie viel Sie mal hier, mal dort genascht haben?

In der Esssucht schämen wir uns für unser Essverhalten, und wir versuchen, es tunlichst zu verheimlichen. Da wir selbst den ganzen Tag in unserer Haut stecken, können wir es vor uns allerdings nur durch listige Ablenkungsmanöver verbergen: Wir sprechen mit dem Kollegen, und währenddessen naschen wir, das fällt uns selbst fast gar nicht auf. Schnell mal was vom Teller stibitzt? Das ist doch kein wirkliches Essen. Ein bisschen grasen? Kann mich nicht mehr daran erinnern. Zwischendurch die Keksdose öffnen? Hat ja niemand gesehen. Meistens sind es die Zuwinker, die wir möglichst unauffällig verputzen. Vielleicht hoffen wir, dadurch nicht mitzubekommen, was wir tatsächlich zu uns nehmen? Oder wir finden so eine Hintertür, uns »Verbotenes« zu erlauben und unser schlechtes Gewissen zu entlasten?

Je öfter wir allerdings unseren Körper mit etwas füttern, das er nicht braucht, desto schwieriger wird es, ein körperliches Wohlgefühl zu erlangen. Daher ist es so wichtig, sich nicht ständig etwas vorzumachen. Es geht darum, bewusst zu entscheiden: Ja, ich möchte jetzt essen.

Dabei kann es Ihnen helfen, sich während der Mahlzeiten zu setzen. Das Hinsetzen verzögert einerseits den unmittelbaren Impuls zu essen. Andererseits erleichtert die damit verbundene körperliche Rast das Spüren von Hunger und Sättigung sowie das bewusste Schmecken.

♥ **Sitzen beim Essen:** Egal was Sie essen, es ist in Ordnung. Doch bitte, setzen Sie sich hin. Machen Sie sich durch das Sitzen bewusst: »Ich esse.« Falls es gar keine Möglichkeit gibt zu sitzen, stehen Sie oder gehen Sie langsam, aber bitte signalisieren Sie sich deutlich: »Ich esse.« Wann immer Sie sich dabei ertappen, »schnell« mal etwas zu essen, machen Sie es sich bewusst und setzen Sie sich hin, bevor Sie weiteressen.

Konkret bedeutet dies:

✲ Wenn Sie sich im Supermarkt etwas zu Essen kaufen, nehmen Sie sich bitte die Zeit, einen ruhigen Platz für das Einnehmen Ihre Mahlzeit zu suchen.
✲ Wenn Sie Süßigkeiten von Ihrer Kollegin bekommen, naschen Sie sie bitte im Sitzen.
✲ Wenn Sie vom belegten Brot Ihres Freundes abbeißen möchten, setzen Sie sich dafür hin.
✲ Wenn Sie während des Kochens abschmecken wollen: Nehmen Sie den Probierlöffel und setzen Sie sich hin.
✲ Wenn Sie Essen für Ihre Gäste anrichten, dürfen Sie gern davon stibitzen, doch setzen Sie sich bitte dafür hin.

Wenn Sie nach dem Essen die restlichen Speisen in die Küche bringen und Sie noch ein Stückchen davon möchten, gern, aber bitte im Sitzen.

✲ Setzen Sie sich hin, wenn Sie aus der Backschüssel mit dem Zeigefinger Kuchenteig schnabulieren möchten.

»Ich esse jetzt« – um sich diesen Moment noch bewusster zu machen, kann es sinnvoll sein, von Zeit zu Zeit all unsere Sinne einzuschalten:

♥ **Essen mit allen Sinnen wahrnehmen:** Vor dem Essen können Sie Ihre Mahlzeit betrachten. Sieht sie appetitlich aus? Welche Farben lachen Sie an? Riechen Sie Ihr Essen, bevor Sie den ersten Bissen nehmen. Sie dürfen Ihre Vorfreude richtig auskosten. Rinnt Ihnen bereits das Wasser im Munde zusammen? Auch hier zeigt sich, warum es empfehlenswert ist, bei »Hunger 5 bis 6« zu essen: Wenn Sie heißhungrig sind, werden Sie nicht die Muße haben, an Ihrem Essen zu schnuppern.

Vielleicht möchten Sie sich vorstellen, dass Sie als Forscherin eine unbekannte Speise neugierig begutachten: Welche Geschmacksrichtung nehme ich wahr? Welche Konsistenz? Welche Temperatur? Vielleicht können Sie das Klappern des Bestecks hören? Das Geräusch des Gemüses, wenn Sie es schneiden? Fragen wie diese helfen dabei, Ihre Aufmerksamkeit auf Ihr Tun zu lenken.

»Du darfst nicht essen.« Nach jahrelanger Esssucht haben wir viele Verbote im Kopf. Erinnern wir uns daran: Essen darf Freude bereiten. Wir dürfen genießen. Wir entscheiden uns bewusst für eine Mahlzeit, also dürfen wir sie mit all unseren Sinnen zu uns nehmen. Es ist an der Zeit, mit der Heimlichtuerei vor uns selbst aufzuhören. Wir essen jetzt, und wir dürfen es.

Vor anderen essen

In der Esssucht möchten wir nicht nur vor uns selbst verheimlichen, wie viel wir essen, sondern auch vor den anderen.

Ein früherer Freund hänselte mich, dass ich für eine Frau ziemlich viel essen würde. Ich genierte mich zu Tode. Ich wollte sein wie die anderen Frauen, ich wollte nicht unweiblich wirken. Aus diesem Grund aß ich vor meinem Exfreund nie, bis ich satt war. Ich stand hungrig vom Frühstückstisch auf und hatte dann stets auf dem Weg zur Arbeit einen Essanfall.

Sie dürfen essen – genauso wie Sie lachen, atmen, gehen, sprechen und schlafen dürfen. Essanfälle zu verheimlichen, ist schwierig genug. Wenn darüber hinaus auch noch das »normale« Essen heimlich erfolgt, leben Sie mit einer weiteren Lüge.

Vielleicht denken Sie, wie ich damals, dass die Leute erschrocken wären, wenn sie wüssten, was Sie alles essen. Ich frage mich, ob das nicht gleichgültig ist, angesichts der Ausreden und Lügen, mit denen Sie leben müssen. Oder denken Sie einmal an die Orte, an denen Sie sich essend wiederfinden, nur damit niemand die Wahrheit erfährt.

Fasching 1994 war ich mit einer Freundin unterwegs. Sie schlug vor: »Essen wir einen Krapfen!« Ich kalkulierte: »Einmal etwas Süßes anstelle des Mittagessens ist in Ordnung, dafür werde ich dann den restlichen Tag nur noch Obst essen.« Ich kaufte also die süße Leckerei für uns beide. Mittlerweile hatte es sich meine Freundin anders überlegt: »Schau, ein griechisches Lokal, gehen wir dort hin!« Ich war frustriert, da ich mich bereits auf meinen Krapfen gefreut hatte. Doch das behielt ich für mich. Mir war es mir peinlich, meinen Wunsch zu artikulieren, etwas Süßes als Hauptspeise zu wollen. So etwas tat »man« nicht!

An den Genuss des Krapfens war nicht mehr zu denken ... was hätte meine Freundin von mir gedacht, wenn sie bemerkte, dass ich zusätzlich zum Drei-Gänge-Menü einen ganzen Krapfen verdrücken konnte? Sie hätte gemerkt, wie groß meine Gier war. Außerdem war das griechische Essen kalorienreich genug! Ich packte also den Krapfen weg und nahm mir vor, ihn erst am nächsten Tag zu essen.

Nachdem wir das Menü bestellt hatten, ging ich auf Toilette, wo ich den Duft des Krapfens in meiner Handtasche nicht mehr aushielt. Ich verschlang ihn gierig, mit Ausblick auf eine öffentliche Klomuschel. Danach ging es mir naturgemäß nicht besser – ich hatte zwar keinen Heißhunger mehr, dafür ein schlechtes Gewissen. Vor meiner Freundin tat ich so, als ob ich mich auf das griechische Essen freuen würde. Tatsächlich aß ich es ohne Hunger und ohne Genuss. Aus Frust darüber folgte am Abend ein heftiger Essanfall.

♥ **Motive des heimlichen Essens**: Nehmen Sie Ihr Tagebuch zur Hand und ergänzen Sie: »Wenn ... [Person eintragen] wüsste, was ich gegessen habe oder essen möchte, dann ...« Was würde passieren, wenn Ihre Freundin, Ihr Partner oder Ihre Mutter wüssten, wie viel Sie gegessen haben beziehungsweise essen wollen? Fänden sie Sie weniger attraktiv als vorher? Würden sie Sie noch mögen/lieben? Würden sie Sie verurteilen? (Diese Übung finden Sie auch im Buch »Essen als Ersatz«, ab Seite 50.)

Wir schämen uns dermaßen für das, was wir essen, dass wir denken, die Leute würden uns bei jedem Bissen beobachten. In Wirklichkeit ist jeder viel zu sehr mit sich selbst beschäftigt, um sich mit unserer Essensmenge auseinanderzusetzen. Menschen, die es dennoch tun, haben meistens selbst ein Problem mit ihrer Figur.

Es kann vorkommen, dass Sie Ihre eigene Essensmenge als übermäßig groß, andere Leute jedoch sie als völlig normal empfinden. Versuchen Sie, vor anderen so lange und so viel zu essen, bis Sie satt sind. Sie können auf Ihren Körper vertrauen. Das Maß ist *Ihr* Hunger. Nicht der Hunger der Nachbarin, nicht der Hunger Ihrer Begleitung, nicht der Hunger von sonst jemandem.

Wenn Ihr Körper mehr benötigt als beispielsweise die Frau neben Ihnen, ist das völlig in Ordnung. Sie brauchen sich nicht zu rechtfertigen. Außerdem wissen Sie nicht, was diese Frau tagsüber getan hat. Vielleicht hat Sie zu Mittag opulent gespeist und danach auf der Couch gefaulenzt? Dann braucht sie abends naturgemäß weniger! Setzen Sie sich zu Tisch als eine Person, die nichts Falsches tut, wenn sie isst. Es geht darum herauszufinden, was *Ihr* Körper braucht, und dazu zu stehen – vor sich selbst und vor anderen.

Ich traute mich, schrittweise »ungesunde« Dinge vor anderen zu essen. Dadurch löste sich mein Doppelleben langsam auf, und mein Schamgefühl wurde kleiner.

Falls andere Menschen törichte Bemerkungen machen, ist es Zeit zu hinterfragen: Möchten Sie sich weiterhin mit ihnen umgeben und ihnen Ihre Beachtung schenken?

Ich legte mir damals einige Standardsätze zurecht. Wenn beispielsweise jemand zu mir sagte: »Was? Du bestellst dir noch etwas?!«, antwortete ich einfach mit: »Ja, ich habe Hunger.« Auf: »Was, du isst jetzt einen Kuchen?«, erwiderte ich: »Ja, das gönne ich mir.« Dann blickte ich weg oder sprach von etwas anderem, damit mein Gegenüber nicht auf die Idee kam, dieses Thema zu vertiefen. Interessant war: Je mehr ich zu meinem Essverhalten stand, desto weniger wurde es von anderen Menschen kommentiert.

Situationen des Alltags

Wir leben in keiner perfekten Welt. Manchmal läuft unser Alltag anders, als wir ihn geplant hatten. Wie können wir damit umgehen?

Was mache ich, wenn keine Zeit zum Essen ist?

»Ich war den ganzen Tag beschäftigt, ich hatte keine Zeit zum Essen.« »Meine Chefin macht zu Mittag nie Pause, deshalb kann ich mir auch keine nehmen.« »Wenn meine Kinder nach Hause kommen, ist es zu turbulent, da kann ich mich nicht in Ruhe hinsetzen.« Solche Argumente höre ich sehr häufig, wenn ich vorschlage, sich mehr Zeit fürs Essen zu nehmen.

Aufgrund der toxischen Scham kann es mitunter herausfordernd sein, auf unsere Körperbedürfnisse zu hören. Die Scham-Stimmen flüstern uns zu: »Du darfst es dir nicht gutgehen lassen«, »Du darfst nichts essen«, »Du darfst nicht auf deiner Pause bestehen, sonst wissen die anderen sofort, dass du esssüchtig bist«, oder auch »Du brauchst keine Pause«.

Sie dürfen nicht erwarten, dass sich ihre gewohnten Muster von heute auf morgen verändern. Deswegen verlangt auch dieser Aspekt, wie viele andere Dinge auf unserem Weg, nach Übung.

♥ **Schmecken Sie den Unterschied:** Beobachten Sie, ob es für Sie einen Unterschied macht, wenn Sie ein- und dieselbe Speise in Ruhe oder hektisch zwischendurch einnehmen. Wie fühlt sich das Essen in Ihrem Bauch an? Gibt es Unterschiede beim Schmecken? Können Sie in beiden Situationen gleich gut Ihre Sättigung wahrnehmen? Welche Gedanken begleiten Sie während der Mahlzeit?

Wir sind gefordert, extra Zeitfenster in unseren Alltag einzuplanen, um dann essen zu können, wenn der Hunger kommt. Ich finde es überaus wichtig, in Ruhe zu essen, dabei Genuss und Sättigung wahrzunehmen. Manchmal erfordert es kreative Lösungen, damit wir unseren Alltag bewältigen und gleichzeitig auf unsere Körperbedürfnisse eingehen können.

Wir müssen lernen, zu unseren körperlichen Bedürfnissen zu stehen und ihnen hohe Priorität einzuräumen. Wenn Sie hie und da vergessen, auf Ihre Körpersignale zu hören, wird das nicht gravierend sein. Wenn jedoch Ihr Alltag nur aus Ausnahmen besteht, wird es schwierig, das Essverhalten zu finden, das Ihnen guttut.

Was, wenn der Summer nicht verfügbar ist?

Wenn Sie bei Hunger Ihren Summer essen, ist das ideal. Doch das ist nicht immer möglich. Nehmen wir an, Sie sind im Ausland und haben Appetit auf eine Spezialität, die es nur bei Ihnen zu Hause gibt. Was tun? Sie werden vermutlich keinen Privatjet zur Verfügung haben, der Sie schnell nach Hause fliegt. Suchen Sie sich also etwas, das Ihrem Summer in Konsistenz, Temperatur und Geschmack so ähnlich wie möglich ist. Die Frustration, dass Sie nicht genau das essen können, was summt, gilt es auszuhalten. So ist das manchmal im Leben: Wir können nicht immer bekommen, was wir wollen.

Ebenso wird es passieren, dass wir uns bewusst gegen einen Summer entscheiden, weil etwas anderes im Vordergrund steht. Nehmen wir an, Sie sitzen mit einer Freundin in einem gemütlichen Restaurant, und es summt eine Kürbissuppe. Doch ausgerechnet diese gibt es nicht. Nun gilt es, eine Entscheidung zu treffen, wie so oft in unserem Alltag:

✱ Was ist Ihnen im Moment wichtiger: die Kürbissuppe oder das Treffen mit Ihrer Freundin? Sie hätten die Möglichkeit, sofort aufzustehen, einen Kürbis zu kaufen und ihn zu Hause zuzubereiten.

✱ Vielleicht könnten Sie an eine Kürbissuppe gelangen, bevor Ihr Hunger in Heißhunger umschlägt, beispielsweise in einem Restaurant in der Nähe? Dann können Sie das offen ansprechen: »Ich bin jetzt mutig und stehe zu meinem Bedürfnis: Ich habe riesigen Appetit auf Kürbissuppe, aber hier gibt es leider keine. Können wir ins Restaurant dort drüben gehen? Dort gibt es eine. Würde dir das etwas ausmachen?« Gute Freundinnen und Freunde können einen solchen Wunsch meist respektieren, vor allem wenn das andere Restaurant nur ein paar Schritte entfernt ist.

✱ Möchten Sie im gewählten Restaurant bleiben? Falls ja, gilt es zu überlegen, was der Kürbissuppe am nächsten kommt. Es soll warm sein, weich und cremig. Dann eben eine Kartoffelsuppe, weiche Nudeln in Sauce oder Kartoffelpüree. Statt des exakten Summers bekommen Sie einen angenehmen Abend mit Ihrer Freundin in schöner Atmosphäre.

✱ Sie könnten im Restaurant Ihren Hunger etwas mäßigen, um ein paar Punkte auf der Hungerskala runterzuklettern, indem Sie eine Kleinigkeit bestellen und das Beisammensein mit Ihrer Freundin genießen. Danach kaufen Sie einen Kürbis, kochen ihn und stillen damit zu Hause Ihren »Haupthunger«.

Wie verhalte ich mich bei Essenseinladungen?

Wenn sich jemand die Mühe macht, für mich zu kochen, fände ich es nicht stimmig, am gedeckten Tisch zu sitzen und zu sagen: »Sieht ja alles köstlich aus, aber ich esse nichts, weil kein Summer dabei ist.«

Hier geht es wieder um die Balance: Wenn Sie jede Woche ein paar Essenseinladungen erhalten, wird es nötig sein, einen Weg zu finden, Ihre Summer zu essen. Werden Sie bloß einmal im

Monat eingeladen, können andere Dinge im Vordergrund stehen, wie der Genuss der Atmosphäre und das Beisammensein mit lieben Menschen. Dann ist dies Ihr Summer, der Ihre Seele nährt.

Was ich allerdings mache, ist, meine Gastgeber über meine Vorlieben aufzuklären. Ich frage meistens, was es Gutes zu essen gibt, damit ich mich im Vorhinein darauf einstellen und freuen kann.

Versuchen Sie bei Einladungen verstärkt auf Ihre Sättigung zu hören. Sie können sich erkundigen, wie viele Gänge es gibt, damit Sie Ihren Hunger einteilen können. Lassen Sie sich nichts aufdrängen, wenn Sie satt sind. Um nicht unhöflich zu sein, können Sie sich beispielsweise das Dessert einpacken lassen.

Lassen sich Körperbedürfnisse planen?

Wenn der Hunger da ist, dann ist er da. Mit der Zeit werden Sie ungefähr einschätzen können, wann er sich das nächste Mal meldet. Mit ein bisschen Planung fällt es leichter, die Körperbedürfnisse rechtzeitig zu stillen.

Als ich mit dem Essen nach der Hungerskala begann, konnte ich noch nicht abschätzen, wie schnell nach einer Mahlzeit ich wieder hungrig sein würde. Als mein Bedürfnis, immer sofort alles aufessen zu müssen, aufhörte, wurde es mir möglich, einen kleinen Snack in meiner Handtasche für den »Notfall« mitzuführen.

Heute kann ich meinen Hunger gut abschätzen. Bin ich einen Tag lang unterwegs, überlege ich mir vorher, wo voraussichtlich ich mich befinden werde, wenn sich mein Hunger meldet. Sollte es dort nichts – für mein Empfinden – Gutes zu essen geben, packe ich mir etwas ein. Dabei steht für mich der Hunger im Vordergrund, nicht der Summer. Schließlich kann ich in der Früh, wenn ich mein Essen einpacke, noch nicht wissen, wonach mich zu Mittag gelüsten wird. Ich nehme etwas mit, von dem ich weiß, dass es mir meistens schmeckt.

Was tun, wenn Sie um 18:00 Uhr eine Essenseinladung haben und bereits um 17:00 Uhr bei 6 bis 7 auf der Hungerskala sind? In diesem Fall empfehle ich Ihnen ein Nahrungsmittel, das für Sie kein sogenanntes »Binge-Food« (to binge = englisch: sich mit etwas vollstopfen, etwas verschlingen) ist – sie also nicht zu Essanfällen anregt. Sie essen davon so viel, bis Sie auf Ihrer persönlichen Hungerskala ungefähr bei 4 angelangt sind. Das heißt, Sie essen sich um 17:00 Uhr nicht satt, sondern nehmen dem Hunger seine Spitze. Ziel ist es, dass Sie bei dem gemeinsamen Abendessen angenehm hungrig sind. Schließlich macht es kein Vergnügen, pappsatt am Tisch zu sitzen und so zu tun, als ob man Freude am Essen hat.

Früher wünschte ich mir, alle Gedanken an Essen aus meinem Kopf zu verbannen. Heute weiß ich, dass das nicht geht. Um mich meinen Bedürfnissen entsprechend ernähren zu können, muss ich an meine Malzeiten denken und mich darum kümmern.

Gedanken an Essen können durchaus konstruktiv und wichtig sein! Nicht, wenn wir nach Kalorien planen, sondern wenn wir damit bezwecken, dem Körper Nahrung zu geben, sobald er hungrig ist. Es handelt sich dabei um konstruktive Planung *für* uns statt um selbstzerstörerische Kontrolle *gegen* uns.

Wie verhalte ich mich am Buffet?

Buffets machen vielen Menschen mit Esssucht Angst, da das schier unendliche Angebot überfordert. Es wäre ganz gut, wenn Sie der Situation die Spitze nehmen, ein bisschen relativieren. Es ist bloß ein Buffet, kein Weltuntergang, kein Drama. Orientieren Sie sich im Raum, damit Sie bemerken, dass es dort noch andere Dinge als Essen gibt. Holen Sie Ihre aufgeregten Gedanken ins Jetzt: Spüren Sie, wie Ihre Füße den Boden berühren, nehmen Sie Ihren Atem wahr. Fokussieren Sie auf Erfreuliches in Ihrer Umgebung. Sind Sie beispielsweise in angenehmer Begleitung? Gefällt Ihnen der Raum? Sind die Speisen appetitlich angerichtet? Duften sie köstlich? Essen darf Vergnügen bereiten, das ist erlaubt!

Bitte nehmen Sie wahr, wo auf der Hungerskala Sie sich momentan befinden. Entscheiden Sie bewusst, ob Sie gleich zum Buffet gehen. Möglicherweise möchten Sie noch ein wenig warten?

Bevor Sie die Speisen des Buffets sehen, fragen Sie sich: »Was summt in mir? Welche Geschmacksrichtung hätte ich gern? Welche Konsistenz?« Danach halten Sie nach Ihrem Summer Ausschau. Betrachten Sie zuerst das ganze Angebot des Buffets und überlegen Sie, was Ihren Wünschen am nächsten kommt. Bitte halten Sie sich nicht an die Reihenfolge Vorspeise – Hauptspeise – Nachspeise. Was in Ihnen summt, wird als Erstes gegessen – und wenn es die Nachspeise ist. Falls Sie darauf angesprochen werden – »Du nimmst jetzt schon den Kuchen!?« – dann sagen Sie bitte: »Ja, das gönne ich mir«, oder: »Ja, der hat mich am meisten angelacht!« Das alles erfordert Mut, ich weiß, aber es geht nicht darum, den anderen zu gefallen, sondern es geht darum, dass Sie sich genau das gönnen, was Sie im Moment möchten.

Ich dachte früher, ich könnte meinen Appetit auf Süßes zügeln, indem ich mich zuerst mit »Gesundem« satt esse. Diese Rechnung ging allerdings nie auf. Selbst wenn ich mich übersatt den Süßspeisen des Buffets zuwendete, langte ich noch einmal ordentlich zu und überaß mich hoffnungslos. Heute achte ich darauf, nur jene Dinge zu essen, die ich wirklich möchte. Kuchen mit angenehmem Hunger zu genießen, bereitet mir mehr Vergnügen, als ihn pappsatt in mich reinzuschieben.

(Einige der nun folgenden Buffet-Tipps sind inspiriert vom Buch »Essen als Ersatz« von Geneen Roth, ab der Seite 113).

♥ **Maximal 3 Dinge:** Wir möchten dem Buffet die Komplexität nehmen. Daher nehmen Sie bitte maximal drei Dinge auf einmal auf Ihren Teller. Nehmen Sie von den jeweiligen Speisen nicht mehr als einen Löffel voll. Das heißt, bitte packen Sie Ihren Teller nicht randvoll. So wird die Situation für Sie übersichtlicher und Sie können sich besser auf Ihre Speisen konzentrieren.

♥ **Der »À la carte«-Trick:** Falls Sie das Überangebot an Geschmacksrichtungen überfordert, kann der »À la carte«-Trick helfen, die Komplexität zu reduzieren: Sie wählen am Buffet eine Speise, so wie Sie es in einem Restaurant tun würden, nachdem Sie die Speisenkarte studiert haben. Das heißt, Sie probieren nicht von allem, sondern bleiben bei diesem einen Gericht.

♥ **Speisen hübsch arrangieren:** Arrangieren Sie Ihre Speisen hübsch auf Ihrem Teller, benutzen Sie beispielsweise einzelne Salatblätter als Verzierung. Nehmen Sie für jeden Nachschlag einen frischen Teller, auf dem Sie Ihr Essen appetitlich anrichten. Ihre Kreationen sollen aussehen wie »Haute Cuisine«. Das Anrichten verschafft Ihnen ein wenig Zeit um innezuhalten und die Buffet-Gier zu unterbrechen. Außerdem macht ein hübsch angerichteter Teller Freude.

♥ **Nachschub, so oft Sie möchten:** Gestatten Sie sich, so oft Nachschub zu holen, wie Sie möchten, aber eben nie mehr als drei Dinge auf einmal, die Sie immer liebevoll anrichten. Wenn Sie sich das von Anfang an zugestehen, ist es nicht mehr nötig, sich gierig auf das Essen zu stürzen, als ob es danach nie wieder etwas gäbe.

Viele sorgen sich, dass »die anderen« mitzählen, wie häufig wir zum Buffet gehen. Genau diese Situation üben wir mit den Teilnehmern unserer »Essanfälle adé«-Workshops. Wir fragen immer wieder: »Weißt du, wie oft die anderen beim Buffet waren?« In den vielen Jahren, in denen wir die Workshops durchführten, konnte diese Frage kein einziges Mal beantwortet werden. Glauben Sie mir, die Menschen sind am Buffet ausreichend mit sich selbst beschäftigt. Falls tatsächlich jemand mitzählen sollte, können Sie sicher sein: Für diese Person ist Essen auch ein Thema. Zur Sicherheit können Sie sich Standardsätze zurechtlegen. Wenn jemand beispielsweise bemerkt: »Du gehst ganz schön oft zum Buffet«, könnten Sie beispielsweise antworten: »Ja, das stimmt.« Bitte rechtfertigen Sie sich nicht. Denn Sie wissen, warum Sie das tun. Es geht allein um Ihre Bedürfnisse, die dürfen Sie erfüllen.

♥ **Nur das Allerbeste wählen:** Essen Sie nur das, was absolut himmlisch und delikat aussieht. Es gibt keinerlei Verpflichtung, alles zu kosten. Sie werden niemanden verletzen, wenn Sie nicht zu allem Ihren Kommentar abgeben, sondern nur einzelne Speisen loben. Schmeckt eine Speise nicht delikat, gibt es keinen Grund sie aufzuessen, denn es gibt genug Besseres. Dies ist der Vorteil von kleinen Portionen: Wenn Ihnen etwas doch nicht so gut mundet wie angenommen und nur wenig davon auf Ihrem Teller liegt, fällt das Übriglassen leichter. Große Stücke, beispielsweise vom Kuchen oder Käse, dürfen Sie daher mit dem Messer teilen. Denn wer weiß, vielleicht schmeckt es gar nicht so gut, wie es aussieht. Lieber erst einmal ein kleines Stückchen probieren. Wenn es wirklich gut ist, können Sie sich später noch ein Stück holen und danach noch eines.

♥ **Ein ruhiger Platz im Trubel:** Falls möglich, suchen Sie sich einen Platz, wo Sie in Ruhe essen können. Dann wird es Ihnen leichter fallen, auf Ihre Körperbedürfnisse zu achten. Sie werden später noch genügend Zeit für Unterhaltung haben. Jetzt dürfen Sie das Essen bewusst schmecken und genießen.

♥ **Immer wieder Ihren Körper spüren:** Wenn Sie wenig auf Ihren Teller packen, ist es nötig, mehrmals aufzustehen und den Gang ans Buffet zu machen. Das verschafft Ihnen Zeit, sich immer wieder mit Ihrer inneren Hunger- und Sättigungsskala zu verbinden und wahrzunehmen, was aktuell in Ihnen summt.

Erinnern Sie sich, dass Sie auch nach diesem Buffet köstliche Leckereien finden werden und es daher keinen Grund gibt, hier und jetzt alles aufzuessen, bis Sie platzen.

Wenn Sie ein Problem damit haben, dass die übriggebliebenen Speisen weggeworfen werden, bedenken Sie Folgendes: Es ist eine ebenso große Vergeudung, wenn Sie Speisen in Ihren Körper schaufeln, obwohl er sie nicht braucht. Ihr Körper ist kein Müllschlucker!

Falls Sie bei oder nach dem Buffet mit einem Essanfall reagieren, seien Sie sich bitte nicht böse: Ein Buffet ist eine außerordentlich schwierige Prüfung.

Wie gehe ich mit geschenktem Essen um?

Bekommen wir unerwartet Essen geschenkt, handelt es sich fast immer um klassische Zuwinker. Natürlich möchten wir die schenkende Person nicht beleidigen, indem wir das gutgemeinte Geschenk brüsk ablehnen. Trotzdem dürfen wir auf unsere Bedürfnisse achten.

Bringt Ihnen beispielsweise Ihre Kollegin oder ein Kunde unerwartet Kuchen mit, bedanken Sie sich einfach: »Das ist aufmerksam von dir! Danke! Den esse ich später, ich freue mich darauf.« Packen Sie den Zuwinker weg, und warten Sie, bis Sie hungrig sind. Spüren Sie, ob Sie ihn dann immer noch wollen.

Eine andere Möglichkeit ist es, sich für die freundliche Geste zu bedanken und den Zuwinker schnellstmöglich weiterzuschenken.

Als ich noch im Büro arbeitete, gab es eine Gemeinschaftsküche. Versah ich Leckereien mit einer »Wer will mich?« Haftnotiz, fand sich rasch jemand, der sie mitnahm. In unserem Wohnhaus ist es Usus, dass Dinge, die zu verschenken sind, auf die Altpapiercontainer gelegt werden. Das ist praktisch, denn so verkommt nichts.

Nach Verwandtschaftsbesuchen wird gerne angeboten: »Soll ich dir etwas einpacken?« Besonders Mütter und Großmütter zeigen ihre Liebe, indem sie uns versorgen. Versuchen Sie, diese Liebe zu nehmen und das Essen zurückzulassen. »Es ist lieb von dir gemeint, danke, aber ich möchte nichts mitnehmen.« Sie dürfen sich einer kleinen Notlüge bedienen wie beispielsweise: »Ich habe erst gestern gekocht und noch viel davon zu Hause, das verdirbt sonst alles.«

Sollten Sie allerdings häufig Essensgeschenke bekommen, die Sie nicht möchten, ist es ratsam, Ihre Wünsche direkt zu äußern.

Zu seinen Bedürfnissen zu stehen, braucht Mut, denn es kann sein, dass die schenkende Person verstimmt reagiert oder sich vielleicht sogar über Sie lustig macht.

Ich selbst verstand erst nach Jahren, dass solche Reaktionen weniger mit mir, als vielmehr mit der schenkenden Person zu tun hatten. Langsam erkannte ich, dass es mein Recht war, auf meine Bedürfnisse zu achten und meine Grenzen zu wahren. Ich sah auch irgendwann nicht mehr ein, warum ich Kuchen, Schoko-Osterhasen oder -nikoläuse horten sollte, wenn sie mir nicht wirklich schmeckten. Ich hatte keine Lust, Zuwinker mit nach Hause zu nehmen, um ihnen dort mühsam widerstehen zu müssen. Warum sollte ich mich unnötig quälen? Ich wollte Süßigkeiten aus einem inneren Bedürfnis heraus essen und nicht, weil sie vor meiner Nase lagen. Daher war es für mich wichtig zu lernen, meine Bedürfnisse klar auszudrücken – in einer wertschätzenden Art und Weise. Dabei bediente ich mich der sogenannten gewaltfreien Kommunikation (GFK) – ein Konzept des Psychologen Marshall B. Rosenberg. Es gibt zu diesem Thema einiges an Literatur, falls Sie daran interessiert sind.

Können wir noch nicht mutig zu unseren Bedürfnissen stehen, gibt es auch die Möglichkeit, das geschenkte Essen wegzuwerfen. Vielleicht werden Sie nun ausrufen: »Essen wegwerfen?! Das ist Verschwendung!« Selbstverständlich sollten wir tunlichst keine Lebensmittel verschwenden. Aber wir haben genauso das Recht, unserem Körper das zu geben, was er tatsächlich benötigt. Ist er bereits satt, kann er das Essen nicht sinnvoll verwerten. Wie gesagt: Wir sollten unseren Körper nicht als Müllschlucker missbrauchen.

Bei alledem dürfen wir nicht vergessen: Manchmal ist es schön, sich einfach verführen zu lassen. Wir sind nicht aus Stein. Ich kann gar nicht oft genug erwähnen, dass unser Ziel ist, die uns wohltuende Balance zu finden.

Letztens schenkte mir eine Klientin ein handgemachtes Lebkuchenpferd. Hmmm, sah das köstlich aus! Mein Mund produzierte sogleich Unmengen an Speichel. Konnte es sein, dass dieser Zuwinker doch summte? »Ach, egal«, dachte ich und biss mit großer Freude hinein.

Wie verhalte ich mich bei Allergien?

Wenn Sie Allergien oder andere gesundheitliche Einschränkungen haben, werden die Summer übersetzt. Sobald also ein bestimmtes Lebensmittel summt, das Sie nicht vertragen, suchen Sie bitte nach Alternativen, die in Geschmack, Konsistenz und Temperatur ähnlich sind. Ihre Gesundheit steht im Vordergrund. Gerade bei Unverträglichkeiten ist es unumgänglich, selbst zu kochen und zu backen.

Ich erlebe oft, dass Menschen bei Essanfällen genau jene Lebensmittel verschlingen, auf die sie aus medizinischer Sicht verzichten sollten. Falls das auch auf Sie zutrifft, wäre es sinnvoll, mit Ihrer Ärztin oder Ihrem Arzt offen darüber zu sprechen. Sie oder er ist dafür da, Ihnen zu helfen. Damit dies geschehen kann, ist eine gewisse Ehrlichkeit nötig.

Was tue ich, wenn mich ein Zuwinker verführt?

Was und wie viel wir tagtäglich zu uns nehmen, basiert auf unzähligen Entscheidungen, die wir treffen. Wenn Sie einen Zuwinker essen, ist das völlig in Ordnung. Entscheiden Sie sich jedoch bewusst dafür, dass sich nun verführen lassen. Dann sind Sie kein Opfer der Umstände und fühlen sich nicht mehr überrumpelt oder machtlos. Falls es Ihnen möglich ist, warten Sie mit dem Genuss des Zuwinkers, bis Sie angenehm hungrig sind.

♥ **Schmecken Sie den Unterschied:** Bitte beobachten Sie, wie der Zuwinker im Vergleich zu einem Summer schmeckt. Wie schmeckt der Kuchen, der Ihnen von einer Kollegin vor die Nase gesetzt wurde (Zuwinker), im Vergleich zu dem Kuchen, den Sie essen, weil Sie ihn wirklich wollten (Summer)?

Seien Sie sich nicht böse, wenn Sie auf einen Zuwinker reagieren. Es ist normal, dass wir denken: »Will ich haben!!!«, sobald eine besondere Köstlichkeit vor uns auftaucht. Außerdem müssen wir ohnehin genug arbeiten und »brav sein«. Wer möchte sein Leben nicht ab und an versüßen oder würziger machen?

Mir winken auch heute, ohne Esssucht, Lebensmittel zu; bei mir sind es vor allem süße Dinge. In solchen Fällen beginne ich einen Dialog mit mir selbst, der ungefähr wie folgt abläuft: »Huch! Plötzlich ein Kuchen vor meiner Nase!« Im Geiste lasse ich ein rotes Alarmlicht blinken und eine Sirene ertönen: ZUWINKER-ALARM!!!

Anschließend überprüfe ich, ob es sich tatsächlich um einen Zuwinker handelt: »Was hast du in der Minute gedacht, bevor dir dieser Kuchen vor die Nase gestellt wurde? Ich dachte nicht an Kuchen. Eben, siehst du, deshalb ist das ein klassischer Zuwinker! Bist du im Moment hungrig? Nein. Na also, auf diesen Zuwinker fallen wir nun nicht herein. Wir stellen den Kuchen weg und lenken uns ab. Falls du den Kuchen später immer noch willst, erlaube ich dir, ihn zu essen. Aber nun stell ihn bitte weg.«

Spätestens jetzt läuft mir das Wasser im Mund zusammen, und ich denke: »Hmmm, wäre das fein!« Wenn ich dennoch nicht nachgebe, taucht mein »inneres Kind« auf, meine Stimme des emotionalen Hungers. Es wälzt sich auf dem Boden und brüllt: »Ich will das haben, und zwar SOFORT!« Da ich mein inneres Kind mittlerweile gut kenne, erschreckt mich sein Erscheinen nicht mehr, und ich kann ihm freundlich, aber bestimmt sagen: »Du weißt doch, dass dir Essen nicht wirklich schmeckt, wenn du nicht hungrig bist und es nicht summt. Es wird dir mehr Vergnügen machen, wenn du wartest!« Danach lenke ich meine Aufmerksamkeit bewusst auf etwas anderes.

Außerdem hilft es mir, den Zuwinker voll und ganz als solchen zu akzeptieren: »Oh ja, du siehst lecker aus, und wow, wie gut du riechst! Ja, du kannst wirklich schön zuwinken.« Dann erfreue ich mich an den Sinneseindrücken. Wenn ich nein zum Zuwinker sage, ist das nur eine Absage an den Geschmackssinn. Zu allen anderen Sinnen sage ich ja. So gehe ich beispielsweise vor, wenn ich auf einem Weihnachtsmarkt umherschlendere. Ich darf mich an dem Duft der gebrannten Mandeln erfreuen, auch wenn ich sie heute nicht esse.

Manchmal lassen meine inneren Stimmen nicht mit sich reden, woraufhin ich ihnen leicht genervt, aber letztlich wohlwollend zu verstehen gebe: »In Ordnung, ihr habt gewonnen.« *Dann gehe ich in den Supermarkt und stelle mich vor das Süßigkeitenregal:* »Wenn du jetzt unbedingt etwas Süßes möchtest, obwohl du nicht hungrig bist und es nicht summt, dann nimm es dir eben. Bist du dir wirklich sicher, dass es dir schmecken wird und du es richtig auskosten kannst?« *Manchmal hat diese komplette Erlaubnis zur Folge, dass ich entscheide:* »In Wahrheit wird mir das jetzt nicht schmecken, das weiß ich aus Erfahrung. Ich würde es ohne Appetit essen und mich nachher ärgern. Ich gönne mir das lieber ein anderes Mal, wenn ich wieder hungrig bin und es summt.« *Oft verlasse ich dann den Supermarkt mit leeren Händen, aber mehr Klarheit.*

Wenn Sie es schaffen, auf einen Zuwinker zu verzichten, loben Sie sich bitte, und notieren Sie diesen Erfolg in Ihrem Forschungstagebuch! Je öfter Sie auf Ihren Körper hören, desto wohler werden Sie sich langfristig in ihm fühlen. Wie gesagt, es kommt auf die für uns richtige Balance an. Wenn Sie gelegentlich einen Zuwinker essen, macht das Spaß, und Ihr Wohlbefinden wird darunter bestimmt nicht leiden. Wenn Sie sich allerdings mehrmals täglich verführen lassen, sieht die Sache ganz anders aus!

Manchmal haben wir das Gefühl, von Zuwinkern geradezu bedroht zu werden und ihnen unmöglich widerstehen zu können. Sollte das der Fall sein, wird es Zeit, Ihren emotionalen Hunger zu stillen. Wie Sie das tun können, erfahren Sie im nächsten Kapitel, ab Seite 177.

Ein paar Gedanken zur Ernährung

Ich habe viele Jahre experimentiert, um die Ernährungsweise zu finden, die zu mir passt, und bin vermutlich noch lange nicht fertig damit. Einige meiner bisherigen Erkenntnisse möchte nun ich mit Ihnen teilen, diese aber keineswegs als ultimative Weisheit verkaufen! Es sind einfach meine Erfahrungen. Bitte beurteilen Sie selbst, welche davon für Sie brauchbar sind und welche nicht.

Zur Zeit meiner Esssucht bestanden die Eckpfeiler meiner Ernährung aus rohem Obst und Gemüse, Salat (mit allerhöchstens fünf Tropfen Öl), Müsli, Hüttenkäse, Mozzarella, Vollkorngebäck, Molke, Joghurt (maximal 1 % Fett) und Cola light. Ich versuchte, so gut es ging, auf Fett und Zucker zu verzichten und so viele Kalorien wie möglich einzusparen.

Obwohl ich mich meiner Meinung nach total gesund ernährte, war meine Gesundheit bei weitem nicht in Ordnung: Ich litt unter schmerzhaften Blähungen und Bauchkrämpfen, fror im Winter entsetzlich und war oft erkältet. Außerdem drängten sich immer öfter Heißhungerattacken zwischen meine »gesunden Tage« – dann stopfte ich überwiegend Schokolade, süße Keks oder fettige Speisen in mich rein. Den Zusammenhang zwischen meiner Gesundheit, den Essanfällen und meiner Ernährungsweise zu erkennen, war mir trotzdem nicht möglich.

Erst durch die intensive Beschäftigung mit meiner Esssucht öffnete ich mich für neue Impulse. Nach und nach hinterfragte ich meine Essgewohnheiten.

Zunächst veränderte ich meinen Zugang zu Fetten und Speiseölen.

Beim Fettkonsum geht es – wie so oft – um die Balance: Der Körper braucht Fett, nicht zu viel, aber auch nicht zu wenig. Verweigern wir es ihm, fordert er es in Essanfällen wieder ein. Geben wir dem Körper hingegen zu viel Fett und noch dazu in schlechter Qualität (Stichwort: Transfette), werden wir müde und träge.

Ich stellte fest, dass mir fettreduzierte und kalorienarme »Light«-Produkte in Wahrheit weder schmeckten noch guttaten. Sie füllten mich zwar, hinterließen dabei allerdings kein wohlig sattes Gefühl, im Gegenteil: Sie lösten einen »Mehr, mehr, mehr!«-Drang in mir aus. Also ersetzte ich diese Produkte nach und nach. Ich durfte wieder »normalen« Käse, Joghurt und Butter genießen und musste nicht mehr jeden Tropfen Speiseöl einzeln abzählen!

Gleichzeitig hörte ich auf, Süßstoffe zu konsumieren. Denn bei jeder Essattacke wurde mir von neuem bewusst, dass sie meinen Körper in keiner Weise befriedigten. Außerdem hatte ich keine Lust mehr auf die chemischen Inhaltsstoffe. Das Ende meiner Süßstoffära zog den sukzessiven Verzicht von Cola light nach sich. Ich hatte es früher flaschenweise getrunken, um meinen Appetit auf Süßes zu zügeln. Als ich ein Video sah, in dem Cola für die Beseitigung von Rostflecken und zur Toilettenreinigung verwendet wurde, verging mir endgültig die Lust, es in meinen Verdauungstrakt zu kippen.

Ich beschloss, dass mein Körper echte Süße bekommen sollte, wenn er danach verlangte, und zwar in Form von Honig, Ahornsirup, Dattelsüße, (Rohrohr-)Zucker und Ähnlichem.

Ich werde oft gefragt, was ich davon halte, auf Zucker zu verzichten. Dass Zucker im Übermaß dem Körper nicht guttut, dürfte mittlerweile hinlänglich bekannt sein. Daher ist es sinnvoll, Zucker wegzulassen. ABER: Ich finde es *nicht* sinnvoll, wenn Sie den Zucker ein paar Tage lang streng weglassen, um sich ihn danach in Essanfällen doch wieder hineinzuschieben. Ich habe auch Klientinnen und Klienten kennengelernt, die sich solche Genüsse nur am Wochenende erlauben. Dagegen ist prinzipiell nichts einzuwenden. Problematisch finde ich das aber dann, wenn der Verzicht unter der Woche große Anstrengung erfordert, die Gedanken ständig um das »Verbotene« kreisen und wir es bereits dienstags nicht mehr erwarten können, endlich beim Samstag angelangt zu sein.

Alles, was wir nicht haben dürfen, wird umso interessanter und löst Mangelgefühle in uns aus. Deshalb finde ich es besser, den Zucker in den Alltag zu integrieren und so seine Attraktivität zu schmälern. Ebenso verhält es sich mit der Low-Carb-Ernährung. Was nutzen kohlenhydratfreie Tage, wenn wir uns danach heißhungrig auf einen ganzen Laib Brot stürzen? Das Prinzip »ganz oder gar nicht« darf aufgeweicht werden. Versuchen wir, Mittelmaß und Balance zu finden.

Mit der Zeit gelang es mir immer öfters, ehemals verbotene Lebensmittel wie Süßigkeiten oder Brot nicht mehr anfallsartig zu verschlingen, sondern sie in kleineren Mengen zu essen. Ich musste nicht mehr fürchten, dass sie »ab morgen« und »für immer« verboten sind. Langsam verabschiedete sich das Gefühl von »jetzt ist es eh schon egal, die Diät ist sowieso ruiniert«. Denn es gab keine Diäten und keine Verbote mehr. Ich musste nichts mehr rasch oder heimlich »einsaugen« – das ermöglichte mir, meine Speisen bewusster zu kauen. So verringerte sich mein Esstempo, und es trat eine neue Form des Genusses in mein Leben: Qualität vor Quantität.

Jetzt lautete mein Vorsatz: »Wenn ich mir schon Süßes gönne, darf es herrlich schmecken.« Daher begann ich, großen Wert auf hochwertige Süßspeisen zu legen. Ich verzichte bewusst auf Genussmittel, die bloß ein »Mehr, mehr, mehr!« auslösten und ein unbefriedigendes Gefühl in mir hinterließen. In meinem Fall galt das beispielsweise für eine vielbeworbene Sorte Alpenmilchschokolade und abgepackten Kuchen aus dem Supermarkt. Wenn zuckersüß summte, wählte ich stattdessen hochqualitative Fair-Trade-Schokolade oder handgemachte Kuchen aus meiner Lieblingskonditorei. Dafür nahm ich gern längere Wege oder höhere Preise in Kauf. Als ich mir Süßes nicht mehr verbot, war der Weg frei, den Unterschied zwischen Massen- und Qualitätsware deutlich zu schmecken und mir wahren Genuss zu gönnen. Zu Weihnachten stellte ich daher eine neue Regel auf, die mir außerdem beim Umgang mit dem Überfluss half: »Keine industriell hergestellte Kekse mehr, sondern nur noch handgemachte.« Darüber hinaus hielt ich Ausschau nach verstecktem Zucker. Es ist unfassbar, wo überall Zucker enthalten ist, obwohl wir ihn dort nicht vermuten würden! Wenn ich schon Zucker konsumierte, wollte ich es wenigstens bewusst tun.

Im Jahr 2002 trat die traditionelle chinesische Medizin (TCM) und damit die Fünf-Elemente-Ernährung in mein Leben. Ich lernte, dass mein Körper nach Zucker gierte, weil mein »Erdelement« geschwächt war. Um es zu stärken, war für mich vor allem ein hochwertiges Frühstück mit Hafer, Hirse, Süßreis, Polenta, Quinoa oder Amaranth angesagt, außerdem Kraftsuppen und Eintöpfe. Ich fand heraus, dass mein Verdauungssystem zu viele kalte und ungekochte Lebensmittel sowie kalte Getränke nicht verarbeiten konnte. Vor allem taten mir zu viel Obst sowie Fruchtsmoothies nicht gut, also genau jene Dinge, von denen ich mich früher tagelang ernährte, um zu fasten. Außerdem wurde mir durch einen Atemtest Laktose-

intoleranz attestiert. Mein Blähbauch hatte also nichts mit mangelnder Selbstdisziplin zu tun!

Um mein Wohlbefinden zu steigern, war es nötig, kochen und backen zu lernen. Als ich noch esssüchtig war, dachte ich felsenfest, dass mich Gekochtes dick machen würde. Das änderte sich, als ich erfuhr, aus welchen Zutaten wohltuende Speisen bestehen. Ebenso wandelte sich meine Überzeugung, dass Kochen beziehungsweise Backen mühsam sei und ich keine Zeit dafür hätte. Ich begriff, dass es viel mehr Aufwand bedeutete, mitten in der Nacht zu einer Tankstelle zu gehen, heimlich zu essen, die Essensreste wegzuräumen und nach Essanfällen völlig fertig auf der Couch zu liegen.

Es wurde Zeit, mich selbst zu umsorgen. Ich kaufte also ein Kochbuch mit einfachen Rezepten und fing an zu experimentieren. Dabei war es wichtig, meinen Perfektionsanspruch herunterzuschrauben und mir klarzumachen, dass ich keine Fünf-Gänge-Menüs oder kunstvoll verzierte Torten kreieren musste. Zu meiner Freude entdeckte ich, wie lustvoll und kreativ Gedanken an Essen sein konnten.

Beim Kochen lege ich großen Wert auf regionale, saisonale und vor allem frische Lebensmittel sowie auf Speiseöle in Bioqualität. Bei Zeitknappheit lasse ich mich heute gerne durch ein praktisches Gerät unterstützen, den »Suppenzubereiter«. Das ist eine Küchenmaschine, die aussieht wie ein Edelstahlwasserkocher mit motorisiertem Rotationsmesser. Man gibt einfach alle Suppen-Zutaten kleingeschnitten hinein, und innerhalb von 23 Minuten hat sich die Suppe von selbst fertiggekocht, püriert oder nicht, ganz wie man möchte.

Darüber hinaus gibt es mittlerweile in großen Städten viele Suppenküchen, die regional und frisch kochen, von ihnen lasse ich mich gerne mittags versorgen.

Ein anderes Gerät, das mir wertvolle Dienste leistet, ist die Getreidemühle. Durch sie ist das Getreide für meinen täglichen Frühstücksbrei im Nu vorbereitet. Außerdem lässt sich damit rasch Mehl mahlen, wenn in mir »süß« summt und ich eines meiner wohlschmeckenden Blitz-Kuchenrezepte (wie beispielsweise das von Seite 173) für das Abendessen backen möchte.

Seit ich mich mit der Fünf-Elemente-Küche beschäftigte, esse ich keine Tiefkühlkost mehr, und die Mikrowelle ist aus meiner Küche verschwunden. Auf Fertiggerichte und Instantprodukte verzichte ich ebenfalls, sie schmecken mir einfach nicht mehr. Ich möchte wissen, was ich esse. Daher studiere ich gründlich die Inhaltsstoffe der Lebensmittel, bevor ich sie kaufe. Künstliche Zusatzstoffe sind mir suspekt, und ich versuche sie nach Möglichkeit zu vermeiden. Ich informierte mich ausführlich über Tierzucht und -schlachtung, was mein Kauf- und Essverhalten erheblich beeinflusste. Eine große Bereicherung für mein gesundheitliches Wohlbefinden war auch die Berücksichtigung des Säuren-Basen-Haushalts und die Erweiterung meines Speisenrepertoires in Richtung basischer Genüsse.

Rückblickend wundere ich mich über die Widersprüchlichkeit, die mich zur Zeit meiner Esssucht prägte: Auf der einen Seite beschäftigte ich mich übermäßig viel mit gesunder Ernährung. Gleichzeitig verweigerte ich meinem Körper jene Ernährungsweise, die ihm gutgetan hätte. Der Grund war, dass ich von meinem Körper abgekoppelt lebte. Es war mein Kopf, der über mich entschied. Wenn er bestimmte: »Das hier ist gesund und richtig für dich!«, dann war es gesund und richtig. Jegliches Abweichen von seinem Plan bewertete ich als Mangel an Selbstdisziplin. Ich verfügte noch nicht über den Mut oder die Fähigkeit, auf meinen Körper zu hören. Sobald er sich meldete, ignorierte ich ihn oder missinterpretierte seine Botschaften.

Es dauerte seine Zeit, bis ich die Sprache meines Körpers hören und verstehen konnte. Daher funktionierte es für mich nicht, von heute auf morgen alle meine Essgewohnheiten zu verändern. Jegliche Versuche in diese Richtung wurden mit Essanfällen boykottiert. Für mich war es wesentlich, Schritt für Schritt vorzugehen, so wie man es bei Babys tut, wenn man sie an ein neues Gemüse gewöhnt.

Außerdem hörte ich auf, mir zu viele Dinge auf einmal zu versagen, und erlaubte mir stattdessen immer mehr. Ich entschied mich also für den Weg der Fülle statt für den Weg des Mangels. Dadurch wurde ich offen für Neues und konnte aus einem breiten Angebot die Speisen auswählen, die sich für mich am besten anfühlten.

Nach und nach ließ mein Heißhunger auf Zuckersüße nach, etwas, das ich »Zuckerjunkie« niemals für möglich gehalten hätte. Mir ist nicht mehr so eiskalt wie früher, und mein Immunsystem ist deutlich fitter.

Interessant finde ich, wie sehr sich über die Jahre mein Geschmack und meine Vorlieben verändert haben. Heute sehne ich mich nach anderen Dingen als früher.

Mit der Zeit verringerten sich zudem meine Essensmengen, da mein innerer Mangel, mein emotionaler Hunger immer mehr befriedigt wurde, was mich wiederum sensibler für die Bedürfnisse meines Körpers machte. Die Bedeutung, die Essen für mich hatte, wandelte sich: Was lang die einzig wirkliche Freude in meinem Leben war, wurde schließlich zu einer Freude unter vielen. Auch das Bedürfnis, mich regelmäßig mit Essen zu betäuben, verschwand Schritt für Schritt.

Ich möchte hervorheben, dass ich erst mit meiner Ernährung experimentieren konnte, nachdem ich mir alle verbotenen Lebensmittel erlaubt und durch eine lange Phase von täglichen Nougatkrapfen und Schokokeks gegangen war. Erst als ich nicht mehr nach bestimmten Nahrungsmitteln lechzte, machte ich den nächsten Schritt: Ich wagte, an meiner Ernährung zu schrauben, neue Gewohnheiten in mein Leben zu lassen und mein Repertoire an Summern zu erweitern. Darüber hinaus war es nötig, zu lernen, meinen emotionalen Hunger anders als mit Essen zu stillen. (Darüber erfahren Sie mehr im nächsten Kapitel ab Seite 177.)

Kleine Kochschule

Wie ich bereits erwähnte, war es für mich persönlich sehr wichtig, kochen zu lernen. Daher möchte ich Sie nun mit fünf einfachen und dennoch köstlichen Rezepten versorgen. Meine Kollegin und Freundin Sandra Hartmann war so freundlich, diese Rezepte extra für Sie zusammenzustellen. Vielen Dank dafür an dieser Stelle!

Sandra Hartmann betreibt im Servitenviertel in Wien, gleich um die Ecke von meiner Praxis, ihre Ayurveda-Kochschule, die Sie online auf www.rasayana.at besuchen können. Sandra verwendet in ihrer Küche ausschließlich biologische Produkte. Sowohl ihre Kochkurse als auch ihr Kochbuch »Ayurveda Alchemist« kann ich wärmstens empfehlen!

Ich höre oft den Einwand: »Nur für mich zu kochen, zahlt sich nicht aus.« Deshalb sind die Rezepte extra für *eine* Person konzipiert und erfordern nur wenig Zeitaufwand. Wie hungrig Sie sind, können wir nicht wissen. Betrachten Sie die Mengenangaben deshalb bitte bloß als Vorschlag, und stimmen Sie sie auf Ihre Bedürfnisse ab. Wir haben uns bemüht, die Rezepte so zu formulieren, dass auch Kochanfängerinnen damit zurechtkommen. Jedes Rezept enthält eine ausgewogene Zusammenstellung von Kohlenhydraten, Eiweiß, Vitaminen und Mineralien, Ballaststoffen und guten Fetten.

Wenn Sie sie nicht bereits zu Hause haben, lohnt die Investition in Edelstahltöpfe und in einen hochwertigen Wok aus Gusseisen. Mit gutem Material zu kochen, macht einfach Freude.

TL = Teelöffel, EL = Esslöffel; wichtigste Zutat für alle Kochrezepte: 1 Prise Liebe ♥

Getreidebrei zum Frühstück

Zutaten für 1 Person:

- ✱ je nach Hunger 3 – 6 gehäufte EL Vollkornflocken (bei Haferflocken am besten Feinblatt) oder Vollkorngrieß oder mit der Getreidemühle frisch geschrotetes Getreide nach Wahl (Dinkel, Kamut, Gerste, Hirse oder Hafer)
- ✱ ca. die dreifache Menge Wasser (alternativ Mandel-, Hafer- oder Reismilch), das sind zwischen 140 und 280 ml oder auch mehr, je nachdem, wie dick Sie den Brei möchten und welches Getreide Sie verwenden

- ✱ 1 Apfel – geschält und in kleine Stücke geschnitten
- ✱ 1 TL Ghee oder Kokosfett (bekommt man beides beispielsweise im Bioladen)
- ✱ Gewürze nach Belieben, zum Beispiel eine Prise Zimt, Kardamom, getrockneter Ingwer, Safran, Anis, Kakaopulver, Vanille, Carobpulver oder Kokosraspeln – nicht alle auf einmal
- ✱ 1 EL Rosinen oder getrocknete Aprikosen (= Marillen), kleingeschnitten
- ✱ 1 EL Leinsamen (geschrotet)
- ✱ 3 – 7 geschälte Mandeln oder ein TL Mandelmus
- ✱ 1 EL Vollrohrzucker, Ahornsirup oder Gerstenmalz

Zubereitung:
Apfelstücke in ein bisschen Ghee oder Kokosfett anrösten. Gewürze dazugeben und mit Wasser aufgießen. Alles zusammen aufkochen lassen, dann die Vollkornflocken, Trockenfrüchte und Leinsamen dazugeben und ca. 5 Minuten kochen, bis ein dicker Brei entsteht. Um das Frühstück mit Eiweiß zu ergänzen, 3 bis 7 Stücke geschälte Mandeln oder 1 TL Mandelmus hinzufügen. Zum Schluss je nach persönlichem Geschmack Vollrohrzucker, Ahornsirup oder Gerstenmalz einrühren.

Suppe aus Wurzelgemüse und roten Linsen

Zutaten für 1 Person:

- ✱ 1 Becher (200 ml) Suppengemüse, wie Karotten, Lauch (= Porree), Sellerie, Pastinaken, Kürbis, geschält und kleingeschnitten
- ✱ 2 EL rote Linsen – gewaschen und abgetropft (braune oder gelbe Linsen sind auch gut)
- ✱ 1 TL Basmatireis
- ✱ 1 TL Ghee oder Sonnenblumenöl

- ✱ 1 TL frisch geriebener Ingwer
- ✱ 1/2 rote Paprika
- ✱ 1/2 TL Korianderpulver
- ✱ 1 Messerspitze Asafoetida (In der ayurvedischen Küche werden traditionell weder Knoblauch noch Zwiebel verwendet, deswegen kommt in diesem Rezept Asafoetida zum Einsatz. Gibt es beispielsweise im Internet oder in indischen Shops zu kaufen, man kommt mit einem Döschen sehr lange aus.)
- ✱ 1/2 TL Kurkuma
- ✱ 1/2 TL Kümmel- oder Fenchelsamen, im Mörser grob zerstoßen
- ✱ 2 EL Kokosmilch (cremig)
- ✱ 1 EL frische Kräuter, feingeschnitten – Koriander, Petersilie oder Dill
- ✱ 1 kleiner TL Salz
- ✱ 1 Prise schwarzer Pfeffer, gemahlen
- ✱ 1/2 Zitrone, ausgepresst
- ✱ ca. 350 ml Wasser oder nach Bedarf

Zubereitung:
Ghee in einem Topf erhitzen, die Gewürze hinzufügen und ein paar Sekunden anrösten. Gleich das geschnittene Gemüse dazugeben und mit dem frischen Ingwer anrösten. Mit Wasser aufgießen, Linsen und Reis dazugeben und ca. 25 Minuten zugedeckt köcheln lassen. Zum Schluss Kokosmilch, Zitronensaft, Salz, Pfeffer und frische Kräuter hinzufügen und alles fein pürieren. Fertig!

Wok-Gemüse mit Reisnudeln, Tofu und Sesam

Zutaten für 1 Person:

- ✱ ungefähr 60 g Reisnudeln (je nach Hunger)
- ✱ 1/2 Zucchini

- ✱ 1 Karotte
- ✱ 1/2 rote Paprika
- ✱ 1 Stück Lauch
- ✱ 1 Stück Stangensellerie
- ✱ 50 g Räuchertofu, gewürfelt
- ✱ 2 TL Sesam
- ✱ 2 TL dunkles Sesamöl (= aus geröstetem Sesam)
- ✱ 1 – 2 EL Sonnenblumenöl
- ✱ 1 Schuss Sojasauce
- ✱ 1/2 Chilischote, kleingeschnitten, oder eine Prise Chiliflocken
- ✱ 1 TL Ingwer, gerieben
- ✱ frische Kräuter nach Belieben

Zubereitung:
Reisnudeln mit heißem Wasser übergießen und stehen lassen. Das Gemüse waschen und in dünne Streifen schneiden. Sonnenblumenöl im Wok heiß werden lassen und das Gemüse darin ca. 3 Minuten anrösten. Nicht zu oft umrühren, damit das Gemüse eine goldgelbe Farbe annimmt.

Die Sesamkörner röstet man parallel dazu etwa 2 Minuten lang unter ständigem Rühren in einer Pfanne ohne Fett. Danach werden sie in einem Mörser zerstoßen.

Die Reisnudeln gut abtropfen lassen und in den Wok geben, kurz mit Ingwer, Räuchertofu, Sesamöl und Chili anrösten und mit einem Schuss Sojasauce, den Sesamkörnern und Kräutern abschmecken.

Ofengemüse

Zutaten für 1 Person:

- ✱ 1/2 Paprika
- ✱ 1 Süßkartoffel (geschält) oder 2 Scheiben Hokkaido-Kürbis (dieser muss nicht geschält werden)

- ✱ 1 Kartoffel (geschält)
- ✱ 4 – 5 Röschen Blumenkohl (= Karfiol) oder Broccoli (nach Belieben kann man auch anderes Gemüse verwenden, wie Zucchini, Tomaten, Auberginen (= Melanzani), Kartoffeln)
- ✱ 1/3 TL Kreuzkümmelpulver
- ✱ 1/2 TL Korianderpulver
- ✱ 1/2 TL Kurkuma
- ✱ 1/2 TL Paprikapulver, edelsüß
- ✱ 1 kleiner TL Salz
- ✱ 1/3 TL Pfeffer
- ✱ ein paar Sonnenblumenkerne, Cashewnüsse oder Kürbiskerne
- ✱ 2 EL Olivenöl
- ✱ eventuell etwas Sonnenblumenöl
- ✱ 1 EL frischer Koriander oder Petersilie, feingeschnitten

Zubereitung:
Backofen auf 220° C vorheizen, Ober- und Unterhitze. Das Gemüse waschen und grob schneiden. In einer Schüssel Gemüse, Gewürze und Olivenöl gut vermengen. In einer tiefen Auflaufform verteilen und ca. 10 Minuten backen. Dann den Backofen auf 200° C zurückdrehen. Die Auflaufform mit Alufolie bedecken, und das Gemüse weitere 25 – 30 Minuten im eigenen Saft schmoren lassen. Die letzten 10 Minuten kann man auch die Folie wegnehmen und die Grillstufe einschalten. Die Backdauer hängt davon ab, welches Gemüse verwendet und wie klein es geschnitten wurde.

Kurz vor Ende der Kochzeit ein paar Minuten die Sonnenblumenkerne, Cashewnüsse oder Kürbiskerne in einer Pfanne oder einem Topf anrösten (trocken oder mit etwas Sonnenblumenöl), bis sie eine goldbraune Farbe angenommen haben; unter das Gemüse mischen. Zum Schluss mit frischem Koriander oder frischer Petersilie verfeinern. Ofengebackenes Gemüse passt hervorragend mit Couscous oder einem Stück getoastetem Fladenbrot zusammen.

Bananenkuchen

Zutaten für 1 Person, als Snack. Falls Sie den Kuchen als Hauptspeise essen möchten, nehmen Sie bitte entsprechend mehr von den Zutaten.

- 1 mittelgroße, reife Banane
- 1 EL geriebene oder feingehackte Nüsse (oder Mandelblätter)
- 1 EL Sonnenblumenöl oder geschmolzenes Kokosfett
- 1 EL Rosinen oder kleingeschnittene, getrocknete Aprikosen
- 1 EL Dinkelvollkornmehl
- etwas abgeriebene, unbehandelte Orangenschale
- 1 Prise pure Vanille oder Vanillezucker
- 1 EL Haferflocken (Feinblatt)
- 1 kleine Prise Salz
- 1 Prise Weinstein-Backpulver (ca. 1/5 TL)
- 2 – 3 kleine Keramik-Auflaufschälchen oder eine Muffin-Backform und Papier-Backförmchen

Zubereitung:
Das Backrohr auf 180° C vorheizen (Ober-und Unterhitze). Die Banane gut mit einer Gabel zerdrücken und mit allen anderen Zutaten gründlich vermengen (mit einem Kochlöffel). Die Masse sollte eher feucht und klebrig sein und nicht trocken.

2 – 3 kleine Keramik-Auflaufschälchen mit Kokosfett ausfetten oder zwei Vertiefungen der Muffin-Backform mit Papier-Backförmchen auslegen. Jeweils die gleiche Menge von der Bananenmasse einfüllen. Ca. 30 Minuten bei 180° C backen und warm genießen.

Exkurs: Hunger nach Sport

Eine weitere Frage beschäftigt Menschen mit Esssucht nahezu unentwegt: »Habe ich genug Sport gemacht?«

Bewegung ist wichtig für uns, keine Frage. Wer sich nicht bewegt, der »rostet ein«, wird kraftlos und bekommt Schmerzen aller Art. Je älter man wird, desto deutlicher wird das spürbar. Bewegung wirkt sich außerdem auf unser Gemüt aus. Besonders bei depressiven Verstimmungen ist es ratsam, sich in der Natur zu bewegen. Wir brauchen frische Luft und Licht, um uns wohl zu fühlen.

Ich wusste das alles. Dennoch hätte ich damals anders geantwortet, wenn man mich gefragt hätte, warum Sport wichtig ist. »Ich brauche Sport, damit ich nicht fett werde, damit ich die überschüssigen Kalorien abbaue und damit ich meine Cellulite im Zaum halte.«

»Bewegung« kam in meinem Wortschatz nicht vor, das war in meinem Denken etwas für Faule. Ich hingegen wollte nicht faul sein, also machte ich »Sport«. Ganz oder gar nicht! Ich legte jede Woche gewissenhaft die von mir zu absolvierenden Sporteinheiten fest. Mein großer Wunsch war es, genauso sportlich zu sein wie »die anderen« Frauen, die ich bewunderte. Ich malte mir in meinen Träumen aus, wie ich bei einem Marathon über die Ziellinie laufen und mir jeder zujubeln würde.

Die Realität war: Ich konnte nicht einmal ein paar Kilometer joggen, ohne völlig fertig zu sein. Ich war mehrmals pro Woche im Fitnesscenter und mühte mich am Stepper, am Ergometer oder den Geräten ab. Dennoch hatte ich nie das Gefühl, bedeutend an Muskelmasse oder Kondition zuzulegen. »Die anderen« waren immer besser, fitter als ich. Ich führte das darauf zurück, dass ich oft überessen und erschöpft ins Fitnesscenter ging. Ich war mir sicher, mich einfach nicht genug anzustrengen.

Ich hasste es, wenn »die anderen« in meinen Kursen alles genauso nachmachen konnten, wie es die Trainerin vorführte. Nur ich, so kam es mir vor, konnte es nicht. Ich fühlte mich plump. Dass ich mit meinen 1,83 m Körpergröße zusätzlich einen Kopf größer war als alle anderen und ich auf der Spiegelwand dadurch in meinen Augen als besonders »überdimensioniert« hervorstach, verschlimmerte die Situation noch. Wenn ich eine Woche lang täglich Sport getrieben hatte und sich der Zeiger auf der Waage dennoch nicht rührte, hielt ich mich für die größte Versagerin auf Erden. Dann schmiss ich meine Sportpläne gemeinsam mit meiner Diät hin ... bis wieder der nächste Montagmorgen kam.

Ich ging mit äußerstem Widerwillen ins Schwimmbad, weil ich das kalte Wasser nicht mochte und ich das Bahnenziehen langweilig fand. Ich tat es dennoch, da ich gelesen hatte, dass Schwimmen gesund sei.

Nach dem Sport fühlte ich mich nicht so wohl, »wie die anderen« es mir berichteten. Ich war meist ausgelaugt und erschöpft. Ich vermute, dass ich das Training damals falsch anging, von mir zu viel in zu kurzer Zeit verlangte. Die Wahrheit war außerdem: Ich wollte nicht trainieren. Allerdings gestand ich mir das nicht ein.

Ich machte Listen, wann und wie viel ich joggen oder ins Fitnesscenter musste. Ich berechnete, wie lange ich mich bewegen musste, um die Kalorien meines Frühstücks wieder abzubauen, damit ich später noch etwas essen durfte. Den Sport genoss ich vor allem dann, wenn er vorbei war. Da ich es nie schaffte, meine Pläne einzuhalten, hatte ich permanent ein schlechtes Gewissen. »Ich sollte mehr Sport machen«, war einer meiner Standardvorsätze.

Es dauerte lange, bis ich lernte, dazu zu stehen: Mir macht Training, in welcher Art auch immer, keinen Spaß. Ich gehe ungern über meine körperlichen Grenzen. Ich möchte mich nicht den ganzen Tag oder sogar mehrere Tage am Stück körperlich anstrengen, sei es auf dem Rad oder in Wanderschuhen. Ich fühle mich in Fitnesscentern nicht wohl.

Aber: Ich bewege mich gern!

Ich wurde eine Freundin der Alltagsbewegung. Ich lege viele Strecken zu Fuß, mit dem Tretroller oder mit dem Rad zurück. Meistens meide ich Rolltreppen oder Aufzüge, aber längst nicht immer. Im Alltag dehne und strecke ich mich zwischendurch oder tanze zu einem Lied im Radio. Wenn ich irgendwohin muss, plane ich gern mehr Zeit ein, um ein Stück zu Fuß zurückzulegen. Ich liebe es, im Sommer ins Schwimmbad zu radeln. Gehen in der Natur macht mir Spaß, vor allem im Wald. Wenn ich am Meer bin, liebe ich es, am Strand zu spazieren. Ab und zu gehe ich Inlineskaten oder Eislaufen, *manchmal Salsa- oder Standardtanzen. Wann immer sich in meiner Nähe die Möglichkeit bietet, besuche ich eine Rosen-Movement-Klasse. Für die Zeiten, in denen es draußen kalt und stürmisch ist, habe ich ein Trampolin zu Hause, das ich ab und zu benutze. Ich gönne mir jede Woche eine Stunde Rückengymnastik bei meiner Physiotherapeutin und mache einige der Übungen zu Hause. Doch bei weitem nicht täglich.*

Seitdem ich mich nicht mehr quäle, überrede und zwinge, bewege ich mich gern und freiwillig. Und ich habe Freude daran. Ich brauche keinen »Schweinehund« mehr zu überwinden – jetzt gehen wir gern gemeinsam raus.

Menschen unterscheiden sich hinsichtlich ihres Bewegungsbedürfnisses, daher gibt es für Sport keine allgemeingültigen Regeln, die festlegen, welche Sportart(en) wir wie häufig ausüben sollten. Manche mögen intensives Training, andere nicht.

Den Sportlichen unter Ihnen möchte ich mitgeben: Falls Sie sich unverhältnismäßig unwohl fühlen, sobald Sie nur eine einzige Ihrer geplanten Sporteinheiten auslassen müssen, fragen Sie sich einmal: Dominiert der Sport mein Leben? Treiben Sie sich manchmal mehr an, als Ihnen tatsächlich guttut? Verlangen Sie von sich Höchstleistungen, obwohl Sie müde sind? Und speziell für Männer: Fühlen Sie sich immer noch zu schmächtig, obwohl Ihre Muskeln sehr gut trainiert sind? Sportsucht und Esssucht können nahe beieinanderliegen.

Kapitel 4

Den emotionalen Hunger stillen

Nicht zu essen, wenn ich körperlich satt war, stellte die größte Herausforderung für mich dar. Wie oft las ich in Zeitschriften: »Statt Süßigkeiten zu essen, legen Sie sich in die Badewanne. Dort können Sie sich entspannen und der Drang, zu essen, lässt nach.« Solche Ratschläge machten mich wütend, denn bei mir wollte das partout nicht klappen. War der Essdruck einmal da, blieb er auch. Da half kein Schaumbad, keine Tasse Tee, kein Telefonat mit einer Freundin, kein sonstiges Ablenkungsmanöver, nichts. Da half nur eines: Essen.

Es dauerte eine Weile, bis ich verstand, dass dies keineswegs an meiner Unfähigkeit lag, wegen der ich mir damals gern Vorwürfe machte. Ausschlaggebend war mein emotionaler Hunger, der einfach zu groß war, um ihn mit etwas Simplem wie einem Schaumbad zu besänftigen. Mein emotionaler Hunger zeigte sich in Gefühlen und Symptomen, die nur schwer erträglich waren: Daueranspannung, zugeschnürter Hals, Druckgefühl und Beengung im Brustkorb. Manchmal fühlte ich mich wie in Watte gepackt, innerlich leer, spürte etwas, das sich wie ein riesengroßes Loch in mir anfühlte. Ich litt unter ständiger Unsicherheit und unter Selbstzweifeln. Wenn ich die Intensität meines damaligen emotionalen Hungers wieder anhand der Skala von 1 bis 10 beschreiben sollte, würde ich ihn auf Signalstufe Rot, also auf 7 bis 10 einstufen.

Untertags konnte ich ihn dank pausenloser Geschäftigkeit und ständig kreisender Gedanken ignorieren oder verdrängen. Schließlich hatte ich den Anspruch, immer »super« drauf zu sein. Doch spätestens am Abend, sobald rundherum Stille einkehrte, wurden die belastenden Gefühle in mir unerträglich laut. Mein emotionaler Schmerz forderte dann jene Aufmerksamkeit ein, die ich ihm sonst verwehrte. Es fühlte sich an wie ein Gefühlsknoten oder ein tonnenschwerer Stein. Als würde es in mir schreien: »Ich halte das nicht aus! Mach es weg, jetzt sofort!« Ich brauchte ein Gegenmittel in hoher Dosis, eines, das mich sofort von diesem Schmerz befreite: Ich musste essen.

Der Essanfall ist ein hochdosiertes Mittel, um das Brodeln in uns auf ein erträgliches Maß runterzuschrauben, wenn wir mal wieder auf 180 sind. Sanftere Methoden, wie beispielsweise ein Schaumbad, entfalten ihre Wirkung erst nach einiger Zeit. Ist der innere Druck enorm groß, können wir diese Wartezeit kaum aushalten und greifen daher – unbewusst – zum sofort wirksamen Mittel »Überessen«. Danach folgt das schlechte Gewissen. Das ist nicht angenehm, doch es ist uns vertraut und damit immer noch leichter zu ertragen als jene Gefühle, die der emotionalen Hunger in uns auslöst.

Mein emotionaler Hunger war riesig, denn es ging mir zu jener Zeit nicht gut. Zwar bemühte ich mich, nach außen hin strahlend und fröhlich zu wirken, doch in Wahrheit war ich tief verunsichert und traurig. Es fiel mir schwer, zu meinen Bedürfnissen zu stehen, in den meisten Fällen kannte ich sie nicht einmal. Ich hatte überall das Gefühl, eine Last und fehl am Platz zu sein. »Himmelhoch jauchzend« und »zu Tode betrübt« – meine Stimmung kippte manchmal in Sekunden. In mir gab es keine Stabilität, daher suchte ich diese im Außen. Inmitten meiner akribisch geführten To-do-Listen und scheinbar perfekten Planung hatte ich verlernt, mein Leben zu genießen. Ständig hatte ich im Hinterkopf, was ich noch erledigen musste. Ich trieb mich zu Höchstleistungen an und gönnte mir kaum Raum für Muße. Ich war bemüht, den anderen zu gefallen, um die dringend benötigte Bestätigung zu bekommen. Doch es war nie genug. Jedes Lob, jede Anerkennung, jede Liebesbekundung – alles nur ein Tropfen auf den heißen Stein. Ich kritisierte mich immerzu und hasste meine Mängel.

Um Essanfälle beziehungsweise das Überessen nicht mehr zu brauchen, ist es nötig, den emotionalen Hunger zu stillen. Das bedeutet, dass wir auf unserem Weg aus der Esssucht unseren Dauerzustand ändern: von innerem Druck und innerer Anspannung hin zu immer mehr Gelassenheit. Erst dann können wir Strategien entwickeln, um uns selbst in emotional stressigen Zeiten – wie sie in jedem Leben vorkommen – zu regulieren, und zwar mit sanfteren Methoden als Essanfällen. Hier kommen dann das Schaumbad, die Tasse Tee, das Telefonat mit einer Freundin und Ähnliches ins Spiel.

Um unseren emotionalen Hunger zu stillen, braucht es regelmäßige Schritte und Maßnahmen. Wenn wir uns jahrelang emotional vernachlässigt und gegen unseren Wesenskern gelebt haben, also geradezu innerlich verkümmert sind, dann reicht »eben mal ein Schaumbad und alles ist wieder gut« nicht. Es reicht ebenfalls nicht, jedes halbe Jahr ein Wochenende in einer Therme zu verbringen. So wie uns der physische Hunger daran erinnert, unserem Körper mit Lebensmitteln zu nähren, verlangt unser emotionaler Hunger regelmäßige Seelennahrung, damit wir auch auf dieser Ebene satt werden.

Sie können sich den emotionalen Hunger wie ein großes Gefäß vorstellen, das wir in uns tragen. Sind wir auf der emotionalen Hungerskala bei 10, ist das Gefäß leer und hat keinen Boden, so dass alles, was eingefüllt wird, sofort wieder hinausrinnt. Daher das Gefühl von »es ist immer alles zu wenig«. Es muss zuallererst ein solider Boden geschaffen werden. Dies ist der wichtigste und oftmals langwierigste Teil des Heilungsprozesses, vielfach braucht es dafür professionelle Unterstützung, beispielsweise in Form von Psychotherapie. Erst wenn ein solider Boden da ist, können wir beginnen, Nahrung für unsere Seele einzufüllen.

Nach und nach, Schritt für Schritt wird unser inneres Gefäß voller, und in gleichem Maße sinkt unser emotionaler Hunger. Wie lange es dauert, den Boden zu festigen und das Gefäß zu füllen, ist abhängig von seiner Grundsubstanz. Im Idealfall wird unser inneres Gefäß so voll, dass es überfließt: Dann haben wir genug Energie, die wir an andere Menschen verschenken können, ohne uns selbst dabei zu verausgaben.

Beim Umgang mit emotionalem Hunger berücksichtigen wir zwei Dimensionen: Zum einen das regelmäßige Befüllen unseres inneren Gefäßes, damit der emotionale Hunger sukzessive gestillt und der innere Druck vermindert wird. Zum anderen gilt es, speziell für emotional aufwühlende oder anstrengende Zeiten Strategien zu entwickeln, die geeigneter sind als Essen.

Emotionalen Hunger wahrnehmen

Auf dem Weg aus der Esssucht ist es essentiell, den physischen und den emotionalen Hunger voneinander unterscheiden zu lernen. Denn beide werden auf verschiedene Art und Weise gestillt.

Physischer Hunger	Emotionaler Hunger
Synonyme: Körperlicher Hunger, biologischer Hunger, echter Hunger	Synonyme: Hunger der Seele, emotionaler Schmerz, innerer Mangel, große Leere, innerer Druck, innere Anspannung, Gefühlsstau, gegen den eigenen Wesenskern leben, …
zeigt sich akut, wenn unser Körper Nahrung benötigt	zeigt sich akut, wenn unsere Seele Zuwendung benötigt
ist der Hunger des Körpers	ist der Hunger der Seele
entsteht, wenn wir unserem Körper über einen relativ kurzen Zeitraum von ein paar Stunden keine oder zu wenig Lebensmittel zuführen	entsteht, wenn wir unserer Seele über einen längeren Zeitraum, meist über viele Jahre hinweg, keine oder zu wenig Zuwendung zuführen
sollte spätestens auf der »Hungerskala 5 bis 6« befriedigt werden, um nicht zu Heißhunger anzuwachsen	sollte regelmäßig befriedigt werden, um nicht zu hohem emotionalen Druck zu werden
wächst, wenn wir gegen unsere körperlichen Bedürfnisse leben	wächst, wenn wir gegen unsere inneren Bedürfnisse, unseren Wesenskern leben und uns hinter Masken verstecken. Steht in enger Verbindung mit der toxischen Scham
lässt sich mit Lebensmitteln völlig beseitigen	lässt sich mit Lebensmitteln kurzfristig unterdrücken, aber nicht beseitigen

braucht Lebensmittel, um gestillt zu werden	braucht andere Dinge als Lebensmittel, um gestillt zu werden, beispielsweise Liebe und Selbstfürsorge
ist auf körperlicher und seelischer Ebene zu spüren.	ist vor allem auf der seelischen Ebene zu spüren
zeigt sich unabhängig davon, ob Essen verfügbar ist	zeigt sich besonders dann, wenn Essen zuwinkt
zeigt sich, wenn wir körperlich hungrig sind	zeigt sich unabhängig von körperlichem Hunger besonders dann, wenn wir körperlich satt sind, aber dennoch weiteressen möchten
zeigt sich vor Beginn einer Mahlzeit	zeigt sich besonders gern am Ende einer Mahlzeit
wird mit Essen innerhalb kürzester Zeit befriedigt	kann oft kurzfristig nicht befriedigt werden
Wenn wir körperlich hungrig sind, können wir den Geschmack von Essen am besten wahrnehmen	Wenn wir körperlich satt sind, aber aufgrund von emotionalem Hunger weiteressen, nimmt die Wahrnehmung des Geschmacks ab
ist ein Gefühl von: Wenn ich genug esse, kann ich körperlich satt werden	ist ein Gefühl von: Es ist niemals genug, egal wie viel ich esse
soll nicht ausgehalten werden, da dies sonst zu Heißhunger führt	muss manchmal ausgehalten werden, da es Zeit braucht, großen emotionalen Hunger zu stillen
Es geht um die Frage: »Was möchtest du essen, damit du dich zufrieden fühlst?«	Es geht um die Frage: »Was, außer Essen, brauchst du gerade wirklich, damit es dir bessergeht?«

Wenn wir noch nicht so weit sind, bei physischem Hunger essen zu dürfen, vermischen sich die Signale von physischem und emotionalem Hunger. Warum ist das so?

Es wird, wenn wir noch mitten in der Esssucht stecken, meist möglichst lange nicht gegessen. Schließlich möchten wir abnehmen. Der physische Hunger wächst damit zu Heißhunger an, nähert sich auf der Hungerskala der 10. An diesem Punkt sendet unser Körper das Signal »Essen! Sofort! Viel!«, weil er dringend Nahrung braucht. Auf ähnliche Art und Weise fordert der emotionale Hunger Aufmerksamkeit. Je mehr wir lernen, unseren physischen Hunger zu stillen, desto deutlicher können wir diesen von emotionalem Hunger unterscheiden. Wenn wir spüren, dass unser Körper satt ist, in uns aber immer noch etwas »Essen! Sofort! Viel!« schreit, wissen wir, dass es der emotionale Hunger ist, den wir vernehmen.

Darüber hinaus bewerten Menschen mit Esssucht alles, was mit Nahrungsaufnahme zu tun hat, als »böse« und belegen dies somit mit Schuldgefühlen. Doch sind Schuldgefühle beim Essen auch ein deutlicher Hinweis auf emotionalen Hunger: Wir spüren tief drinnen, dass wir eigentlich etwas anderes bräuchten als Essen.

Wenn wir nach und nach akzeptieren, bei physischem Hunger zu essen, hier also die Schuldgefühle reduzieren, werden wir die Stimmen des emotionalen Hungers eindeutiger identifizieren. Deshalb möchten wir die Sprache des emotionalen Hungers erlernen: damit wir adäquat, also nicht mit Essen, auf ihn reagieren können.

Ich fand heraus, dass mein emotionaler Hunger mit anderen Stimmen zu mir spricht als mein physischer Hunger. Bei mir sind diese Stimmen das deutlichste Zeichen für emotionalen Hunger. Sie kommen mit Vorliebe dann, wenn ich körperlich satt bin, aber »noch irgendetwas brauche«.

Meine inneren Stimmen tauchen in dreierlei Gestalt auf. Am häufigsten hören sie sich an wie ein Kleinkind, das sich im Supermarkt theatralisch auf den Boden wirft und brüllt: »Ich brauche Zucker!!!

Sofort!!!« Abwechselnd dazu zeigt sich dieses innere Kind still und verletzt. Es gibt mir durch seine Körperhaltung deutlich zu verstehen, dass es sich vernachlässigt fühlt: »Du bist gemein, nicht einmal das willst du mir gönnen.« Schließlich kommen die Stimmen manchmal als zuckersüßer, verführerischer Sirenengesang daher und flüstern mir lieblich zu: »Du musst so viele Kompromisse machen, wenigstens hier und jetzt dürfen alle deine Wünsche erfüllt werden. Komm, iss es! Iss es! Iss es!«

Ich habe gelernt, zu unterscheiden, ob das Signal »Essen! Sofort! Viel!« von meinem physischen oder meinem emotionalen Hunger kommt. Ruft ersterer, heißt es übersetzt: »Bitte, iss etwas, höre jetzt auf deinen Körper!« Ist aber mein emotionaler Hunger der Urheber, heißt es übersetzt: »Du bist körperlich satt. Du weißt, dass es dir weder schmeckt noch guttut, wenn du nun weiterisst. Ist es tatsächlich dieses Essen, das du jetzt brauchst? Was brauchst du wirklich?« Was ich in solchen Momenten wirklich brauche, ist kurzfristig meist Rast, liebevolle Aufmerksamkeit oder Bestätigung. Langfristig sehne ich mich nach weniger Arbeit und mehr Raum für »Spiel und Spaß«.

Wie können wir unseren emotionalen Hunger stillen? Oder, anders formuliert: Was brauche ich, um mich im Leben wohl zu fühlen? Wie gern würde ich Ihnen nun eine einfache Antwort präsentieren. Doch die gibt es nicht. Das ist die große Herausforderung in der Esssucht: Wir müssen Schritt für Schritt herausfinden, was wir brauchen, um unseren emotionalen Hunger zu stillen und unsere Seele zu nähren. Dies benötigt innere Entwicklung und damit naturgemäß etwas Zeit.

Beziehungspflege mit uns selbst

Eine Sache ist für das Stillen des emotionalen Hungers ganz wesentlich, und zwar die Beziehung zu uns selbst. Diese steckt bei Esssucht in einer handfesten Krise. Vielleicht kommt es Ihnen seltsam vor, wenn ich in diesem Zusammenhang von Beziehungskrise spreche. Doch ich finde, dass man die Beziehung zu sich selbst durchaus mit einer partnerschaftlichen Bindung vergleichen kann. Nur weil wir nicht aus unserer Haut können, heißt das noch lange nicht, dass die Beziehung zu uns selbst automatisch funktioniert. Es braucht auch hier Beziehungspflege, ähnlich wie wir das in Partnerschaften oder Freundschaften handhaben.

Beziehungspflege beginnt nicht erst in Zeiten der Krise. Ganz im Gegenteil. Damit eine innige Beziehung zwischen zwei Menschen entsteht und aufrecht bleibt, müssen wir uns beständig darum bemühen, Dinge füreinander tun, aufmerksam sein, manchmal Beziehungsarbeit leisten. Ebenso ist es in der Beziehung zu uns selbst. Es ist meiner Erfahrung nach ein Fehler, zu glauben, dass wir, wenn es uns gutgeht, nichts Wohltuendes für uns selbst tun müssen! Möchten wir das emotionale Essen dauerhaft hinter uns lassen, ist es wichtig, insbesondere diese kraftvollen Zeiten zu nutzen, um unsere leeren Tanks und inneren Mängel zu füllen. Im Zustand relativer Entspannung lassen sich seelische Werkzeuge für unser Wohlbefinden leichter finden und einüben als im Zustand totaler Überlastung. Damit schaffen wir Ressourcen für Zeiten, in denen es mal nicht rundläuft.

Wie in jeder anderen Beziehung auch ist es völlig normal, dass die Beziehung zu uns selbst nicht jeden Tag gleichermaßen innig ist.

Diese Erkenntnis war wesentlich für mich! Ich dachte, dass sich »normale« Menschen immer gleich gut und immer gleich schön fühlten. In zahlreichen ehrlichen Gesprächen fand ich heraus: Das stimmt nicht!

Manchmal nerven wir uns, manchmal verbringen wir gern Zeit mit uns. Manchmal finden wir uns toll, manchmal weniger. Das darf so sein! Es gilt daher, eine wertschätzende Beziehung mit uns selbst aufzubauen und in guten wie in schlechten Tagen zu leben.

Die Sache mit der Selbstliebe

Je mehr wir uns selbst lieben, desto eher sind wir bereit, nährende Dinge für uns zu tun und für unsere Bedürfnisse einzustehen. Und je öfter uns das gelingt, desto geringer wird langfristig der emotionale Hunger. Klingt einfach, ist es aber gerade in der Esssucht keineswegs. Wenn Sie das Kapitel über die toxische Scham gelesen haben, werden Sie verstehen, warum es uns so unendlich schwerfällt, uns selbst zu mögen, geschweige denn zu lieben.

Früher hätte ich auf das Thema »Selbstliebe« mit einem müden Lächeln reagiert: »Ja, alles schön und gut, das mag für andere vielleicht funktionieren, aber für mich bestimmt nicht.« Ich wollte in vielen Dingen anders sein, als ich war. Mir schien es unmöglich, jemanden wie mich jemals lieben zu können.

Zunächst mein Aussehen: Ich bin 1,83 m groß. Aufgrund meiner Körpergröße ist meine Konfektionsgröße größer und mein Gewicht höher als bei kleineren Frauen mit vergleichbarer Figur. Damals begriff ich nicht, dass dies eine Sache von Relationen war. Ich konnte nur die absoluten Zahlen sehen. Ich schämte mich, weil ich nicht in die Hosen meiner Freundinnen passte, abgesehen davon, dass sie mir viel zu kurz waren. Ich wollte nicht, dass jemand wusste, welche Kleidergröße ich hatte, und schnitt sogar aus meinen Slips die Wäschemarken heraus.

Ich litt darunter, in Gruppen fast immer die Größte zu sein. Besonders schrecklich empfand ich das in Fitnessklassen. Ich hasste meinen Anblick im Spiegel, immer war ich mindestens einen Kopf größer als die anderen Frauen. Sagte jemand zu mir: »Du bist groß«, fasste ich das als riesengroße Beleidigung auf. Ich fühlte mich als »zu viel« und als plump. Alles hätte ich dafür gegeben, klein und zierlich zu sein und in Blümchenkleidern süß auszusehen. Doch das Prädikat »süß« wollte einfach nicht auf mich passen.

Ein weiterer Makel war mein feines Haar. Wie sehr wünschte ich mir fülliges, lockiges Haar. An meiner Figur hatte ich ebenfalls einiges auszusetzen, vor allem mein Gesäß und meine Oberschenkel wollten mir so gar nicht gefallen. Außerdem hätte ich gern ein kan-

tiges Gesicht gehabt, ich mochte mein Kinn nicht. Mit meinem Lächeln war ich ebenso wenig zufrieden.

Darüber hinaus gab es unzählige andere Eigenschaften, mit denen ich haderte. So bewunderte ich »die anderen«, die nur sechs Stunden Schlaf brauchten und dennoch energiegeladen wirkten. Ich hingegen benötigte mindestens acht Stunden Schlaf, am liebsten neuneinhalb Stunden, oft noch mehr. Wie »die anderen« wäre ich so gern dazu fähig gewesen, mir den Lernstoff an der Uni schnell zu merken. Ich hingegen brauchte eine gefühlte Ewigkeit dafür.

Wie sehr wünschte ich mir, eine dieser sportlichen, marathonlaufenden Frauen zu sein! Doch ich scheiterte bereits beim Lauftraining. Ich schaffte es nicht, meine Trainingsziele zu erreichen, und hörte schließlich gänzlich damit auf. Ich bewunderte Menschen, die in Gruppen sofort offen auf die anderen zugehen konnten. Bei mir dauerte es eine gefühlte Ewigkeit, bis ich endlich »warm« wurde, denn ich bin eher zurückhaltend. Meine Unsicherheit versuchte ich hinter Witz und Spritzigkeit zu verbergen. Da es allerdings nicht meinem Wesen entspricht, mich in den Vordergrund zu drängen, kam es viel zu oft vor, dass sich andere über mich lustig machten. Dadurch wurde ich noch unsicherer.

Heute weiß ich, dass meine Vergleiche mit anderen unfair waren: Ich verglich meine vermeintlichen Schwächen mit den von mir wahrgenommenen Stärken der anderen. Meine Selbstkritik fokussierte auf jene Parameter, die meinem Wesenskern widersprachen und ich somit nie erreichen konnte. Meine Stärken konnte ich nicht vergleichen, weil ich sie nicht wahrnahm.

Die Liste meiner gefühlten Mankos ließe sich noch unendlich fortführen. Ich dachte, wenn ich klein und zart gewesen wäre, dann ... ja dann könnte ich das mit der Selbstliebe bestimmt leicht erlernen. Aber so? Wie sollte ich jemanden wie mich jemals lieben?! Außerdem hatte ich mein Essverhalten nicht im Griff. Das war der ultimative Grund, mir die Selbstliebe zu verweigern. Rückblickend könnte man sagen, dass ich in einer tiefen, dauerhaften Beziehungskrise mit mir steckte. Kein Wunder also, dass es mir so unendlich schwerfiel, liebevoller mit mir umzugehen. Ich hatte kein Vertrauen zu mir und war meiner überdrüssig. Kurzum: Ich konnte mich selbst nicht besonders gut leiden.

Sind wir von toxischer Scham geprägt, möchten wir jemand anderer sein. Denn das, was wir sind, ist nie gut genug. Wir glauben, dass wir uns erst dann lieben können, wenn wir perfekt sind. Dabei übersehen wir, dass es unmöglich ist, die von uns angestrebte Perfektion jemals zu erreichen. Wahrlich trübe Aussichten für das Projekt Selbstliebe!

Jahre später gingen mir die Augen bei einem besonderen Erlebnis auf: Im Jahr 2000 leitete ich eine Selbsthilfegruppe für Frauen mit Essanfällen. Eines Abends stieß eine junge Frau zur Gruppe, die exakt meinem Bild einer Traumfrau entsprach: Dickes, lockiges Haar, kleiner als ich, schlank. Noch dazu studierte sie an einem Institut, an das ich mich früher niemals herangewagt hätte, weil mir die Studierenden dort unerreichbar taff und klug erschienen waren.

Vor mir saß nun mein Ideal, mein einstiges »Traum-Ich,« und erzählte von der Esssucht: eine Traumfrau, die berichtete, wie dick sie sich fühlte und dass sie sich alles andere als schön fand? Ich konnte es nicht glauben! Wie war es möglich, dass jemand, den ich als perfekt einstufte, in seinem Inneren völlig anders empfand? Konnte das bedeuten, dass ich nach außen hin ebenfalls anders wirkte, als ich mich fühlte? War es mir demnach vielleicht möglich, eines Tages einen anderen Blick auf mich selbst zu werfen?

Wir alle haben schon erfahren, dass sich mit der Zeit unser Geschmack in punkto Kleidung oder Essen verändern kann, ebenso wie unsere Ansichten und unsere Vorlieben. Wir haben demnach gute Chancen, dass Ähnliches auch für den Blick auf uns selbst zutrifft und wir uns eines Tages so annehmen können, wie wir sind.

Meine Augen wurden noch weiter geöffnet, als ich eine Zeitlang als Fünf-Elemente-Ernährungsberaterin arbeitete: Ich lernte dadurch einige Menschen kennen, die behaupteten, nur sechs Stunden Schlaf zu brauchen. Doch viele von ihnen litten an starker Müdigkeit am Nachmittag, konsumierten übermäßig Kaffee und Energy-Drinks und hatten massive Schlafstörungen! Waren jene energiegeladenen

Menschen, die ich bewunderte, vielleicht gar nicht, wie sie schienen? Konnte es sein, dass ich versuchte, einem Bild zu entsprechen, das so gar nicht existierte? War ich vielleicht gar nicht so mangelhaft, wie ich dachte? Konnte ich mich mit all meinen Schwächen lieben lernen?

Liebe ist nicht zu verwechseln mit dem leidenschaftlichen Gefühl der Verliebtheit. Wir können uns zwar binnen Sekunden verlieben, doch um einen anderen Menschen innig zu lieben, braucht es Zeit. Zuerst ist es nötig, sich anzunähern, einander zu umschwärmen und kennenzulernen. Das ist der Nährboden, auf dem wahre Liebe gedeihen kann. Wahre Liebe ist ruhig, stetig und langlebig. Mit der Selbstliebe verhält es sich ähnlich.

Sich selbst kennenlernen

Wir können nur lieben, was wir kennen. Sich selbst kennenzulernen ist demnach ein wichtiges Element auf dem Weg aus der Esssucht. Bei schamgeprägtem Denken neigen wir allerdings dazu, unsere Schwächen unter ein Vergrößerungsglas zu legen. Um Balance zu schaffen, dürfen Sie sich auf Ihre Stärken konzentrieren. Sie sind mehr als Ihre vermeintlich negativen Seiten und mehr als Ihre Essanfälle!

Tagebucheintrag vom 4. Februar 1997:

»Ich bin ich. Ich habe hart daran gearbeitet. Und arbeite weiter. Aber ich kann niemand anderer sein als Olivia. Das wäre gar nicht möglich. Und vor allem ... es würde niemanden auf Dauer glücklich machen. Akzeptiere dich, Olivia. Und akzeptiere, dass dich nicht jeder Mann umwerfend finden kann. Ob es »den einen« gibt, dem ich einfach gefalle? Egal was ich tue? Obwohl er eigentlich gar nicht weiß, warum? Hätte ich doch ein kantigeres Gesicht. Wäre ich doch zarter, kleiner. Alles nur Äußerlichkeiten. Nur Äußerlichkeiten.«

♡ **Meine Stärken:** Ich lade Sie ein, eine Zeitlang jeden Abend Ihr Tagebuch zur Hand zu nehmen und sich zu fragen: Was habe ich heute gut gemacht? Was ist mir heute gelungen? Womit bin ich zufrieden? Bitte überlegen Sie darüber hinaus: Was habe ich in der Vergangenheit gut gemacht? Denken Sie vor allem an kleine Alltagsdinge!

Tagebucheintragung vom 25. Juli 1998:

> *»Was ich in der Vergangenheit gut gemacht habe: Kommode zusammengebaut, nie Schulden gemacht, Blutspenden, trotz Angst vor Nadeln, Leben mit Plattfüßen gelernt. Was ich in der Gegenwart gut mache: bin eine zuverlässige Freundin, ich arbeite an mir, ich leiste viel im Job. Was ich gut kann: Briefe schreiben, tanzen, Teelichthalter kaufen, telefonieren, küssen, Gefühle spüren, Leute aufheitern, diszipliniert arbeiten.«*

Wir können nicht alles können. Es ist in Ordnung, dass wir ein paar Dinge besser, ein paar andere weniger gut und wieder andere gar nicht zustande bringen. Es ist heilsam, die Stärken wertzuschätzen und bewusst zu fördern, statt immer nur die Mängel zu beweinen.

♡ **Meine Eigenschaften:** Beobachten Sie sich eine Weile und notieren Sie, wann immer Sie etwas über sich selbst lernen.

Tagebucheintrag vom 23. Juli 1996:

> *»Gestern, im Gespräch mit C., entdeckte ich eine weitere Eigenschaft: Ich plane alles bis ins Detail, wodurch ich alles aktiv bestimme und anderen keinen Raum lasse. Ich werde diese Eigenschaft akzeptieren, sie aktiv wahrnehmen. Ich habe ein gutes Gedächtnis für Details, ich raunze (seit Neuestem) nicht über Dinge, die ich im Moment nicht ändern kann, ich bin wertschätzend Leuten gegenüber, die mir wichtig sind.«*

Wenn wir uns ständig bemühen, anders zu sein oder zu werden, vergrößert sich unser emotionaler Hunger. Unsere Seele leidet, und wir brauchen die Esssucht, die uns Linderung verschafft, umso mehr. Deshalb plädiere ich dafür, das »bestmögliche Ich« herauszubilden, statt zu versuchen, ein »anderes Ich« zu werden.

»Deine Geschichte anzuerkennen kann schwer sein. Es ist jedoch nicht annähernd so schwierig, wie dein ganzes Leben damit zu verbringen, davor wegzulaufen. Deine Verletzlichkeit zu umarmen ist ein Wagnis, jedoch bei Weitem nicht so gefährlich, wie Liebe, Zugehörigkeit und Freude aufzugeben – die Erfahrungen, durch die du am verletzlichsten bist. Nur, wenn du mutig die Dunkelheit erforschst, wirst du die unendliche Kraft deines Lichts entdecken.«
(aus: »Die Gaben der Unvollkommenheit« von Brené Brown; Seite 27)

Für sich selbst sorgen

»Selbstliebe zu praktizieren bedeutet zu lernen, wie wir uns selbst vertrauen und mit Respekt behandeln können, und wie wir uns selbst gegenüber freundlich und liebevoll sind.«
(aus: »Die Gaben der Unvollkommenheit« von Brené Brown; Seite 59)

Es gibt einen wichtigen Unterschied zwischen »Liebe *bekunden*« und »Liebe *praktizieren*«. Für eine tragfähige Beziehung ist es nicht ausreichend, bloß zu *sagen*: »Ich liebe dich!« Es ist darüber hinaus nötig, diese Liebe zu leben, indem wir etwas für den anderen *tun*. Stellen Sie sich vor, einem geliebten Menschen geht es nicht gut. Dann werden Sie verlässlich für ihn da sein, seine Sorgen anhören, ihm helfen, ihn bestärken, vielleicht den Einkauf erledigen. Dem geliebten Menschen nützt es ziemlich wenig, wenn Sie ihm sagen: »Ich liebe dich von ganzem Herzen!«, aber Ihre Aufmerksamkeit auf etwas anderes richten, beispielsweise auf ein Computerspiel.

Ähnliches gilt für die Selbstliebe: Es ist wesentlich, Liebe zu *praktizieren*, statt nachzugrübeln, warum es uns nicht möglich ist, uns selbst zu *sagen*, dass wir uns lieben. Selbstliebe heißt, etwas sich selbst zuliebe zu tun.

Mir persönlich ist die Selbstliebe nicht aus heiterem Himmel zugefallen, vielmehr war es ein stetiger Weg. Nachfolgend darf ich Ihnen einige meiner Lieblingsübungen beschreiben, die mir dabei halfen.

♥ **Was tut mir gut? Was liebe ich?** Ich lade Sie ein, mittels Brainstorming herauszufinden, was Ihnen guttut. Damit meine ich nicht, was Ihnen guttun *sollte*, sondern was Ihnen *tatsächlich* guttut oder Ihnen Freude bereitet.

Beobachten Sie doch einmal, ob eine Tätigkeit Sie wach macht oder ermüdet. Oder wie groß vor, bei oder nach dieser Tätigkeit der Drang zu essen wird. Je größer der Drang, desto größer die Wahrscheinlichkeit, dass diese Tätigkeit nicht auf Ihre »Freude-Liste« kommt.

Bitte schauen Sie vor allem auf die kleinen Dinge und Banalitäten, denn sie sind die wahren Hauptdarsteller unseres Lebens – nicht die Urlaube, Hochzeiten, bestandenen Prüfungen oder anderen herausragenden Ereignisse. Wenn wir beispielsweise das ganze Jahr warten, um im Urlaub endlich das zu leben, was uns guttut, werden wir davor eine Menge Essanfälle brauchen, um dieses Jahr durchzustehen.

Beobachten Sie sich eine Weile, und ergänzen Sie Ihre Aufzeichnungen, wann immer Sie etwas neues Positives entdecken. Eine Workshop-Teilnehmerin brachte mich auf die Idee, das Brainstorming in Form eines Schmetterlings zu gestalten. Vielen Dank dafür an dieser Stelle!

Sobald Sie herausgefunden haben, was Ihnen guttut, wird es Zeit, dies zu tun, und zwar regelmäßig.

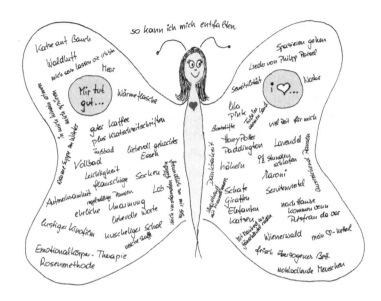

♥ **Täglich etwas für mich tun**: Um Ihre Seele zu nähren, empfehle ich Ihnen, täglich bewusst etwas für sich zu tun. Ich lade Sie ein, mit ganz kleinen Dingen zu beginnen, die nicht viel Zeit benötigen. Vielleicht haben Sie herausgefunden, dass Sie gern warme Füße haben? Dann ziehen Sie sich das nächste Mal Ihre flauschigen Socken bewusst an und sagen Sie dabei: »Die ziehe ich jetzt an, weil ich gern warme Füße mag, das tue ich nur für mich.« Wenn Sie wie ich die Farbe Lila mögen, könnten Sie ein neues Paar Flauschsocken in Lila kaufen, nur für Sie. Sie können diese Socken extra auf die Heizung legen, bevor Sie sie anziehen, dann sind sie noch wärmer. Oder Sie machen sich eine Wärmflasche und stellen Ihre Füße darauf. Gönnen Sie sich selbst jene Fürsorge, nach der Sie sich immer gesehnt haben.

»Täglich etwas für mich tun« – dieses Prinzip beinhaltet auch, im Alltag auf Pausen zu achten. Wenn wir uns untertags ständig selbst antreiben und nicht einmal zum Atmen kommen, ist es wenig verwunderlich, dass wir abends weiter auf Hochtouren laufen und nicht mehr nahtlos in den »Entspannungsmodus« wechseln können.

♥ **Bewusstmachen der Fürsorge:** Bitte tun Sie all diese Dinge bewusst. Das bedeutet nicht, dass Sie mehr Zeit als sonst dafür aufwenden. Sie geben einfach nur einen Gedanken dazu, der bewusstmacht: »Das tue ich nur für mich, damit es mir gutgeht.« Dann gönnen Sie sich noch einen Moment, um Ihre Fürsorge zu spüren. Um beim obigen Beispiel zu bleiben: Wie ist es für Sie, nun warme Socken an den Füßen zu haben?

Vielleicht haben auch Sie im Alltag diese kurzen Impulse, die Ihnen sagen: »Hmmm, das wäre jetzt fein«, gefolgt von einer gestrengen inneren Stimme, die schimpft: »Das ist Blödsinn!«, »Das dauert zu lange!«, oder: »Das ist zu mühsam!« Versuchen Sie, den Impulsen dennoch zu folgen! Der innere Dialog könnte beispielsweise folgendermaßen ablaufen: »In dieses Geschäft wollte ich schon längst hineingehen« – »Bist du verrückt?! Da ist doch alles viel zu teuer, und außerdem hast du keine Zeit.« – »Ich kann ja einfach nur schauen. Das gönne ich mir jetzt, diese 10 Minuten darf ich mir nehmen, bevor ich mich wieder in den Alltag stürze.« Oder: »Es wäre schön, wenn das Brot getoastet wäre.« – »Das dauert zu lange, den Toaster hervorzukramen.« – »Na und, genau diese Zeit bin ich mir jetzt wert!« Oder: »Ohhh, dieser weiche Pullover, der wäre heute fein!« – »Was, deinen teuersten Pullover willst du im Alltag anziehen?« – »Oh ja, genau den gönne ich mir heute.«

♥ **Kleinen Eingebungen folgen:** Versuchen Sie, einer dieser »Ohhh, das wäre fein«-Stimmen zu folgen. Hören Sie genau hin, denn diese Stimmen sind oft leise, geradezu schüchtern, und werden von der strengen Stimme leicht übertönt.

Möglicherweise werden Sie nun anmerken: »Einmal einen weichen Pullover anzuziehen soll etwas an meinem abgrundtiefen Selbsthass ändern? So ein Blödsinn!« Hier möchte ich entgegenhalten: Es geht um die Summe der kleinen Dinge. Viele kleine Dinge zusammen ergeben eine große Menge! Es muss nicht immer gleich ein Wochenendtrip nach Paris sein! Aber probieren Sie mal, im ganz normalen Alltag nett zu sich selbst zu sein, immer wieder. Am Anfang fühlt sich das vielleicht noch seltsam fremd an, schließlich gingen wir bisher oftmals hart mit uns ins Gericht. Doch mit stetiger Übung wird sich auch dieses freundliche Verhalten vertraut anfühlen und irgendwann zur Selbstverständlichkeit werden. Dann bemerken wir: »Ich darf liebenswürdig zu mir selbst sein.« Und wir gehen sogar noch einen Schritt weiter, indem wir immer mehr Wert darauf legen, dass andere Menschen uns ähnlich positiv behandeln.

♥ **Wie frisch verliebt:** Wenn Sie möchten, können Sie sich vorstellen, dass Sie verliebt sind und diese tausend Kleinigkeiten tun, die Frischverliebte gern füreinander machen. Diesmal allerdings verwöhnen und erfreuen Sie sich selbst damit. Sie könnten sich beispielsweise bunte Blumen kaufen, eine liebevolle Haftnotiz schreiben, eine hübsche Postkarte besorgen und auf Ihren Schreibtisch stellen, schöne Lieder auf Ihr Handy laden. Sie dürfen sich selbst Freude bereiten.

♥ **Das Spiegelbild freundlich begrüßen:** Vielleicht kennen Sie die Situation, morgens verknittert und müde, mit zusammengekniffenen Augen in den Spiegel zu blicken und zu denken: »Ach du Schreck, wie siehst du schon wieder aus?!« Nun stellen Sie sich vor, eine gute Freundin taucht zufällig auf, und Sie freuen sich, sie zu sehen: »Hallo, schön, dass du da bist, ich freue mich!« Ihr Gesichtsausdruck wird vermutlich aufklaren.

Ähnliches dürfen Sie sich beim Blick in den Spiegel gönnen. Anstelle der genauen Begutachtung von Falten, Pickeln und vermeintlichen Schwächen tritt dann eine freundliche Begrüßung: »Hallo, guten Morgen!« An besonders guten Tagen legen Sie vielleicht noch eine Schippe drauf: »Schön, dass du da bist.« Sie brauchen beim morgendlichen Anblick Ihres Spiegelbildes nicht in Begeisterungsstürme auszubrechen, doch es wäre schön, wenn Sie sich zumindest mit angemessener Höflichkeit begegneten.

Probieren Sie das auch mal, wenn Sie sich in einer Schaufensterscheibe sehen. Statt zu denken: »Oh du meine Güte, sieht mein

Hintern fett aus!«, sagen Sie sich einfach: »Hallo.« Oder Sie fokussieren nicht mehr das Spiegelbild, sondern das, was sich *hinter* dem Schaufenster verbirgt.

An dieser Stelle noch ein paar Worte zu Spiegeln und Beleuchtung: Ich finde, dass so manche Beleuchtung auf öffentlichen Toiletten oder in Umkleidekabinen eine ungute Gesichtsfarbe macht. Außerdem habe ich erlebt, dass manche Spiegel mein Antlitz leicht verzerren. Wenn Sie sich das nächste Mal mustern und denken »Oje, oje!«, dann ziehen Sie bitte in Betracht, dass dies am Spiegel oder an der Beleuchtung liegen kann.

♥ **Selbstumarmung**: Möchten Sie ausprobieren, sich beim Schlafen selbst zu umarmen? Ich finde, dies hat etwas angenehm Beschützendes. Die Selbstumarmung funktioniert für mich am besten in der Seitenlage.

♥ **Ich darf heute etwas nicht Perfektes tun:** eine meiner Lieblingsübungen! Dabei bauen wir ganz bewusst *nicht* perfekten Dinge in unseren Alltag ein – ein kleines Spiel mit uns selbst: Beispielsweise können wir beim Einkaufen bewusst jenen Gegenstand mit einem kleinen Fehler wählen. Oder wir ziehen absichtlich zwei unterschiedliche Socken an, oder einen Gürtel, der nicht zum Rest passt. Vielleicht möchten Sie bewusst kleine, *nicht* perfekte Dinge in Ihren Alltag einbauen, um sich zu zeigen: »Ich muss nicht perfekt sein.«

♥ **Sinnfreies tun:** »Sinnfrei« ist eines meiner Lieblingsworte. Es ist heilsam, regelmäßig Dinge zu tun, die keinen tieferen Sinn verfolgen und einfach nur unserer kindlichen Freude Raum geben sollen. Beispiele: mit einem Luftballon spielen, Seifenblasen machen, einen Schmetterling zeichnen, zu einem Lied tanzen, an einer Blume riechen, einer Person aus der Zeitung einen Schnurrbart malen, im Schreibwarengeschäft wie ein Kind all die schönen Dinge bestaunen, ein wenig »herumtrödeln«.

♥ **Salzwasserbad:** Falls Sie gern ein Vollbad nehmen, lösen Sie darin circa ein Kilo Meersalz auf, damit werden Giftstoffe des Körpers an das Badewasser abgegeben und negative Energien neutralisiert. Vor allem nach einem anstrengenden Tag mit vielen Menschen und Sinneseindrücken ist ein solches Bad sehr zu empfehlen. Ein Kurzurlaub am Meer für zu Hause, sozusagen.

♥ **Basenbad:** Falls Sie einen sauren pH-Wert haben (lässt sich mit Urin-Teststreifen prüfen, die es z. B. in der Apotheke gibt), sind Basenbäder hilfreich. Dazu einfach 100 bis 150 g Natron (Natriumhydrogencarbonat) in Lebensmittelqualität in die Badewanne geben, so dass das Badewasser einen pH-Wert um 8,5 erreicht (lässt sich ebenfalls mit den Teststreifen messen). Das Natron entzieht dem Körper die Säuren, und diese gelangen über die Haut ins Wasser. Natron in größeren Mengen gibt es im Internet oder in der Apotheke zu bestellen. Falls Sie keine Badewanne haben, sind Fußbäder, mit entsprechend weniger Natron, wohltuend.

♥ **Goodies einplanen:** Neben den täglichen kleinen Aufmerksamkeiten planen Sie bitte regelmäßig (und damit meine ich mindestens einmal pro Woche) etwas von Ihren »Das tut mir gut«-Tätigkeiten in Ihren Alltag ein (siehe Seite 193) ein.

Wenn Sie wissen, dass Sie eine stressige Zeit vor sich haben, erhöhen Sie die Dosis. Vielleicht denken Sie: »Die Zeit werde ich dann nicht haben.« Überschlagen Sie daher bitte, wie viel Zeit Ihre Esssucht verschlingt. Stetige Selbstfürsorge hilft uns bei der Selbstregulation und schmälert langfristig jene Zeit, die das emotionale Essverhalten uns abfordert.

Zum Thema »für mich selbst sorgen« möchte ich Ihnen noch von einem ganz speziellen Geburtstagsgeschenk erzählen, das ich mir als »Seelennahrung« zu meinem Vierziger wünschte. Ich veranstaltete ein Fest und lud jene Menschen ein, die mir wirklich am Herzen lagen. Ich schrieb in die Einladung: »Ich habe heuer einen ganz besonderen Geburtstagswunsch. Ich wünsche mir von dir ein speziell für mich gestaltetes A4- Blatt. Vielleicht möchtest du schreiben, was ich dir bedeute oder welche Eigenschaften und Stärken du an mir schätzt? Vielleicht möchtest du etwas für mich zeichnen oder malen? Vielleicht Fotos aufkleben? Mich an ein gemeinsames Erlebnis erinnern? Auf dem Geburtstagsfest wird eine Ringmappe gefüllt mit Klarsichthüllen bereitliegen, um alle Blätter zu sammeln. Ich freue mich auf ein bleibendes, sehr persönliches Erinnerungsstück, gestaltet von euch allen!«

♥ **Wie viel Muße gibt es in meinem Leben?** Überwiegen in Ihrem Leben die »ich muss«- und »ich sollte«-Tätigkeiten, oder haben auch »ich darf« und »ich möchte« ihren Platz? Bitte beobachten Sie eine Weile Ihre Alltagssprache: »Müssen« Sie alles, oder »möchten« Sie vieles? Darüber hinaus lade ich Sie ein, folgende Sätze zu ergänzen:

Ich muss ...
Ich sollte ...
Ich darf ...
Ich möchte ...
Wenn ich alle Möglichkeiten dieser Welt hätte, würde ich am liebsten ...

♥ **Viertelstunden-Liste:** Besonders in der Esssucht neigen wir dazu, unsere Leistungen kaum zu würdigen. Am Abend sind wir dann allzu oft davon überzeugt, den ganzen Tag über »nichts« erledigt zu haben. Dagegen hilft, sich ein paar Tage lang im Viertelstundentakt zu notieren: »Was habe ich in den letzten 15 Minuten getan?« Dadurch können wir uns jener Tätigkeiten bewusstwerden, die wir nicht bemerken oder als selbstverständlich abtun.

Für mich waren diese Listen wichtig, um unbezahlte Tätigkeiten endlich zu würdigen, Einkaufen, Kochen oder Wäschewaschen zum Beispiel. Langsam gestand ich mir zu, dass ich auch nach solchen Hausarbeiten ausruhen durfte, obwohl ich keinen »echten«, also bezahlten Job gemacht hatte. Außerdem hörte ich auf mit Multitasking. Ich konzentrierte mich lieber auf eine Sache, anstatt mich mit vielerlei Tätigkeiten zu zerstreuen.

Ein Phänomen, das ich an mir und an mittlerweile vielen Klientinnen beobachtet habe, ist die Selbstverwahrlosung. Sie ist das genaue Gegenteil der Selbstfürsorge und mit großer Scham besetzt.

In meiner Esssucht-Phase lebte ich allein. Sobald ich jemanden traf oder zur Arbeit ging, legte ich großen Wert auf mein Äußeres. Doch an Tagen, an denen ich allein zu Hause war, pflegte ich mich nicht: Da hatte ich ungewaschenes Haar und lief in meiner ältesten Jogginghose umher. In diesem Zustand hätte ich nicht einmal dem Postboten die Tür geöffnet. Damit brachte ich mich um die Möglichkeit, spontan außer Haus zu gehen. Außerdem verstärkte ich meinen Selbsthass dadurch, dass mein Spiegelbild einen Anblick bot, für den ich mich schämte. Spontan andere einzuladen war auch kaum möglich, weil ebenso wie mein Äußeres auch meine Wohnung häufig unaufgeräumt war, besonders die Küche versank nach Essanfällen im Chaos.

Falls das Thema Selbstverwahrlosung auf Sie zutrifft, möchte ich Ihnen mitgeben: Es braucht eine bewusste Entscheidung, neue Gewohnheiten einzuüben. Achten Sie auf Ihr Wohlbefinden, auch wenn Sie allein sind. Sollten Sie denken, Sie seien es nicht wert, empfehle ich Ihnen, es dennoch zu tun. Wenn wir Dinge im Außen verändern, kann dies Auswirkungen auf unser Inneres haben. Irgendwann wird das neue Verhalten zur Selbstverständlichkeit.

Lernen, den eigenen Körper anzunehmen

Unser emotionaler Hunger wächst, wenn wir uns täglich zigmal für unsere Figur schelten.

Manchmal stand ich lange vor dem Spiegel und taxierte meine Cellulite am Gesäß. Ich fand sie schrecklich! Beim Jeanskauf hasste ich meine Figur besonders. Ich passte meiner Meinung nach in kein Kleidungsstück gut hinein. Am schlimmsten aber war es, Unterwäsche oder Bademode zu kaufen. Der Dreifachspiegel in Umkleidekabinen war mein persönlicher Feind. Diese ständige Beschimpfung meines Körpers war so stark in meinem Kopf verankert, dass ich dachte: »Diese Stimme hat recht!«

Ein klassischer Fall von internalisierter toxischer Scham.

♥ **Scham-Alarm-Stopp-Taste:** Melden sich solche Stimmen, darf das Signalzeichen rot aufleuchten: »Scham-Alarm! Scham-Alarm!« Die Scham-Stimme in unserem Kopf ist sehr laut. Sie versucht uns unentwegt davon zu überzeugen, dass wir nicht genug sind, nicht hübsch genug, nicht klug genug, nicht fleißig genug, nicht wertvoll genug. Sie fühlt sich dermaßen real an, dass wir ihr glauben. Deshalb ist immer wieder die bewusste Entscheidung vonnöten, der Scham-Stimme kein Gehör zu schenken. Nun ist es Zeit für Ihren »schönen Satz« von Seite 84.

Meine schamgeprägte Stimme hatte einen eindrücklichen Auftritt, als man mir eines Tages sagte: »Du hast eine super Ausstrahlung!« Sogleich flüsterte meine innere Stimme: »Der meint eigentlich, dass du zwar eine super Ausstrahlung hast, aber hässlich wie die Nacht bist.« Mir war es in dieser Situation nicht möglich, das Kompliment als solches wahrzunehmen, im Gegenteil: Ich fühlte mich sogar beleidigt!

Akuter Scham-Alarm!!!! STOPP!!!

Sagte mir eine Freundin etwas wie: »Dieser Pullover gefällt mir nicht an dir«, wurden ihre Worte ebenfalls von meiner Schamstimme übertönt: »Die meint eigentlich, dass du einen schlechten Geschmack hast und dir gar nichts steht, weil du nicht hübsch bist und eine schreckliche Figur hast.« Ich glaubte wahrzunehmen, wie mein gesamtes Wesen verurteilt wurde. Folglich kam es häufig vor, dass ich auf eine kleine Kritik übermäßig verletzt reagierte.

Scham-Alarm-Stopp-Taste!!!

Sie sind angehalten, zu entscheiden, ob Sie freundlicher mit sich und Ihrem Körper umgehen möchten oder nicht. Wahrhaftig zu lieben heißt, sich immer wieder neu füreinander zu entscheiden. Das gilt für Paarbeziehungen ebenso wie für die Beziehung zu uns selbst.

An guten Tagen gelingt es besser »Stopp« zur Scham-Stimme sagen, an weniger guten Tagen kann sie uns relativ leicht übertönen. Als hilfreich kann es sich dann erweisen, diese Stimme genauer zu beleuchten und über sie zu sprechen, sei es mit Ihrer Therapeutin oder Ihrem Therapeuten oder mit einer anderen Vertrauensperson. Es braucht einiges an Übung, bis die Scham-Stimme leiser wird und uns seltener besucht.

Zumindest bei mir änderte sich der Zugang zu meinem Körper nicht »wie von selbst« oder »wie durch ein Wunder«. Es passierte auch nicht, dass »es plötzlich Klick macht im Kopf«. Ich musste mich immer wieder aufs Neue dafür entscheiden, ja zu mir selbst zu sagen.

Wie gesagt: Sie müssen Ihrem Körper keine heißen Liebeserklärungen machen. Es genügt, wenn Sie neutral bis freundlich mit ihm umgehen.

An Tagen, an denen ich mich besonders fett und unattraktiv fand, schaute ich fortan nicht mehr so genau in den Spiegel, sondern überprüfte nur kurz, ob alles an der richtigen Stelle saß. Vor allem kaufte ich an solchen Tagen keine neue Kleidung. Denn wenn ich mich in einer Umkleidekabine fast nackt in einem Dreifachspiegel bei Neonlicht erblickte, war der Super-GAU vorprogrammiert. Ich wollte mich nicht mehr selbst quälen. Ich hörte auf, meinen Hintern genau zu mustern. Vor allem hörte ich auf, ihn mit den Fingern zusammenzuquetschen, um einen noch deutlicheren Blick auf meine Cellulite zu bekommen, und legte über die Stellen, die ich nicht mochte, einen imaginären Weichzeichner.

Manchmal empfiehlt es sich, Kleidung mit einem vertrauten Menschen zu kaufen, dessen Geschmack wir mögen. Seine oder ihre wohlwollenden Stimmen können die der toxischen Scham relativieren.

Irgendwann schimpfte ich lieber über die Modeindustrie, wenn die Hose, die ich kaufen wollte, nicht passte, statt über meinen Kör-

per: »*Was für seltsame Schnitte hier angeboten werden!*« *Wie oft hörte ich von Verkäuferinnen:* »*Sie sind zu groß.*« *Ich gewöhnte mir an, zu erwidern:* »*Ich bin nicht zu groß. Dieses Kleidungsstück ist zu klein.*«

♥ **Lieblings-Körperteile finden:** Suchen Sie nach Körperteilen, die Sie an sich mögen. Irgendetwas gibt es sicher. Vielleicht gefällt Ihnen Ihr Haar? Ihr Lächeln? Ihre Augen? Ihre Hände? Ihr kleiner Finger an der linken Hand? Ihre Fesseln? Ein bestimmter Quadratzentimeter am Rücken? Notieren Sie, was Sie gefunden haben, in Ihrem Tagebuch.

♥ **Lieblingskörperteile ansprechen**: Vermutlich sehen Sie mehrmals am Tag in den Spiegel oder an sich herab. Versuchen Sie, dabei so oft es Ihnen möglich ist, an jene Körperteile zu erinnern, die Ihnen gefallen. Sagen Sie innerlich: »Danke mein (…), dass du mir gefällst.« Oder: »Danke, mein (…), dass ich dich in Ordnung finde.« So lenken Sie den Fokus von Ihren »Hassobjekten« ab. Außerdem relativieren Sie das toxische Scham-Denken, das Ihnen einredet: »*Alles* an mir ist hässlich!«

In meiner Praxis-Arbeit habe ich herausgefunden, dass die meisten Frauen mit emotionalem Essverhalten mit ähnlichen Problemzonen hadern: Gesäß, Oberschenkel und Bauch. Ich nenne dies »die roten Zonen«.

♥ **Dankbar für die Funktion:** Überlegen Sie, wofür Sie Ihren roten Körperzonen danken könnten. Wenn Sie das nächste Mal beispielsweise denken: »Ich habe einen fetten Hintern«, dann sagen Sie sich: »Ja, das ist momentan meine Wahrnehmung. Dennoch kann ich sagen: Danke, mein Hintern, dass ich auf dir sitzen kann.« Ähnlich können Sie den anderen Körperteilen danken: »Danke, meine Oberschenkel, dass ich mit euch gehen kann.« Oder: »Danke, mein Bauch, dass du alles verdaust.«

♥ **Foto-Posing üben:** Fühlen wir uns in unserem Körper nicht wohl, sehen wir uns meist nicht gern auf Fotos. Hier können wir uns ruhig mal etwas von den Stars abschauen: Diese stehen meist ein bisschen seitlich, mit einer Hand auf der Hüfte abgestützt, und zeigen ihre Schokoladenseite. Wir können davon ausgehen, dass sie das ausgiebig geübt haben – und wir dürfen das auch. Wenn Sie das Thema näher interessiert, geben Sie »Foto-Posing« in Ihre Internet-Suchmaschine ein, dazu gibt es zahlreiche Links.

In diesem Zusammenhang ist es spannend, die »Vor-der-Diät-nach-der-Diät«-Fotos in Zeitschriften näher unter die Lupe zu nehmen: Oft zeigt das »Vorher-Foto« die Person von vorne, mit hängenden Armen, während das »Nachher-Foto« dieselbe Person in seitlicher Pose präsentiert. Durch vorteilhafte Fotografie verliert man sogleich ein paar Kilogramm!

Tagebucheintrag vom 6. September 1997:

»Geniere mich eigentlich nicht mehr für meinen Körper. Ich gehe jetzt schon ohne Probleme ins Schwimmbad.«

Ergänzend möchte ich erwähnen, dass sich mein Körperempfinden nochmals bessere, als ich mit 30 Jahren beschloss, nicht mehr hormonell zu verhüten und mich mit meinem weiblichen Zyklus zu beschäftigen.

Heißt Selbstliebe Stillstand?

Selbstliebe bedeutet keineswegs, dass wir uns ständig bestätigen, wie schön und toll wir sind. Selbstliebe bedeutet, dass wir uns akzeptieren, wie wir sind, mitsamt unserer Ecken und Kanten, und uns dennoch weiterentwickeln und an uns arbeiten. Das ist kein Widerspruch! Wenn wir uns mögen, wie wir sind, arbeiten wir nicht mehr daran, eine andere zu werden. Wir arbeiten daran, die beste Version von uns selbst hervorzubringen.

Früher hatte ich Angst, dick und faul zu werden, falls ich zu freundlich mit mir umgehen würde. Ich dachte, ich bräuchte »die Peitsche«, um mich zu bewegen. Letztendlich war genau das Gegenteil der Fall: Je selbstfürsorglicher ich wurde, desto wohler fühlte ich mich in meiner Haut und desto mehr Energie hatte ich, um meine Aufgaben zu erfüllen.

Tagebucheintrag vom 1. November 1997:

»Liebe und akzeptiere ich mich selbst schon genug? Ich möchte mich nicht wieder verlieren, aufgeben, verleugnen, hassen. Es klingt vielleicht blöd, aber die Liebe zu mir ist das Wichtigste. Sie ist es, die mir für immer bleibt. Ich akzeptiere sogar meine schlechten Launen. Dann darf mir nur niemand in die Quere kommen.«

Selbstliebe ist eine wunderbare Triebkraft für inneres Wachstum und Entwicklung. Mangelt es uns an ihr, fordern wir oft zu viel von uns, wir wollen dann alles sofort und noch dazu fehlerfrei hinbekommen. Natürlich wissen wir auf rationaler Ebene, dass dies nicht möglich ist, aber wir erwarten es trotzdem von uns. Das kann ganz schön frustrieren und auslaugen. Das Leben wird wesentlich einfacher, wenn wir uns bei neuen Erfahrungen liebevoll zur Seite stehen und uns Fehler erlauben, statt uns selbst zu erniedrigen. Ja, es ist tatsächlich unmöglich, alles gleich gut zu können oder zu wissen.

Wie wir uns selbst lieben, wirkt sich auch auf unsere Beziehungen aus, denn ein Ja zu uns selbst impliziert oft ein Nein zu jemand anderem. Wir dürfen deshalb nicht erwarten, dass alle in unserem Umfeld begeistert ausrufen: »Wow, großartig, dass du auf dich achtest! Super, dass du endlich nein sagst!« Niemand freut sich über eine Absage, wenn zuvor immer zugestimmt wurde. Doch je mehr wir uns selbst wert sind, desto weniger Grenzüberschreitungen lassen wir zu. Es ist ein positiver Prozess: Mit wachsender Selbstliebe wird es uns nach und nach möglich, reife Beziehungen zu leben, statt uns in Co-Abhängigkeiten zu verstricken.

Langfristig geht es auch darum, zu akzeptieren, dass wir älter werden, sich unser Körper und unsere Leistungsfähigkeit verändern. Das alles ist ein Wachstums*prozess*, also das genaue Gegenteil von Stillstand. Uns selbst zu lieben, also zu unseren eigenen Bedürfnissen zu stehen, erfordert Mut. Es ist eine Entwicklung, für die wir Geduld mit uns selbst und mit unserem Umfeld brauchen.

Manchmal braucht es Hilfe

Dem emotionalen Hunger liegt oft die toxische Scham zugrunde. Diese liebt die Dunkelheit, die Heimlichtuerei. Brené Brown vergleicht sie mit den Gremlins. Das sind kleine Monster, die Sie vielleicht noch aus Steven Spielbergs gleichnamigen Film von 1984 kennen:

»Gremlins sind Tierchen, die überall dort, wo sie auftauchen, Unruhe stiften. Es sind manipulative Monster, die Spaß an der Zerstörung haben. (…) Für das Überwinden der Scham ist es von entscheidender Bedeutung, unsere Gremlins zu erkennen, denn nicht immer ist Scham eine Reaktion auf eine bestimmte Situation oder auf eine konkrete Herabsetzung durch einen anderen aus unserem näheren oder weiteren Umfeld. Manchmal ist Scham die Konsequenz, wenn wir innerlich die alten Aufnahmen wieder abspielen, die in unserer Kindheit programmiert worden sind oder die wir einfach vor unserem kulturellen Hintergrund adaptiert haben. (…) Die Scham bezieht ihre Macht daraus, dass sie nicht zur Sprache gebracht wird. So wie es tödlich für Gremlins war, dem Licht ausgesetzt zu werden, so bringt die offene Aussprache Scham ans Tageslicht und zerstört sie.«

(aus: »Verletzlichkeit macht stark« von Brené Brown, ab Seite 86)

Um die toxische Scham und mit ihr unsere Esssucht zu überwinden, ist es daher wichtig, Hilfe in Anspruch zu nehmen und uns einem wohlwollenden Gegenüber zu öffnen. Darüber hinaus tut es gut, von den Erfahrungen anderer Personen zu profitieren, wir brauchen nicht alles autodidaktisch zu erlernen.

Psychotherapie

Ich möchte Sie ermutigen, eine Psychotherapie in Erwägung zu ziehen. Toxische Scham kann sich nur dann verringern, wenn wir sie nicht mehr dauerhaft verstecken. Genau das passiert bei der Therapie: Wir beleuchten unsere schambesetzten Seiten. Allein diese Öffnung trägt zu unserer Heilung bei.

> »Nur, wenn wir mutig genug sind, die Dunkelheit zu untersuchen, werden wir die unendliche Macht unseres Lichtes entdecken.«
> (aus: »Verletzlichkeit macht stark«, Seite 80)

Es ist beruhigend, wenn wir uns Freunden anvertrauen können, die uns in Krisenzeiten auffangen. Doch ich finde, dass es hier Grenzen gibt. Besonders, wenn wir in einer Phase der Dauerkrise stecken, möchten wir nicht all unseren Seelenmüll auf Freunde abladen.

Psychotherapie war für mich ein wesentlicher Baustein, um zu meiner Identität zu finden. Leider gestand ich mir diese Hilfeleistung viel zu lange nicht zu. Ich redete mir ein, dass sie nur für jene Menschen in Frage kam, denen wirklich schreckliche Dinge widerfahren waren, etwas wie Missbrauch oder früher Verlust der Eltern. Ich jedoch hatte doch »nur« dieses Problem mit dem Essen. Ich befürchtete damals, dass mich jede Therapeutin, jeder Therapeut auslachen würde.

Wie falsch ich damit lag! Ich hätte mir einige unnötige Kilometer auf meinem Weg erspart, wenn ich mir früher eingestanden hätte, dass es mir alles andere als gutging und ich dringend Hilfe nötig hatte.

Psychotherapie kann helfen,

* Ihre Handlungsmuster zu verstehen.
* kränkende oder traumatische Erfahrungen aufzuarbeiten.
* Ihren emotionalen Hunger kennenzulernen und zu sättigen.
* belastende Gefühlsschwankungen zu mildern.
* inneren Druck und Anspannung abzubauen.
* herauszufinden, wie Sie Ihre Emotionen rechtzeitig selbst regulieren und anders als mit Essen beantworten können.
* Ihre Grenzen zu erkennen und Grenzen zu setzen.
* mit den Herausforderungen des Lebens umzugehen, die Beruf, Familie und Beziehungen mit sich bringen.
* Ihre Ressourcen zu stärken.
* Gefühle in Bedürfnisse zu übersetzen.
* zu den eigenen Bedürfnissen zu stehen, beispielsweise wenn es darum geht, den Alltag so zu organisieren, dass es möglich ist, Mahlzeiten in Ruhe einzunehmen.
* wenn Ihre Bedürfnisse in Konflikt mit jenen von Partnern, Eltern, Kindern, Beruf oder Ihren Glaubenssätzen stehen.
* die oftmals verzerrte Selbstwahrnehmung klarer zu machen.
* zu begreifen, dass nicht alles, was uns im Jetzt aufregt, auch wirklich mit dem Jetzt zu tun haben muss, sondern in vergangenen Konflikten begründet sein kann.
* wenn Sie an Angst- und Panikschüben leiden.
* wenn Sie feststellen möchten, ob eine Depression hinter Ihrem Stimmungstief steckt.
* wenn Sie das Gefühl haben, sich im Kreis zu drehen oder wenn Sie sich blockiert fühlen.

Ich wollte mir beweisen, dass meine Probleme nicht so schlimm waren und ich es allein schaffen konnte. Ein zusätzlicher Kampf, den ich gegen mich selbst ausfocht. »Ich und Therapie? So bekloppt bin ich doch noch lange nicht.«

Ich möchte Sie ermuntern, aus meinen Fehlern zu lernen. Heute finde ich, dass es *kein* Zeichen von Schwäche ist, Hilfe zu suchen und anzunehmen. Ganz im Gegenteil: Es braucht Mut und Stärke, sich einzugestehen: »Ich benötige eine/n Experten/in, der mir bei meinem Problem hilft. Ich möchte den Weg nicht mehr allein gehen.« Therapie ist eine Unterstützung für Menschen, die Begleitung brauchen. Wir müssen nicht erst völlig am Boden liegen, um sie uns zu gönnen.

Internetforen oder Bücher können diese Hilfe nur bedingt abdecken. Wir sind soziale Wesen und benötigen daher einen Menschen, der real bei uns ist, um spüren zu können: »Ich bin okay, so wie ich bin, selbst wenn ich meine dunklen Seiten offenbare.« Wir brauchen menschliche Wärme und persönlichen Zuspruch, insbesondere, wenn wir randvoll mit toxischer Scham sind.

Um uns selbst, unsere Gefühle und Bedürfnisse wieder spüren zu können, bedarf es zudem einer wohlwollenden und professionellen Spiegelung von außen. Wie sonst sollen wir lernen, etwas wahrzunehmen, das für uns ein blinder Fleck ist?

Wir haben das Recht, uns Hilfe zuzugestehen, egal wie groß oder wie klein unsere Probleme sind. Falls der Abfluss in unserer Wohnung verstopft ist, rufen wir ohne zu zögern einen Fachmann. Wir warten nicht, bis die Wohnung überflutet ist. Ähnliches können wir auch uns gönnen: Wenn bei uns selbst etwas verstopft ist und unsere Gefühle nicht frei fließen können, dürfen wir ebenso rechtzeitig eine Expertin oder einen Experten konsultieren.

Eine andere Sache, die mich lange von der Therapie abgehalten hatte, war das liebe Geld.

Manche Menschen haben das Glück, einen bezahlten Therapieplatz in ihrer Nähe zu ergattern, der genau der Richtige ist. Doch leider ist das nicht immer der Fall. Oft ist die Wartezeit auf einen bezahlten Platz sehr lange, die Anreise zu weit, die Anzahl der genehmigten Stunden zu wenig, die Chemie mit der Kassentherapeutin nicht passend oder die Therapieform nicht hilfreich. In manchen Ländern bekommt man nur einen geringen Teilbetrag von der Krankenkassa bezahlt, in anderen sogar gar nichts. In solchen Fällen selbst in die Tasche zu greifen, ist für viele Betroffene finanziell leider nicht zu bewerkstelligen. Aber es gibt auch genug Menschen, für die es prinzipiell möglich wäre, sich die passende Therapieversorgung zu leisten, viele werden allerdings durch unzählige Hinderungsgründe davon abgehalten, das Geld von woanders abzuzwacken.

Meine Krankenkassa erstattete mir damals nur einen geringen Teilbetrag zurück. Die Entscheidung für die Therapie bedeutete daher gleichzeitig, bewusst in meine seelische Gesundheit zu investieren. Ich war nun bereit, für etwas Geld auszugeben, das ich weder anfassen noch in meinen Lebenslauf schreiben konnte – für etwas, das nur meiner Seele diente, nur für mich war. Endlich war ich es mir wert. Ich hatte begriffen, dass mir kein Urlaub, kein neues Paar Schuhe, kein Restaurantbesuch, kurz gesagt: nichts auf der Welt mehr Freiheit bringen würde als mein innerer Frieden. Lieber wollte ich auf vieles verzichten, als mich ewig schlecht zu fühlen.

Therapie braucht Regelmäßigkeit. Wenn Sie etwas bewegen möchten, sind wöchentliche Sitzungen ratsam (mindestens jedoch alle 14 Tage). Falls Sie nur einmal pro Monat eine Therapiestunde nehmen, kann das ein Anstoß sein, der aber wahrscheinlich keine tiefgreifenden Änderungen bewirkt.

Zum Thema Geld möchte ich noch anführen, dass man üblicherweise nicht ewig wöchentlich zur Therapie geht. Sobald es Ihnen bessergeht und Sie Ihren Weg kennen, können die Termine in größerem Abstand gesetzt werden.

Heute, da ich selbst freiberuflich in meiner Praxis tätig bin, kann ich übrigens die Honorare von Therapeutinnen und Therapeuten nachvollziehen. Ein großer Teil meines Umsatzes wird für Sozialversicherung, Steuern, Praxismiete und -instandhaltung, regelmäßige (!) Aus- und Fortbildungen, Supervisionen, Fachliteratur sowie für die Finanzierung von einkommenslosen Zeiten wie Bürostunden, Beantwortung von Anfragen, Urlaub, Ausbildungswochen oder Krankenstand verbraucht.

Da wir in Therapie viel Zeit, Energie und oft auch Geld investieren, finde ich es wichtig, die Therapeutin oder den Therapeuten mit Bedacht zu wählen. Um das Beispiel von vorhin weiterzuspinnen: Obwohl es hier nicht um einen kaputten Abfluss, sondern um unsere Seele geht, können wir uns bewusstmachen, dass wir mündige Konsumentinnen sind, die eine Dienstleistung kaufen. Sobald wir Geld investieren, dürfen wir dafür eine entsprechende Qualität und Professionalität erwarten.

Gerade Menschen mit schamgeprägtem Denken fällt es schwer, als mündiger Konsument aufzutreten, da wir viel zu oft glauben, an allem selbst schuld zu sein. Vor allem, wenn wir auf jemanden treffen, den wir für kompetent und erfahren halten. Ich möchte Sie motivieren, auf Ihre Intuition zu achten! Falls Ihnen irgendetwas in Ihrer Therapie nicht stimmig oder seltsam vorkommt, dürfen Sie auf Ihr Gefühl hören und es ernst nehmen.

Ich persönlich wählte übrigens meist Therapeutinnen, weil auf meinem Weg die Akzeptanz meiner Weiblichkeit ein wichtiges Thema war. Damit fühlte ich mich bei Frauen am besten aufgehoben.

Jeder Mensch hat andere Dinge, die ihm wichtig sind. Hier sind meine Qualitätskriterien – gemäß dem Maßstab, den ich persönlich an eine Therapie anlege:

* Ich möchte das Gefühl haben, dass mich die Therapie in meinem Leben unterstützt. Die Sitzungen unterscheiden sich deutlich von Freundinnen-Gesprächen.
* Ich möchte gern zur Therapie gehen, selbst dann, wenn die Themen, um die es geht, unangenehm oder schmerzhaft sind. Ich fühle mich dort sicher und geborgen. Ich traue mich, mit der Therapeutin über alles zu reden, was mich beschäftigt, und habe keine Angst, dass sie mich auslacht oder schief anschaut.
* Falls mir etwas nicht passt oder ich in mir Widerstände wahrnehme, fühle ich mich bei meiner Therapeutin sicher genug, dies anzusprechen. Falls ich das nicht schaffe, kann ich zumindest ihre Ermutigung spüren, mich zu öffnen. Die Therapeutin gibt mir das Gefühl, dass ich dazu stehen darf, wer ich bin und was ich fühle.
* Die Therapeutin geht mit mir in Beziehung. Das heißt, sie verbringt nicht die ganze Stunde damit, mein Gesagtes bloß

mit einem zustimmenden »Hmmm« zu kommentieren. Sie setzt therapeutische Interventionen und arbeitet mit dem, was ich mitbringe. Außerdem möchte ich, dass meine Therapeutin als Mensch für mich greifbar ist. Das bedeutet, dass sie manchmal ihren Erfahrungsschatz mit mir teilt, sofern das für meinen Therapieprozess förderlich ist.

✼ Die Therapeutin bringt mich ins Spüren. Wenn ich etwas erzähle, geht es nicht nur darum, was ich darüber denke, sondern auch darum, was ich dazu fühle. Denn der Körper drückt aus, was nicht gesagt werden kann und worüber zu schweigen unmöglich ist.

✼ Meine Therapeutin fordert mich, aber überfordert mich niemals. Sie hilft mir die Grenzen meiner Komfortzone sanft zu erweitern, anstatt sie zu sprengen.

✼ Ich finde es wichtig, dass die Therapeutin das esssüchtige Verhalten versteht und über Erfahrung im Umgang mit Traumata, insbesondere Entwicklungstraumata, verfügt.

Da die rechtlichen Voraussetzungen für die Berufsgruppe der Psychotherapeuten von Land zu Land variieren, möchte ich erwähnen, dass ich es für wichtig erachte, bei der Wahl Ihrer Therapeutin oder Ihres Therapeuten darauf zu achten, dass die Person eine mehrjährige (!) Grundausbildung genossen hat, zahlreiche (!) Selbsterfahrungsstunden absolvierte und sich laufend (!!) fortbildet. Er oder sie soll befugt sein, mit psychischen Störbildern zu arbeiten, und ein breites Wissen über Psychodynamik, also das Wirken innerseelischer Kräfte, mitbringen.

Ich arbeite seit Jahren erfolgreich mit der Psychotherapeutin und Lehrtherapeutin Doris Nowak-Schuh zusammen. Sie ist erfahren auf dem Gebiet der Sucht und arbeitet in freier Praxis in Wien. Sie hat sich bereit erklärt, an dieser Stelle einige Fragen zum Thema Psychotherapie zu beantworten.

Olivia Wollinger: Liebe Doris, ist Psychotherapie deiner Meinung nach wichtig, damit der Weg aus der Esssucht gelingt?

Doris Nowak-Schuh: Definitiv, ja. In der Esssucht führt ein innerpsychischer Konflikt zu einem Verhalten, das nicht gesteuert werden kann. Psychotherapie ist für mich das Mittel der Wahl, wenn jemandem das Gefühl abhandenkommt, Regisseur über sein Verhalten und damit über sein Leben zu sein.

Ich denke, wir alle kennen das Gefühl, nicht mehr Regisseurin über das eigene Leben zu sein. Das passiert vor allem bei gravierenden Lebensveränderungen wie beispielsweise einer Trennung. Doch dieser Zustand ist meist vorübergehend, und die Sicherheit, unser Leben im Griff zu haben, kehrt zurück. In solchen Fällen kann Psychotherapie unterstützen, ist aber nicht zwingend nötig.

Bei der Esssucht ist das Gefühl, die Kontrolle zu verlieren, ein Dauerzustand. Die Sucht führt Regie, nicht die Person. Das Verhalten, nämlich das regelmäßige Überessen, kann nicht selbst gesteuert werden. Hier ist Psychotherapie angezeigt. Um zu heilen, muss etwas nachentwickelt werden, das im Zuge der psychischen Reifung nicht entwickelt werden konnte.

Olivia Wollinger: Kannst du ein Beispiel für eine solche Nachreifung nennen?

Doris Nowak-Schuh: Menschen mit einer Esssucht haben meist ein sehr kompetentes Erwachsenen-Selbst. Sie meistern viele Anforderungen des Lebens bravourös, sind nicht selten perfektionistisch und gehen damit erfolgreich durchs Leben. Doch neben dieser kompetenten Seite gibt es meist noch einen selbstzerstörerischen Anteil, der sich in der Essstörung zeigt. Eine Klientin sagte einmal zu mir: »Immer, wenn es mir gutgeht, muss ich mich bestrafen und fange wieder zu essen an.« Diese Handlung ist nicht bewusst von ihr gewählt. Vielmehr ist es eine »Rolle«, wie wir im Psychodrama sagen, die in der Kindheit entstanden war. Damals waren es unbändige Wutanfälle gewesen, die sie gebraucht hatte, um auf ihre Bedürfnisse aufmerksam zu machen. Ihre Eltern hatten sich in einen mehrjährigen Rosenkrieg verstrickt, und die Tochter mit ihren Gefühlen war zu kurz gekommen. Die Wut war zu dieser Zeit also eine passende kindliche Reaktion. Doch als es der Mutter zunehmend schlechter ging, ordnete die Klientin unbewusst ihre eigenen Bedürfnisse jenen der Mutter unter: Sie gab ihre Wutanfälle auf und begann in der Pubertät zu hungern, zu essen und zu erbrechen. So konnte sie ihre Gefühle unter Kontrolle halten, um die Mutter nicht noch mehr zu belasten.

Hätten es die Eltern geschafft, das Mädchen trotz der Trennungssituation in ihrer Wut und Trauer zu begleiten, wäre es vermutlich anders gekommen. Doch so hat sich das Symptom der Esssucht manifestiert. Durch die Psychotherapie lernt die Klientin nun, ihre eigenen Bedürfnisse und Gefühle zu spüren und ihnen einen adäquaten erwachsenen Ausdruck zu verleihen – unabhängig vom Essen.

Olivia Wollinger: Du persönlich schätzt körperorientierte Methoden. Wann hältst du Psychotherapie für angebracht, wann körperorientierte Methoden?

Doris Nowak-Schuh: Dank unserer Zusammenarbeit habe ich gelernt, dass die Kombination der beiden Ansätze meist am zielführendsten ist. Ich bin mittlerweile ein großer Fan der interdisziplinären Kooperation. Mit welchem Ansatz sie beginnen möchte, kann jede Person am besten selbst spüren. Psychotherapie ist geeignet, um das Symptom zu verstehen, schwierige Gefühle aushalten zu lernen und einen neuen Umgang mit diesen zu lernen. Körperorientierte Methoden helfen, eine positive und achtsame Beziehung zum eigenen Körper aufzubauen, ihn lieben und schätzen zu lernen, weil eine Stunde lang die Aufmerksamkeit nur wohlwollend auf den Körper gerichtet ist. Das wiederum ist eine wichtige Grundlage für die Therapie, weil beide Vorgänge, das körperliche Sein und psychische Vorgänge, eng miteinander verwoben sind.

Olivia Wollinger: Wenn man sich für eine Psychotherapie entscheidet: Wie viele Stunden pro Monat sollte man nehmen, damit die Therapie auch wirken kann?

Doris Nowak-Schuh: Zu Beginn des therapeutischen Prozesses empfehle ich immer wöchentliche Sitzungen. Später kann man nach Absprache meist auf 14-tägig reduzieren. Seltener ist es, meiner Erfahrung nach, nicht sinnvoll. Oft erzählen mir Klientinnen und Klienten beim Erstgespräch, sie hätten schon jahrelang erfolglos Therapien ausprobiert. Bei genauem Nachfragen stellt sich dann heraus, dass sie zwar jahrelang, aber nur unregelmäßig Sitzungen hatten. Das bringt dann nichts. Wie bei jeder bewussten Veränderung muss man auch Psychotherapie in sein Leben einplanen und Zeit und Ressourcen dafür schaffen. Viele Klientinnen und Klienten sagen beim Abschluss der Therapie: »Das war die beste Investition meines Lebens, weil es eine Investition in mich selbst war.«

Olivia Wollinger: Wie lange dauert deiner Erfahrung nach im Durchschnitt eine Psychotherapie bei Esssucht?

Doris Nowak-Schuh: Diese Frage wird mir fast immer gestellt und gleichzeitig ist sie am schwierigsten zu beantworten. Es kommt auf das Ausmaß des Leidens an. Einige meiner Klientinnen und Klienten sind bereits nach einem Jahr wieder gesund, aber sie hatten gute Selbstheilungskräfte und brauchten mich nur, um diese wieder zu aktivieren.

Wenn die Essstörung jedoch schon lange besteht beziehungsweise gravierend ist, die oder der Betroffene also zum Beispiel über Jahre hinweg jeden oder jeden zweiten Tag einen Essanfall hat, ist mit mehrjähriger Therapiedauer zu rechnen. Das klingt furchtbar lang und abschreckend, aber: Wenn man sich einmal auf diesen Weg begeben hat, kommt es einem nicht so lang vor, weil sich ja ständig kleine Besserungsschritte einstellen.

In einigen wenigen Fällen ist die Esssucht leider chronisch geworden, das heißt, eine vollständige Heilung ist nicht mehr möglich. Das passiert, wenn sich Betroffene über viele Jahre hinweg quälen und nie ernsthaft eine Behandlung verfolgen oder wenn das zu tragende seelische Paket einfach zu groß ist. Dann sind leider die körperlichen und seelischen Folgeerscheinungen so gravierend, dass man nur noch Schadensbegrenzung vornehmen kann. Mich berühren solche Fälle immer sehr, weil die Betroffenen unglaublich viel Leid ertragen.

Olivia Wollinger: Was sind deiner Erfahrung nach die wichtigsten Therapiethemen auf dem Weg aus der Esssucht?

Doris Nowak-Schuh: Die Themen, mit denen meine Klientinnen und Klienten einsteigen, sind sehr unterschiedlich. Dennoch finden sich viele Aspekte im Laufe des Prozesses bei den meisten wieder: In der Beziehung zu sich selbst ist es vor allem ein beeinträchtigter Selbstwert, der die betroffenen Menschen quält. Selbstwert bedeutet entgegen der üblichen Annahme jedoch nicht, dass man sich nur toll findet – im Gegenteil! Selbstwert heißt vielmehr, die eigenen Schattenseiten zu kennen und als Bestandteil der eigenen Persönlichkeit zu integrieren. Das »So bin ich!« zu akzeptieren, fällt anfangs schwer. Mit der Zeit ist es eine wohltuende und entlastende Erkenntnis, weil man nicht mehr gegen sich selbst kämpfen muss. Ein weiteres Thema, das eng mit dem Selbstwert verknüpft ist, ist die Beziehung zum eigenen Körper. Es ist eines der wesentlichen therapeutischen Ziele, einen liebevollen Umgang mit sich selbst und seinem Körper zu entwickeln. Dazu gehört, die eigenen Bedürfnisse spüren zu lernen und im Sinne einer guten Selbstfürsorge angemessen zu reagieren.

Ein zweiter großer Themenstrang auf dem Weg aus der Esssucht ist die Gestaltung der Beziehung zu anderen Menschen. Insbesondere Liebesbeziehungen spielen für Betroffene eine große Rolle, weil sie entweder nicht vorhanden sind oder als unbefriedigend erlebt werden. Aber auch andere Beziehungen, wie jene zu den Eltern, den Geschwistern, Arbeitskolleginnen und -kollegen oder Freundinnen und Freunden, sind oft Thema einer Therapie. Darunter fällt auch der Umgang mit Konflikten und das Aushandeln von unterschiedlichen Bedürfnissen. Die Betroffenen erarbeiten, wie sie Beziehungen so gestalten können, dass sie sowohl von ihnen selbst als auch vom Gegenüber positiv und bereichernd erlebt werden.

Olivia Wollinger: Das Erbrechen nach Essanfällen ist bei vielen Menschen mit Esssucht großes Thema. Ist es sinnvoll, am Erbrechen zu arbeiten, oder verschwindet es ohnehin von selbst, wenn die Essanfälle geringer werden?

Doris Nowak-Schuh: In meinen Therapien steht das Erbrechen nie im Vordergrund. Vielmehr arbeiten meine Klientinnen und Klienten an ihren Beziehungs- und Bindungsthemen, weil sie erkennen, dass die Essanfälle eng damit verknüpft sind. In einem fortgeschrittenen Stadium der Therapie gebe ich oft den Anstoß, das Erbrechen nach dem Essanfall einmal bewusst auszulassen und das Gegessene und die damit einhergehenden Gefühle im wahrsten Sinne des Wortes zu »verdauen«. Das ist für die meisten extrem schwer und mit Angst vor dem Zunehmen verbunden. Dennoch kann es ein wichtiger Schritt sein, weil sie spüren, was das Gegessene mit ihrem Körper macht. Manche schaffen es nicht, dann mache ich keinen Druck. In den meisten Fällen verschwindet das Erbrechen zeitgleich mit den Essanfällen.

Olivia Wollinger: Deine Therapierichtung ist Psychodrama. Was versteht man darunter?

Doris Nowak-Schuh: Ich habe das Psychodrama als Therapierichtung gewählt, weil es zu mir als Person passt. Ich bin ein aktiver Mensch, der gern lacht und dem trotz des Berufs eine gewisse Leichtigkeit im Leben wichtig ist. Das Psychodrama ermöglicht mir, diese Seiten von mir auf eine gute Art und Weise in die Therapie einzubringen. Je länger ich mit Psychodrama arbeite, umso mehr erkenne ich, wie tiefgreifend diese Methode wirkt, so dass auch sogenannte »frühe Störungen« gut behandelbar sind. Außerdem bietet sie mir einen unsagbaren Schatz an Handwerkszeug, der sich nicht nur im Einzel- sondern auch im Gruppensetting bezahlbar macht. Bei dieser Therapiemethode wird nicht nur geredet, es wird auch viel szenisch gehandelt. Dadurch können wir neue Rollen unmittelbar erleben, spüren, was uns blockiert, und Veränderungen viel leichter umsetzen.

Hier ein kurzes Beispiel: Eine Frau, nennen wir sie Martha, suchte meine Hilfe wegen Bulimie. Bereits in der zweiten Stunde begannen wir, nicht nur über die Bulimie zu reden, sondern sie szenisch in die Therapie einzubauen. Wir stellten einen Sessel in die Mitte des Raumes, der Marthas Bulimie darstellte. Martha erzählte über ihre Krankheit, seit wann sie Teil ihres Lebens war, wie und wann sie sich zeigte. Wir ließen gemeinsam eine Szene entstehen, indem wir der Bulimie eine Rolle gaben: Auf meine Bitte, sich vorzustellen, wie diese als Person aussehen könnte, sagte Martha: »Sie ist eine alte Frau. Mit langem grauen Haar und wallendem Gewand. Sie ist sehr hässlich, so wie die Hexen aus den Märchen, die im Wald wohnen.« Dann stellten wir einen Sessel für Martha daneben. Ich fragte, welche Beziehung die beiden zueinander hätten. Martha antwortete: »Die Hexe hat unheimlich viel Macht über mich. Sie bestimmt mein Leben.«

Indem wir uns in den folgenden Stunden weiter mit ihrer Beziehung zu dieser »Hexe« beschäftigten, konnte Martha auch erkennen, wofür sie gut war: Sie war nicht nur eine Belastung, sondern auch ein Schutzschild, insbesondere vor Situationen, die Martha im Alltag überforderten. Im Laufe der Therapie hörte Martha auf, diese innere Hexe bekämpfen zu wollen oder sich ihr völlig zu unterwerfen. Stattdessen fand sie es interessant, sich genauer mit ihr auseinanderzusetzen, in ihrem Körper zu spüren, welche Stärke im »Hexenhaften« verborgen lag und wo Martha diese im Alltag bewusst einsetzen konnte. Einige Monate später konnte Martha tatsächlich die verschiedenen Eigenschaften dieser Hexe als einen Teil von sich selbst akzeptieren. Dadurch wurden die Essanfälle weniger.

Olivia Wollinger: Kannst du uns bitte beschreiben, wie eine Psychotherapie bei dir abläuft?

Doris Nowak-Schuh: Am Beginn steht immer ein Erstgespräch. Die Klientin oder der Klient erzählt mir ihr oder sein Anliegen, ich erhebe eine sogenannte Anamnese und stelle eine Erstdiagnose. Im Gespräch berate ich, welche Behandlung aus meiner Sicht am zielführendsten ist und ob noch weitere Dinge abgeklärt werden sollten. Manchmal ist zum Beispiel eine medizinische Untersuchung nötig.

Wenn wir uns zur Zusammenarbeit entscheiden, vereinbaren wir weitere Termine. In der Folge bestimmt der Klient oder die Klientin den therapeutischen Prozess, indem er oder sie die Themen einbringt, die aktuell Aufmerksamkeit auf sich ziehen. Er oder sie hat, wie wir PsychodramatikerInnen sagen, die Regie. Mein Job ist jener der Hilfsregisseurin. Ich unterstütze mit meinen Interventionen dabei, die Ziele zu erreichen, die im Erstgespräch festgelegt wurden. Dafür gibt es, wie oben erwähnt, sehr unterschiedliche Techniken, die über das klassische Gespräch hinausgehen.

Am allerwichtigsten ist, dass sich eine Vertrauensbasis herausbildet. Unsere Beziehung ist eine »Laborsituation«, anhand der sich die Beziehungsgestaltung im übrigen Leben abbildet. So können wir in einem geschützten und vertrauensvollen Rahmen reflektieren und bearbeiten, wie die Beziehungen »außerhalb« gelebt wurden und werden.

Olivia Wollinger: Wie beziehst du den Körper in die Therapie mit ein?

Doris Nowak-Schuh: Bei Esssucht wird der eigene Körper oft negiert, gerade deshalb ist es unerlässlich, ihn wieder mit ins Boot zu holen. Als Therapeutin kann ich individuell passende Interventionen einsetzen. Zum Beispiel indem ich den oder die Betroffene auf den körperlichen Ausdruck aufmerksam mache. So könnte ich während einer Sitzung sagen: »Als Sie mir gerade von Ihren Belastungen erzählt haben, wurde Ihr Körper immer steifer. Ich kann sehen, dass Sie in einer sehr aufrechten und angespannten Körperhaltung hier sitzen. Fühlt es sich für Sie stimmig an, was ich wahrnehme?« Sollte er oder sie noch ungeübt im Spüren sein, biete ich meine eigene Körperwahrnehmung an und nehme dieselbe Position ein wie mein Gegenüber: »Ich merke, dass mich diese Körperhaltung anstrengt und meine Atmung flach und schneller wird. Ist das bei Ihnen auch so?« Mit Hilfe von Rückmeldungen können wir eine alternative Sitzposition erarbeiten, in der sich der Körper mehr entspannen darf. Ziel ist es, bewusst wahrzunehmen, was sich körperlich verändert hat und wie sich damit vielleicht auch die Gefühle verändert haben.

Olivia Wollinger: Du bietest auch Gruppentherapie an. Was macht den Unterschied zu Einzelsitzungen?

Doris Nowak-Schuh: Die Psychodrama-Psychotherapiegruppen sind mein persönliches Highlight. Das Einzelsetting eignet sich gut für den Beginn einer Therapie oder für Menschen, die aus inhaltlichen Gründen die Intimität der Zweiersituation brauchen. Das Gruppensetting macht möglich, was die Einzeltherapie niemals leisten kann: Man erlebt sich unmittelbar in Beziehung zu anderen Menschen, die alle sehr verschieden sind. Man kann erfahren, wie man auf andere wirkt und was man in ihnen auslöst. Gleichzeitig besteht in einer gut geleiteten Psychotherapiegruppe so viel Vertrauen, dass auch sehr schwere Themen miteinander geteilt werden können. Gerade für Personen, die unter Bindungsproblemen leiden, kann eine wohlwollende Gruppe eine unglaublich heilsame Wirkung haben – was übrigens auch wissenschaftlich mehrfach belegt ist.

Olivia Wollinger: Inwieweit muss in der Therapie die Kindheit aufgearbeitet werden?

Doris Nowak-Schuh: In der Psychotherapie führt kein Weg an der Kindheit vorbei. Warum? In den ersten Lebensjahren erfährt unsere Persönlichkeit ihre wesentliche Prägung. Es entwickeln sich Bindungsmuster, die sich auf unser gesamtes späteres Beziehungsverhalten auswirken. Wir bilden Strategien aus für den Umgang mit unangenehmen Gefühlen. Strategien, die bestimmen, wie gut wir Frustration aushalten und ob wir in der Lage sind, uns Hilfe und Zuwendung zu suchen, wenn es uns schlechtgeht. In der Psychotherapie möchten wir Zusammenhänge zwischen den Dynamiken in der Herkunftsfamilie und den heutigen Beschwerden herstellen. Wenn das gelingt, gewinnen wir ein Verständnis für eigene Schwächen, die dadurch besser integrierbar werden.

In meinen Therapiestunden ist es allerdings nicht so, dass man seine Kindheit minutiös von Anfang an erzählen muss, das halte ich für wenig zielführend. Themen aus der Kindheit bekommen ihren Raum, sobald sie für das Geschehen im Heute bedeutsam sind.

Manche Menschen fürchten sich vor einer Therapie, weil sie nicht mehr in den Wunden der Kindheit herumbohren möchten. Das ist verständlich: Sie fürchten sich vor dem Schmerz, der damit verbunden ist. In diesen Fällen ist es Aufgabe der Therapeutin, sehr behutsam zu begleiten, Schutz und Sicherheit zu geben und dadurch einen Heilungsprozess zu ermöglichen. Im Fall von Martha zum Beispiel bedeutete das, gemeinsam herauszufinden, wann und warum diese »Hexe« in ihr entstanden ist. Es zeigte sich, dass sie nötig gewesen war, um als kleines Kind die Aufmerksamkeit ihrer Familie zu gewinnen. Diese Erkenntnis half Martha. Sie konnte Verständnis für sich selbst und ihre Krankheit entwickeln und wusste nun, dass der Weg aus der Bulimie für sie über den guten und achtsamen Umgang mit sich selbst führte.

Olivia Wollinger: Woran erkennst du als Therapeutin, ob du mit einer Klientin oder einem Klienten konstruktiv zusammenarbeiten kannst? Und woran erkennst du, dass die Therapie auf einem guten Weg ist?

Doris Nowak-Schuh: Das ist einfach zu beantworten: Wenn sich unsere Beziehung gut anfühlt. Wenn Missverständnisse oder Fragen zwischen uns gut geklärt werden können. Und wenn ich mich über Fortschritte dieses Menschen freuen darf.

Olivia Wollinger: Gibt es noch etwas, das dir hier zu sagen wichtig ist?

Doris Nowak-Schuh: Ja. Ich freue mich darüber, dass Psychotherapie mittlerweile immer stärker gesellschaftlich akzeptiert wird. Es hat lange genug gedauert, aber jetzt ist es endlich so weit, dass sich Menschen nicht mehr schämen müssen, wenn sie therapeutische Hilfe in Anspruch nehmen. Die Weltgesundheitsorganisation sagt, dass psychische Erkrankungen weiterhin auf dem Vormarsch sind und zu einem der größten gesundheitlichen Probleme in der westlichen Welt werden.

Daher gebe ich allen Betroffenen einen Rat, der mir am Herzen liegt: Nehmen Sie so früh wie möglich Hilfe in Anspruch! Nehmen Sie Ihre Erkrankung ernst. Eine Esssucht ist nicht bloß ein Laster, das man mit genügend Disziplin einfach abschütteln kann. Medial wird uns oft vermittelt, dass unser Körper beliebig formbar sei. Mit der nötigen Disziplin könne ihn jeder so modellieren, wie es von uns erwartet wird. Leider führt dieser Irrsinn dazu, dass wir bei uns selbst den Fehler suchen und uns als Versagerin oder Versager fühlen, weil uns das vermeintlich Einfache nicht gelingt. Aber so einfach ist es nicht. Und wenn hinter den Essattacken eine verletzte Seele steckt, dann muss diese Verletzung heil werden. Das ist die Basis für einen gesunden Körper, in dem wir uns wohl fühlen – unabhängig davon, wie andere ihn bewerten mögen.

Olivia Wollinger: Letztens schrieb eine Frau in einer Binge-Eating-Facebookgruppe: »Ich habe morgen meine erste Therapiestunde und habe unfassbare Angst.« Was würdest du dieser Frau gerne sagen?

Doris Nowak-Schuh: Ich würde ihr vermutlich antworten: »Das verstehe ich total, denn Unbekanntes kann uns ganz schön ängstigen. Gehen Sie trotzdem hin! Manchmal braucht es Mut, um Veränderungen einzuleiten.«

Körperorientierte Methoden

Sollten Sie sich einmal meinen Lebenslauf auf meiner Webseite www.aivilo.at anschauen, wird Ihnen auffallen, dass es mich beruflich zu den körperorientierten Methoden hinzog. Dabei habe ich mit den Jahren eine Vorliebe für die Arbeit mit Berührungen entwickelt, die mir ermöglichen, mit den Gefühlen meiner Klientinnen und Klienten in Kontakt zu kommen.

Ich persönlich konnte mich allerdings erst auf körperorientierte Methoden einlassen, nachdem ich zahlreiche Psychotherapie-Sitzungen absolviert hatte. Sie halfen mir, Klarheit darüber zu bekommen, wieso die Esssucht in meinem Leben war, und zahlreiche wichtige Zusammenhänge zu verstehen. Ich musste zunächst das Chaos in meinem Kopf ordnen und beruhigen, Stabilität in mein Seelenleben bringen, viele alte Glaubenssätze auflösen und einige Tränen über Vergangenes vergießen. Erst dann war es mir möglich, Berührung zuzulassen und einen echten Gewinn daraus zu ziehen.

Es gibt zahlreiche körperorientierte Methoden. Jene, die ich hier erwähne, sind nur ein kleiner Ausschnitt aus dem breiten Spektrum der Möglichkeiten. Es ist unmöglich, alles auszuprobieren oder zu erlernen. Wir können nur unserem Herzen folgen und darauf vertrauen, dass uns zum richtigen Zeitpunkt das richtige Instrument begegnet.

Mein erster Kontakt mit körperorientierten Methoden war Shiatsu. Seine Grundlage ist das Meridiansystem der Traditionellen Chinesischen Medizin (TCM). Gearbeitet wird mittels Druck- und Dehntechniken sowie Rotationen. Ich sprach gut auf Shiatsu an, mein Energiefluss wurde angeregt und damit einhergehend meine Gefühle zum Fließen gebracht: In mir war eine tiefe Traurigkeit vergraben, die sich nach und nach den Weg nach außen bahnen durfte. Durch die achtsame Berührung wurde mein emotionaler Hunger auf besondere Art und Weise genährt. Gleichzeitig verringerte sich die große innere Erschöpfung, die ich damals empfand.

Im Jahr 2002, also mit 30 Jahren, entschloss ich mich, eine Shiatsu-Ausbildung zu absolvieren. Mit der Zeit stellte ich jedoch fest, dass ich noch mehr hilfreiche Werkzeuge brauchte, um Menschen mit emotionalem Hunger begleiten zu können. 2009 entdeckte ich die EmotionalKörper-Therapie.

Die EmotionalKörper-Therapie, kurz EKT, wurde von Dr. Susanna Lübcke und Anne Söller entwickelt. Sie werden diese Methode im nächsten Kapitel, ab Seite 246, näher kennenlernen. Kurz gesagt ist die EKT eine Art Gespräch mit unseren Gefühlen. So können wir lernen, Empfindungen in unserem Körper wahrzunehmen, sie anzuerkennen und mit ihnen umzugehen.

Ich lernte diese Methode im Zuge eines EKT-Workshops in Berlin kennen. Ich weiß noch, wie ich danach dachte: »Ganz interessanter Ansatz, aber nicht spektakulär.« Bereits am selben Abend wurde ich eines Besseren belehrt, als ich mitten beim Essen in Tränen ausbrach. Hier war sie wieder, meine alte Trauer, die sich noch einmal ihren Weg nach oben bahnte und mich tief berührte. Was neu war: Mit Hilfe der EKT lernte ich meine tiefe Trauer zu ertragen, sie endlich liebevoll anzuerkennen und als wichtigen Teil von mir zu akzeptieren. Und vor allem: Ich hörte auf, vor ihr wegzurennen, sondern lernte, ihr zuzuhören und ihr zu geben, was sie wirklich brauchte. Dadurch wurde ich getröstet und das Gefühl besänftigt, so dass es allmählich milder wurde und schließlich verschwand.

In der Folge revolutionierte die EKT auf sanfte Weise meine Selbstkommunikation. Ich begann zu spüren, dass alle Gefühle ihre Berechtigung haben. Das Einteilen in »gute – will ich behalten« und »schlechte – muss ich loswerden« hörte auf. Durch die EKT entstand ein echtes Bedürfnis, mich mit allen meinen Eigenschaften anzunehmen und liebevoller mit mir umzugehen.

Ich machte die Ausbildung zur EKT-Begleiterin und EKT-Lehrtherapeutin, nahm an zahlreichen EKT-Workshops teil und hatte etliche Einzelsitzungen. Dadurch kamen viele vergrabene Gefühle ans Tageslicht, die ich nun endlich verarbeiten konnte. Mit jedem freigelassenen Gefühl spürte ich, wie meine innere Freiheit sich mehr und mehr entfaltete. Die EKT erleichterte mir außerdem den Umgang mit Alltagsgefühlen. Ich lernte, Frustration auszuhalten und als normalen Teil des Lebens zu akzeptieren. Darüber hinaus wurde es mir möglich, angenehme Zustände intensiver wahrzunehmen. Indem ich meine Gefühle annahm, wurde mein emotionaler Hunger weiter gestillt, und es gelang mir, noch mehr im Fluss des Lebens zu sein.

In einer EKT-Sitzung äußerte mein Körper das Bedürfnis nach absichtsloser Berührung. Dr. Lübcke erzählte mir daraufhin von der Rosen-Methode, einer anderen Form der Körperarbeit. Damit erweiterte sich ab 2013 mein Horizont ein weiteres Mal auf wundersame Weise.

Die Rosen-Methode wurde von Marion Rosen (1914 bis 2012) entwickelt, einer deutsch-jüdischen Physio- und Atemtherapeutin, die während des Nationalsozialismus in die USA floh. Anhand der jahrzehntelangen Beobachtung zahlreicher Patientinnen und Patienten erforschte Marion Rosen die Zusammenhänge zwischen Muskelverspannungen, Atemverhalten und verdrängten Gefühlen.

Marion Rosen erkannte, dass bestimmte schmerzhafte Erlebnisse aus reiner Überlebensstrategie verdrängt werden, um sie nicht fühlen zu müssen, was zu chronischer Verspannung und Lebensbarrieren führen kann.

Oder, um es mit den Worten Marion Rosens zu sagen:

»Der Körper zeigt am klarsten, was wir am meisten zu verbergen suchen.«
(aus: »Rosen-Methode Körperarbeit« von Elaine L. Mayland; Seite 43)

Durch die direkten, aber dennoch sanften Körperberührungen der Rosen-Methode werden die Muskeln eingeladen, sich zu entspannen. Dadurch kann sich ein größeres Atemvolumen entfalten und eine Weitung der inneren Räume stattfinden. Ein begleitendes Gespräch schafft zusätzlich Bewusstsein für die Körperempfindungen.

»Bei dieser Arbeit geht es darum sich wieder zu finden – die Wandlung zu vollziehen von der Person, die wir meinen zu sein, zu der Person, die wir wirklich sind.«
(aus: »Rosen-Methode Körperarbeit« von Elaine L. Mayland; Seite 79)

Ich beschloss, die fünfjährige Ausbildung in der österreichischen Schule der Rosen-Methode zu absolvieren, wodurch ich mir selbst auf noch tiefere Art und Weise begegnete. Beispielsweise konnte ich in zahlreichen Sitzungen einen mir bis dahin unbekannten körperlichen Schutzmechanismus erforschen: Sobald mir ein Gefühl zu naheging, stieg ich förmlich aus meinem Körper aus und war nur noch in Gedanken, eine Form der Dissoziation. Schritt für Schritt lernte ich, auch in solchen Situationen in meinem Körper zu bleiben. Mein Vertrauen wuchs, und damit wurden mein emotionaler Hunger und mein innerer Mangel nochmals auf wertvolle Art und Weise gestillt. Ich konnte durch diese ganz besondere Berührung der Rosen-Methode noch ein Stück mehr bei mir und in meinem Körper ankommen. Ich wurde gelassener und lebensfroher.
Durch die Berührung meines Körpers wurde mir außerdem klar,

dass ich mich manchmal in völlig harmlosen Alltagssituationen anspannte, weil ich mich unbewusst bedroht fühlte. Dieses Gefühl hatte mit der Gegenwart allerdings nichts zu tun, daher war es so schwierig, es aufzuspüren. Nach und nach lernte ich, das zugrundeliegende alte Muster meines Körpergedächtnisses aufzulösen. Mein Leben ist dadurch erheblich leichter geworden.

Kurz erwähnen möchte ich noch die Biodynamische Körpertherapie nach Gerda Boyesen. Als ich die Rosen-Methode noch nicht kannte, gönnte ich mir ein Jahr Begleitung durch diese Körpertherapierichtung, was ebenfalls heilsam für mich war. Gute Erfahrungen machte ich auch mit der craniosacralen Biodynamik.

Von einigen Methoden, wie beispielsweise Wingwave Coaching oder EFT Tapping, hörte ich ebenfalls gute Dinge, habe damit aber zu wenig persönliche Erfahrung, um sie hier mit Ihnen teilen zu können. Ich denke, der Erfolg einer Methode hängt immer davon ab, ob sie zum entsprechenden Zeitpunkt für Sie richtig ist, sowie von der Kompetenz und Erfahrung, über die Ihre Begleiterin oder Ihr Begleiter verfügt.

Falls Sie sich für eine körperorientierte Methode entscheiden, möchte ich Sie, ähnlich wie bei der Psychotherapie, ermutigen, auf die Qualität der Begleitung zu achten. Wenn Ihr Körper berührt wird, ist es wesentlich, dass Sie sich gut aufgehoben und sicher fühlen.

Was können körperorientierte Methoden bei Menschen mit emotionalem Essverhalten bewirken? Häufig lassen sich bei Betroffenen Mängel auf emotionaler Ebene beobachten. Wenn wir uns einem anderen Menschen anvertrauen, uns sprichwörtlich in seine oder ihre Hände begeben, kann das eine wunderbar nährende Wirkung haben. Wir lassen uns umsorgen. Das Gefühl, einfach so sein zu dürfen, wie wir sind, trägt einiges zur Heilung bei. Der emotionale Hunger kann verringert werden.

In der ersten Berührungsstunde beobachte ich bei vielen meiner Klientinnen und Klienten eine gewisse Nervosität: »Was geschieht nun? Wie wird es sein, wenn jemand meinen ungeliebten Körper berührt?« Diese Fragen sind völlig normal und sehr gesund, denn unsere Instinkte müssen zunächst prüfen, ob wir uns in Sicherheit wiegen können. Wenn es die Therapeutin versteht, die Grenzen des Körpers zu wahren, ihn also achtsam berührt ohne ihn zu überfordern, kann das Vertrauen langsam wachsen. Die Klientin lernt zu dem zu stehen, was sie wahrnimmt und wie sie fühlt. Auch das stillt den emotionalen Hunger.

Für mich fühlt sich achtsame, absichtslose Berührung wie ein warmes, wohltuendes Bad an, wie ein warmer Schokokuchen auf seelischer Ebene.

Die Berührung des Körpers bewirkt, dass er, auf mitunter neue Art und Weise, wahrgenommen wird. Kommen neue Klientinnen und Klienten zu mir in die Praxis, frage ich manchmal, wie sie ihren Körper erleben. Oftmals höre ich dann, dass sie ihren Kopf deutlich spüren, den Rest des Körpers hingegen »als Klumpen«, »wie einen Kartoffelsack« oder gar nicht wahrnehmen. Die Konturen zerfließen, als wären sie nicht vorhanden. Durch die Berührung können die Körpergrenzen wieder wahrgenommen werden. Meistens fühlen sie sich nach der Körperstunde kompakter, sie wissen wieder, wo sie anfangen und wo sie aufhören. Interessanterweise fühlen sich viele auch schlanker, obwohl eine Stunde der Berührung garantiert keinen Gewichtsverlust bewirkt. Es ist einfach die Wahrnehmung der Grenzen, die den Unterschied macht. Das Spüren der körperlichen Begrenzung begünstigt darüber hinaus die Wahrnehmung der seelischen Grenzen. Wenn wir wissen, wo wir anfangen und wo wir aufhören, gelingt es uns, besser einzustehen für das, was und wer wir sind.

Berührung kann dabei helfen, innere Spannungszustände wahrzunehmen, kennenzulernen und zu regulieren. Mit kompetenter Begleitung erleben Klientinnen und Klienten vielleicht zum ersten Mal, wie es ist, solche Gefühle eine Weile zu ertragen, statt sie sofort wegzuzussen. Berührung ist ein wirksames Mittel, um Entspannung zu erleichtern.

Die Berührung des Körpers bewirkt außerdem eine Verschiebung des Fokus: Weg von den Gedankenkreisen, hin zum Spüren im Hier und Jetzt. Viele nehmen wahr, dass sie viel mehr sind als nur ihre Gedankenkreise rund um das Essen und erfahren dadurch Erleichterung.

Exkurs: Schönheitsideale

Schönheit spielt in der Esssucht eine wichtige Rolle. Warum sonst würden wir mit zahlreichen Diäten versuchen, unserem Ideal näherzukommen? Wir taxieren unser Spiegelbild überkritisch, verurteilen jeden einzelnen vermeintlichen Makel, und das oft unzählige Male am Tag. Das toxische Scham-Denken hat uns hier fest im Griff.

Wie verletzend dies wirken kann, wurde mir bewusst, als ich eines Tages meine Wohnung renovierte. Ich war Stunden mit dem Putzen beschäftigt, als ich zum großen Spiegelkasten im Vorzimmer kam. Ich war verschwitzt, hatte ein ausgeleiertes T-Shirt mit Farbflecken an und trug unvorteilhafte, alte Jeans. Während des Putzens betrachtete ich mich im Spiegel und dachte immerzu: »Meine Güte, wie siehst du denn aus?« Es war mehr als unfair, mich in einer so misslichen Lage zu taxieren. Natürlich wurde das Spiegelbild meinem Schönheitsideal nicht gerecht. In diesem Moment konnte ich mich bewusst entscheiden, meinen toxischen Scham-Stimmen kein Gehör zu schenken. So konzentrierte ich mich auf die schmutzigen Stellen statt auf mein Spiegelbild und lobte mich für meinen Fleiß. Künftig tat ich mir selbst den Gefallen, mein Aussehen zumindest in ähnlichen Situationen nicht mehr genau zu überprüfen oder auf Fotos verewigen zu lassen, also mein Leben zu leben, statt mich abzuwerten.

Darüber hinaus erwies es sich für mich als förderlich, sozusagen die Lupe aus der Hand zu nehmen, sobald ich mein Aussehen betrachtete. Auch hier galt es, wie schon so oft, die richtige Balance zu finden.

♥ **Was mögen Sie an anderen Menschen?** Denken Sie bitte an eine Person, die Sie von Herzen gernhaben. Woran denken Sie zuerst? An ihr offenes Wesen, ihr fröhliches Lachen, das Strahlen ihrer Augen – oder an dicke Oberschenkel, Cellulite und Pickel?

Beim Bewerten unserer eigenen Schönheit setzen wir die Latte oft ziemlich hoch: Wir konzentrieren uns auf einzelne Komponenten, die wir als nicht schön empfinden, und schließen daraus: »Ich bin als Ganzes hässlich.« Bei anderen Menschen jedoch blicken wir meist auf die Gesamterscheinung, selten auf Einzelheiten, und damit fällt unser Urteil meist milder aus. Wir dürfen es zulassen, mit uns selbst gleichermaßen umsichtig umzugehen.

Ich habe den Anspruch aufgegeben, alles an mir schön oder gar perfekt zu finden. Manches gefällt mir, dahin lenke ich meinen Fokus. Anderes gefällt mir nicht so gut, mit diesen Stellen habe ich dennoch ein gutes Auskommen. Ich hebe sie nicht mehr hervor, ich ignoriere sie aber auch nicht, sie sind – so wie alles andere auch – Teil des Ganzen, sie sind integriert. Bei meiner Kleidung achte ich auf vorteilhafte Schnitte und Stoffe.

Schönheit liegt im Auge des Betrachters. Vielleicht ist es Ihnen auch schon passiert, dass Sie einen Menschen zunächst äußerlich attraktiv fanden und sich Ihr Eindruck änderte, sobald Sie ins Gespräch kamen? Was nützt Schönheit, wenn keine Ausstrahlung dahintersteckt?

Viele Jahre meines Lebens brachte ich damit zu, von Fotos zu schwärmen, auf denen ich eine in meinen Augen ideale Figur hatte: Auf dem einen Foto war ich elf, auf dem anderen 14. Ich verglich demnach meinen erwachsenen Frauenkörper mit dem eines Kindes beziehungsweise einer Jugendlichen. Interessant war, dass ich mich damals keineswegs schlank fühlte!

Ich musste eine Entscheidung treffen: Was möchte ich auf mich nehmen, um einen perfekten Körper, ein perfektes Aussehen zu erreichen? Will ich meine Muskeln stundenlang trainieren, um an jeder Stelle meines Körpers straff zu werden? Will ich täglich einen erbitterten Kampf gegen meine weiblichen Rundungen ausfechten? Intensiv Sport treiben, um eine hervorragende Kondition zu bekommen? Will ich niemals, wirklich niemals über den Hunger hinaus essen? Will ich dauerhaft auf Genussmittel verzichten, um kein ein-

ziges Fettpölsterchen anzulegen? Will ich mir Haarteile einflechten lassen, damit mein Haar dichter wirkt? Will ich täglich auf perfektes Make-up achten? Will ich viel Geld und Zeit investieren, um immer topmodisch gekleidet zu sein? Meine Antwort lautete: »Nein. Dieser Aufwand ist es mir nicht wert. Was ich möchte, ist, mich in meinem Körper wohl zu fühlen.«

Es folgte die Entscheidung, keine Perfektion mehr anzustreben. Zunächst beschloss ich, das Wort »perfekt« aus meinem aktiven Wortschatz zu entfernen. Ich hörte auf, mich über schlaffe Körperstellen zu beschweren: Wenn ich nicht bereit war, konsequent zu trainieren und dauerhaft auf Genussmittel zu verzichten, wollte ich das Resultat akzeptieren. Ich hörte auf, mich mangelnder Disziplin zu bezichtigen. Stattdessen gestand ich mir ein, dass ich vieles von dem, was ich mir jahrelang auferlegt hatte, in Wirklichkeit nicht wollte.

Ich hörte auf, alte Fotos von mir an den Kühlschrank zu hängen. Bilder von dicken Nilpferden verschwanden ebenfalls. Das war keine Resignation – es war eine bewusste, reife Entscheidung. Als ich meinem unerreichbaren Ideal nicht mehr nacheiferte, war der Weg frei: Jetzt konnte ich endlich zu mir selbst stehen, mich mit meinem Aussehen und mit meinem Körper wohl fühlen und das Beste aus meinem Typ zu machen.

Darüber hinaus reduzierte ich Vergleiche mit »den anderen«, so gut es ging. Sie waren ohnehin meist unfair, weil ich selten Gleiches mit Gleichem verglich, sondern beispielsweise mein dünnes Haar mit dicken Locken oder meine Figur mit Frauen, die völlig anders gebaut waren als ich. Dabei konnte ich nur verlieren, und das wollte ich mir fortan nicht mehr antun.

Wenn ich wieder einmal dachte: »Wow, diese Frau hat schönes Haar!«, bemühte ich mich, gedanklich nicht sofort »und meine sind so schrecklich« anzuhängen, sondern mich einfach an der Schönheit der Natur zu erfreuen und dieser Frau ihre Pracht zu gönnen. Wenn eine andere Frau schönes Haar hat, ist das noch lange kein Grund, mich fertigzumachen. Sobald ich mich selbst dabei ertappte, andere Frauenkörper zu taxieren, sagte ich innerlich »STOPP« und lenkte meine Gedanken auf andere Dinge.

Neben den veränderlichen Dingen gibt es genetische Veranlagungen, die wir nicht – oder nur mit erheblichem chirurgischen Aufwand – umformen können.

Meine Liste der Dinge, mit denen ich gehadert habe, könnte eine ganze Buchseite füllen, mindestens. Mich störten zum Beispiel meine Körpergröße, meine Gesichtsform, mein Becken, mein buckliger siebenter Halswirbel und so vieles mehr. Ich musste eine Entscheidung treffen: Wollte ich mich wegen unabänderlicher Eigenheiten lebenslang grämen und selbst beschimpfen? Oder wollte ich stattdessen akzeptieren, dass ich so gemeint war, vom Schöpfer, dem Universum, meinen Genen oder von wem auch immer? Ich entschied mich für die Akzeptanz, den zweiten Weg. Dieser wurde leichter, als sich mein emotionaler Hunger verringerte. Je besser ich mich in meiner Haut fühlte, desto schöner empfand ich mich.

Beim Thema »Schönheit« spielt auch der Alterungsprozess eine wesentliche Rolle.

Als sich die ersten Falten in meinem Gesicht zeigten, taxierte ich sie bei jedem Blick in den Spiegel: »Um Himmels willen! Die werden ja immer mehr! Hilfe! Ich werde alt!« Eines Tages entschied ich, auch damit aufzuhören. Ich würde mich für mein Alter nicht schämen. Es war in Ordnung, dass man es mir ansah. Ich musterte nicht mehr täglich meine Falten, sondern lächelte mich an und fokussierte auf den Gesamteindruck meines Spiegelbildes. Wesentlich besser als »Falten« gefällt mir übrigens das Wort »Lebenslinien«.

Manchmal zeigen Klatschzeitschriften unretouchierte Fotos von ungeschminkten Promis. Ich weiß, dass es unfair ist, jemanden derart privat abzulichten, doch ich gebe zu: Ich liebe diese Bilder! Es ist unglaublich, wie schicke Kleidung, Make-up, falsche Wimpern, Haarteile, figurformende Unterwäsche, Schönheitsoperationen und vor allem Bildbearbeitungsprogramme Menschen verändern können!

Ehrlich gesagt bin ich froh, dass für mich der Beruf Laufstegmodel nie in Frage kam. Für meinen Job muss ich glücklicherweise kein perfektes Gesäß vorweisen, warum also danach streben? Nur weil es mir die Werbung einreden will?

Hier stellt sich für mich die Frage: Wie alltagstauglich ist das Schönheitsideal, dem wir nacheifern? Wie fair ist es, wenn wir uns mit retuschierten Menschen oder perfekt arrangierten Werbeszenerien vergleichen?

Ich erinnere mich, dass lange Zeit ein bestimmtes Werbeplakat mein Feindbild war: Darauf sah man eine strahlende, schlanke Frau, die mit Genuss Joghurt löffelte. Jeden Tag dachte ich mir: »Wenn ich nur endlich meine Diät einhielte, könnte ich vielleicht genauso strahlen.« Heute weiß ich, dass mein Unwohlsein weder an meiner Figur noch an meinem Gewicht lag. In meinem Inneren war es dunkel und traurig, daher war es mir unmöglich, nach außen hin zu strahlen. Damals assoziierte ich »strahlend« mit »schlank«. Diese beiden Begriffe gehören für mich nicht mehr zusammen, heute verbinde ich »strahlend« mit »in sich selbst wohlfühlen«.

Wer bereits für einen besonderen Anlass von Profis fotografiert wurde, weiß, was Licht und Make-up bewirken können. Ich finde es wichtig, dass wir unser »Alltags-Ich« nicht mit solchen Fotos vergleichen.

Das Foto für mein Buch-Cover entstand im März 2015 in einem perfekt ausgeleuchteten Studio. Meine Grafikerin legte mein Haar in fotogene Form und achtete darauf, dass Hautunebenheiten abgedeckt waren. Gemeinsam mit meinem Fotografen half sie mir, vor der Kamera meine Schokoladenseite zu präsentieren. »Oh, Mist! In meiner Seidenbluse sind Knitterfalten vom Transport.« – »Macht nichts«, erwiderte die Grafikerin, »die werde ich wegretuschieren.« Ich war fasziniert, so einfach ging das! Falls Sie mich also eines Tages in meiner aivilo-Praxis oder zufällig im Supermarkt treffen, wird meine Bluse vermutlich nicht so glatt gebügelt, mein Haar wahrscheinlich nicht so einwandfrei gebürstet und ich selbst werde garantiert nicht perfekt ausgeleuchtet sein. Doch das ist okay, denn auch das bin »ich«!

Kapitel 5

Gefühle spüren und ertragen

Kurz vor meiner Führerscheinprüfung im Jahr 1994 aß ich ein Knäckebrot nach dem anderen, wobei mir ein Kollege aus der Fahrschule verwundert zusah: »Ich könnte jetzt nichts essen!« Heute weiß ich, dass ich versuchte, meine Nervosität durch Essen herunterzuschlucken.

Nervosität war jedoch nicht die einzige Gelegenheit, die mir damals Grund zum Essen lieferte: Ich aß, wenn ich mit meiner Zeit nichts anzufangen wusste. Ich aß, wenn ich zu viel zu tun hatte. Ich aß, wenn ich im Job unterfordert war. Ich aß, wenn ich im Job überfordert war. Ich aß, wenn ich mich nicht konzentrieren konnte. Ich aß, wenn es mir nicht gutging. Ich aß, wenn es mir gutging – vor lauter Angst, dass mein Glück nicht von Dauer sein könnte. Ich aß, wenn ich Beruhigung brauchte, ich aß, wenn ich mich wach halten wollte. Ich aß, wenn da irgendein Gefühl in mir war, das ich nicht definieren oder nicht ertragen konnte.

Es waren insofern nicht nur die Essanfälle, bei denen ich mich überaß. Auch in meinem Alltag aß ich viel zu oft, ohne dass mein Körper danach verlangte. Ich benutzte das Essen, um meine Gefühlswelt zu regulieren. Als Folge davon fühlte ich mich häufig vollgestopft und unwohl, selbst wenn ich keinen Essanfall hatte. Zu der Zeit dachte ich, dass Fasttage dieses Problem lösen würden.

Erst später erkannte ich, dass die Lösung meines Problems woanders lag: Ich musste lernen, mit meinen Gefühlen umzugehen, statt sie hinunterzuschlucken oder zu verdrängen. Darüber hinaus ging es darum, meinen Gefühlen rechtzeitig zu begegnen, damit sie nicht mehr zu einem kaum erträglichen, engverknoteten, riesigen Knäuel anwuchsen, das ich nur durch Essanfälle auflösen konnte.

Der Körper als Bühne für Gefühle

Im Wort Gefühle steckt »fühlen«. Dies ist bereits ein Hinweis darauf, wie wir Gefühle wahrnehmen: Wir fühlen sie, und zwar mit Hilfe unseres Körpers. Unser Kopf, also unsere Gedanken, helfen uns bei der Interpretation des Gefühlten und übersetzen unsere Gefühle in Bedürfnisse.

»Der Körper ist die Bühne, auf der sich das Leben abspielt.«
(aus: »Das Achtsamkeits-Übungsbuch« von Weiss, Harrer, Dietz; Seite 43)

Die deutsche Sprache bietet einige Begriffe, um das, was in unserem Inneren vorgeht, zu benennen. Damit wir uns in diesem Kapitel auf das Wesentliche konzentrieren, nämlich auf das Spüren, verzichte ich bewusst auf die genaue Differenzierung der Begriffe »Gefühle«, »Emotionen«, »Stimmungen«, »Spüren« und »Fühlen«.

Mein Kopf war früher mein Hauptentscheidungsträger. Er bestimmte, wie ich mich zu fühlen, wen ich zu mögen, wer ich zu sein und wie mein Tagesablauf auszusehen hatte. Fast alles war durchdacht und geplant. Für meine wahren Gefühle ließ ich wenig Raum, sofern sie mir überhaupt bewusst waren. Was sich mein Kopf ausdachte, war für meine Gefühle, für mein Wesen, oft nicht stimmig. »Du fühlst dich müde? Das ist unmöglich, du hast heute noch nicht wirklich viel geleistet! Stell dich nicht so an, es gibt genug zu erledigen!« Essen war damals das einzige Mittel, das mir ermöglichte, zu tun, wonach mir in meinem Innersten wirklich zumute war: Die Kontrolle zu durchbrechen, nicht funktionieren zu müssen, nicht wissen zu müssen, wo es langging, und im Schlaf, der meist auf die Essanfälle folgte, alles zu vergessen. Damit mein Unterbewusstsein nicht mehr rebellieren musste, wurde es Zeit, meinen Gefühlen zuzuhören, anstatt sie wegzuessen.

Um unsere Gefühle wahrnehmen zu können, ist es nötig, in unseren Körper hineinzufühlen und auf seine Empfindungen zu lauschen. Wenn wir allerdings von ihm abgekoppelt leben oder ihn sogar hassen, braucht es naturgemäß Zeit und Übung, um wieder in Kontakt mit ihm zu kommen.

Damals wusste ich noch nicht, wie ich in mich hineinspüren konnte. Erschwerend kam hinzu, dass ich mich oft wie benebelt fühlte. Am deutlichsten spürte ich mich daher bei hohen Hochs und tiefen Tiefs. Es fiel mir schwer, die Gefühlsschattierungen dazwischen wahrzunehmen.

Dem Traumatherapeuten Peter A. Levine zufolge läuft das Erlernen der Sprache des Körpers ähnlich der Aneignung einer Fremdsprache ab. Diese hat ihre eigene Grammatik, ihren Satzbau und ihre Redewendungen, was sich alles niemals an nur einem Tag erlernen lässt.

Sie können beim Spürenlernen also geduldig sein. Möglicherweise gab es in Ihrem Leben wichtige Gründe, wenig oder nichts zu spüren. Das kann zum Beispiel ein wirksamer Schutz vor Verletzungen geistiger oder körperlicher Natur gewesen sein. Sie dürfen sich gönnen, Ihre Gefühle in kleinen Dosen zuzulassen. Dadurch können Sie erfahren, ob Spüren heute für Sie sicher ist, und Sie gewinnen dadurch Mut, sich mehr und mehr auf Ihre Innenwelten einzulassen. Bitte zwingen Sie sich zu nichts, und gönnen Sie sich bei beängstigenden oder bedrohlichen Gefühlen professionelle Hilfe. Falls Sie große Widerstände gegen Ihre Gefühlswelt hegen oder sich komplett taub fühlen, wäre es ebenfalls ratsam, mit einer Therapeutin oder einen Therapeuten darüber zu sprechen.

Aufwärmübungen für das Spüren

Das Spüren funktioniert am besten, wenn wir es nicht krampfhaft erzwingen. Es ist wie bei der Suche nach einem Gegenstand, den wir verlegt haben: Meist werden wir erst fündig, sobald wir nicht mehr fieberhaft alle Schubladen durchwühlen, sondern innerlich loslassen. Beim Spüren ist die innere Haltung ähnlich: Wir suchen nicht nach etwas Bestimmtem, sondern öffnen uns für das, was da ist. Wir beobachten. Es gibt beim Spüren kein »Richtig« und kein »Falsch«. Es gibt nur Ihr höchstpersönliches Spüren, das ist immer in Ordnung, so wie es gerade ist. Falls Sie zunächst nichts wahrnehmen können, ist das ebenfalls in Ordnung. Genaugenommen bedeutet es sogar, dass Sie bereits *etwas* spüren, nämlich das Nichts. Auch diese Wahrnehmung kann man erforschen, dazu erfahren Sie später mehr.

Beim Spüren möchten wir die Gefühlsregungen in unserem Körper beobachten, also unsere Aufmerksamkeit bewusst in uns hineinlenken. Leider gibt es kein Schulfach »Gefühle benennen«, und so fehlen uns manchmal die Wörter, um das, was in uns abgeht, genau zu beschreiben. Daher ist es nötig, ein Vokabular für die inneren Sensationen zu entwickeln.

Wenn wir das Spüren (wieder) erlernen, dürfen wir mit einfachen Körperspürübungen anfangen, uns sozusagen aufwärmen. Wir brauchen uns nicht sofort auf unsere schwierigsten Emotionen zu stürzen! Denken wir einmal zurück an unseren Matheunterricht: Da übten wir zunächst die Addition, bevor wir uns an das kleine Einmaleins heranwagten. Heute ist beides für uns eine Selbstverständlichkeit! Beim Spürenlernen funktioniert es ähnlich: Die Übung macht die Meisterin und den Meister!

Für viele Übungen müssen wir keine zusätzliche Zeit freischaufeln; sie lassen sich hervorragend in den Alltag einbauen:

♥ **Spüren im Alltag:** Wenn Sie sich das nächste Mal langweilen oder warten müssen, nehmen Sie irgendeinen Gegenstand in die Hand und versuchen Sie gedanklich zu beschreiben, wie er sich anfühlt. Kalt? Warm? Spitz? Rund? Rau? Glatt? Wie Metall? Gläsern? Hölzern? Schwer? Leicht? Filigran? Robust? Angenehm? Unangenehm?

♥ **Kopfhaut spüren:** Die meisten von uns frisieren sich jeden Tag. Das ist eine hervorragende Gelegenheit, die Bürste oder den Kamm auf unserer Kopfhaut zu spüren. Wie fühlt sich das an?

♥ **Fokus auf den Atem:** Beobachten Sie das nächste Mal, wenn Sie kurz Zeit haben, Sie etwa in einer Warteschlange stehen oder im Zug sitzen, Ihren Atem: einatmen, ausatmen. Erforschen Sie, an welchen Körperstellen sich die Bewegung Ihres Atems zeigt.

Untertags bin ich öfter mit einem Teil meiner Aufmerksamkeit bei meinem Atem, und zwar parallel zu anderen Tätigkeiten. Das hilft mir, die Verbindung mit meinem Inneren aufrechtzuerhalten.

♥ **Unterlage unter Ihrem Körper spüren:** Das ist eine schöne Übung, wenn Sie das nächste Mal Bus oder Bahn fahren oder im Stau stecken. Versuchen Sie wahrzunehmen, an welchen Stellen und auf welche Art und Weise Ihr Körper den Sitz, beziehungsweise den Boden berührt. Wo genau sind die Kontaktflächen? Wird Ihr Kopf abgestützt? Wenn ja, können Sie die Kopfstütze spüren? Vielleicht möchten Sie Ihren Kopf ein bisschen bewegen, um deutlicher wahrnehmen zu können. Wie liegen Ihre Arme auf? Was genau spüren Sie unter Ihren Füßen?

♥ **Fokus auf den Herzschlag:** Lenken Sie Ihre Aufmerksamkeit auf Ihr Herz. Können Sie es schlagen spüren? Vielleicht möchten Sie Ihre Hand darauf legen. Gern können Sie sich bei Ihrem Herz bedanken, dass es schon Ihr ganzes Leben für Sie schlägt. Die Übungen zu Herzschlag, Atem und Unterlage eignen sich übrigens gut für den Moment vor dem Einschlafen, besonders wenn die Gedanken mal wieder umhersausen.

♥ **Töne im Körper spüren:** Wenn Sie ein bisschen Zeit haben und allein sind, können Sie ein »mmmmmm« anstimmen und spüren, wo beziehungsweise wie Sie diesen Ton im Körper wahrnehmen. Bemerken Sie die Vibration? Falls Sie möchten, legen Sie die Hände auf Kopf oder Brustkorb, um das Spüren zu erleichtern. Oder Sie möchten bei Ihrem Lieblingslied mitsummen und sich währenddessen mit Ihrem Körper verbinden.

Manchmal fällt das Spüren leichter, wenn wir unsere Wahrnehmungen zu unterschiedlichen Zeitpunkten miteinander vergleichen:

♥ **Spüren Sie den Unterschied:** Lenken Sie zunächst ein paar Atemzüge lang Ihre Wahrnehmung in *beide* Arme und registrieren Sie, wie sie sich jetzt anfühlen. Nun konzentrieren Sie sich bitte auf Ihren *linken* Arm: Klopfen Sie ihn mit Ihrer lockeren rechten Faust gründlich ab, in einer Stärke, die Ihnen angenehm ist. Danach rubbeln Sie Ihren linken Arm, so wie Sie das tun würden, wenn Ihnen kalt ist. Falls Sie einen Igelball zur Verfügung haben, rollen Sie Ihren linken Arm damit ab.

Danach bewegen Sie alle Gelenke Ihres linken Arms. Fangen Sie mit der linken Schulter an, indem Sie den linken Arm langsam kreisen und in alle Richtungen strecken. Dann lenken Sie Ihre Aufmerksamkeit zum linken Ellbogen. Erforschen Sie, welchen Bewegungsradius dieser zulässt. Gleiches tun Sie nun mit Ihrem linken Handgelenk und Ihren linken Fingergelenken. Währenddessen können Sie sich überlegen, was Ihr Arm und Ihre Hand für Sie leisten und dafür »Danke« sagen. »Danke, mein Arm, dass du all die Arbeiten für mich erledigst.« Oder: »Danke, meine Hand, dass du viele Dinge für mich halten kannst.«

Sobald Sie damit fertig sind, lenken Sie wie zu Beginn Ihre Wahrnehmung in *beide* Arme. Können Sie die Unterschiede zwischen Ihrem linken und Ihrem rechten Arm wahrnehmen? Lassen Sie sich Zeit, diese zu formulieren. Falls Sie Lust dazu haben, können Sie mit dem rechten Arm und dann mit den Beinen ähnlich verfahren.

Wenn Sie an dieser Übung Gefallen finden, kann sie etwas abgewandelt gut in den Alltag integriert werden. Lenken Sie zum Beispiel bei Dehnübungen Ihre Aufmerksamkeit erst in die linke, dann in die rechte Wade. Oder Sie cremen erst den einen Arm ein, dann den anderen. Werden Sie kreativ!

♥ **Körperbürste:** Bürsten Sie die Haut sanft (!) mit einer weichen, trockenen Körperbürste, ähnlich wie beim sogenannten »Trockenbürsten«. Bürsten Sie erst eine Hand, und vergleichen Sie das Gefühl mit der anderen und so weiter. Bei großflächigem Bürsten ist es gut, in Richtung Ihrer Lymphknoten zu streichen.

♥ **Deckenpaket:** Zum Spüren der Körpergrenzen empfehle ich, sich fest in eine Tagesdecke einzupacken. Dazu nehmen Sie am besten eine Decke ohne Stretch-Anteil und wickeln diese so eng wie möglich um sich herum, so umhüllt die Decke Sie wie ein sehr enganliegendes, trägerloses Kleid. Wie fühlt sich das für Sie an? (Diese Übung lernte ich von Dami Charf, www.traumaheilung.de.)

♥ **Flummi, Tennisball, Faszienrolle:** Auch diese Hilfsmittel können dabei helfen, den Körper zu spüren. Stellen Sie sich barfuß auf harten Untergrund und lenken Sie Ihre Aufmerksamkeit zunächst auf *beide* Fußsohlen. Dann legen Sie einen kleinen Flummi (Gummiball) unter Ihre *linke* Fußsohle. Steigen Sie darauf herum und massieren Sie Ihre Fußreflexzonen, von den Zehen bis zur Ferse. An manchen Stellen kann das ganz schön schmerzhaft sein! Nach ein paar Minuten vergleichen Sie: Wie fühlt sich meine linke Fußsohle im Vergleich zur rechten an?

Für großflächigeres Spüren und Selbstmassagen kann sich die Anschaffung einer sogenannten Faszienrolle lohnen.

Die Autobahn im Kopf beruhigen

Fühlen ist etwas, das sich in unserem Körper in der Gegenwart, im Hier und Jetzt abspielt. Teil der Symptomatik der Esssucht ist es allerdings, in ständige Gedankenkreise verstrickt zu sein: Wir hängen also in der Zukunft (planen), der Vergangenheit (grübeln) oder bei vermeintlichen Mängeln (Defizitdenken). Sind wir noch nicht daran gewohnt, unsere Gefühle zu spüren, werden sie allzu leicht von Gedanken übertönt. Auf Seite 101 habe ich bereits den Vergleich mit einer Biene angestellt: In der Stille können wir ihr Summen deutlich hören, mitten auf der Autobahn nicht. Gefühle wahrzunehmen wird erheblich erleichtert, wenn wir lernen, unsere Gedanken auf das Hier und Jetzt zu konzentrieren.

Die Betonung liegt dabei auf »lernen«. Flitzen unsere Gedanken unbändig im Kopf hin und her, reicht es nicht aus, sie zu bitten: »Seid still, ich möchte jetzt fühlen.« Um gewohnte Muster zu verändern, braucht es Geduld und stetige Übung. Die Meditation ist ein wirksames Mittel, um die Gedanken ins Hier und Jetzt zu befördern und sie so zu beruhigen.

Der Gedanke an Meditation schreckte mich lange Zeit ab, weil ich sie mit stundenlangem Stillsitzen in steifer Haltung gleichsetzte. Zudem wurde es in Momenten der äußerlichen Stille umso lauter in mir drin, Unmengen von Gedanken überfluteten mich, was mir großes Unbehagen bereitete. Daher landete Meditation, wie vieles andere auch, auf meiner langen »Ich sollte«-Liste. Erst viele Jahre später lernte ich im Zuge meiner Shiatsu-Ausbildung mit Hilfe eines Lehrers die Vorzüge der Sitzmeditation kennen.

Was viele nicht wissen, ist, dass Sitzmeditation nur eine von vielen Meditationsvarianten ist. Es gibt darüber hinaus zahlreiche Möglichkeiten, Meditation in den Alltag einzubauen. Hier möchte ich Dipa Ma zitieren, eine Inderin, die ihr Leben der Meditationspraxis widmete und 1911 bis 1989 lebte:

»Wenn du geschäftig bist, dann ist Geschäftigkeit deine Meditation. Wenn du mit Kalkulationen beschäftigt bist, sei dir dessen bewusst. In der Mediation geht es darum, zu wissen, was du gerade tust. Wenn du zum Büro hetzt, solltest du dir der ›Hast‹ gewahr sein. Wenn du isst, deine Schuhe, Socken, Kleidung anziehst, sei dir dessen gewahr. Es ist alles Meditation! Selbst wenn du deine Fingernägel schneidest, bringe deinen Geist genau dort hin. Sei dir gewahr, dass du deine Fingernägel schneidest.«

(aus: »Furchtlose Tochter des Buddha« von Amy Schmidt; S. 116)

Meditation bedeutet keineswegs, nichts zu denken, sondern unseren Geist immer wieder achtsam auf die Gegenwart zu lenken. Dazu existieren zahlreiche alltagstaugliche Übungen, meine Favoriten werde ich Ihnen gleich vorstellen. Sollten Ihnen etwas davon zusagen, empfehle ich erneut das regelmäßige Üben über einen längeren Zeitraum. Es wäre unrealistisch, zu erwarten, dass sich jahrelang eingeschliffene Denkmuster durch eine ein- oder zweimal ausgeführte Übung auflösen.

Selbst wenn Übungen einfach in unser Leben integrierbar sind, kann es vorkommen, dass wir sie vergessen. Das ist menschlich, wir sind nun einmal Gewohnheitstiere. Oft hilft eine liebevolle (!) Aufforderung, vielleicht eine Handy-Erinnerungsfunktion hier oder eine Haftnotiz dort.

Betonen möchte ich, dass es bei all dem nicht darum geht, ab jetzt *immer* im Hier und Jetzt zu sein. Ich kenne niemanden – mich selbst eingeschlossen – der es schafft, immer präsent zu sein. Stattdessen geht es um ein *immer öfter*.

♡ **Sinne bewusstmachen:** In unserer modernen Welt nehmen visuelle Reize viel Raum ein. Wenn Sie das nächste Mal außer Haus gehen, achten Sie eine bestimmte Wegstrecke lang bewusst auf die anderen Sinneswahrnehmungen. Hören Sie beispielsweise das »Klacke-die-klack« der Rolltreppe oder die kleine Melodie, die Züge beim Abfahren machen, riechen Sie an einer Blume, spüren Sie den Wind auf Ihrem Gesicht, ertasten Sie die Holzstruktur eines Baums.

♡ **Achtsam gehen:** Statt von A nach B zu hetzen, versuchen Sie, ein paar Meter bewusst zu gehen, Ihre Füße abzurollen, den Untergrund zu spüren. Das können Sie jederzeit in den Alltag einbauen, beispielsweise im Büro, am Weg zum Kopierer. Im Sommer ist es schön, die Schuhe auszuziehen und bloßfüßig eine Wiese wahrzunehmen oder das kalte Wasser eines Baches.

♡ **Dinge anders tun als gewohnt:** Sobald wir die Automatismen des Alltags etwas ändern, lenkt das unsere Aufmerksamkeit ins Hier und Jetzt. Drücken Sie beispielsweise einen Tag lang alle Lichtschalter mit dem kleinen Finger Ihrer linken Hand. Nehmen Sie einen anderen Weg zur Arbeit, oder gehen Sie in ein anderes Lebensmittelgeschäft als gewohnt. Sie finden bestimmt noch zahlreiche weitere Beispiele!

♥ **Alltagshandlung kommentieren:** Führen Sie eine ganz normale Routinetätigkeit bewusst aus, indem Sie sich selbst erklären, was Sie gerade tun. Wenn Sie allein sind, laut, wenn jemand in Ihrer Nähe ist, im Geiste. Zum Beispiel beim Abwasch: »Ich nehme den Geschirrschwamm, ich halte ihn unter das Wasser, das Wasser fühlt sich heiß an, ich nehme den Teller, der spürt sich glatt an, ich putze den Teller, ich höre das Geräusch ...« und so weiter. Sie beschäftigen Ihren Kopf, indem Sie ihn als Verbündeten mit ins Boot holen. Er gießt das, was Sie spüren und wahrnehmen, in Worte. Damit sind die Gedanken auf das Tun im Hier und Jetzt gerichtet. Falls sich wiederholt andere Gedanken einmischen, ist das in Ordnung und völlig normal. Lenken Sie Ihre Gedanken möglichst geduldig immer wieder zu Ihrer Tätigkeit zurück. Statt sich über ihr Auftauchen zu ärgern, erinnern Sie sich bitte daran, dass nur Übung die Meisterin macht.

♥ **5-4-3-2-1-Übung:** Bitte konzentrieren Sie sich zunächst nacheinander auf fünf verschiedene Dinge, die Sie im Augenblick in Ihrer Umgebung sehen können. Bitte benennen Sie diese laut oder in Gedanken. Dann bemerken Sie fünf Dinge, die zu hören sind. Bitte diese wieder benennen. Schließlich fünf Dinge, die Sie fühlen können, beispielsweise die warmen Sonnenstrahlen, den Wind, den Kontakt Ihrer Füße zum Boden, die Glätte der Kaffeetasse, Ihre Schultern. Anschließend wiederholen Sie dies, mit vier – wenn möglich – neuen Dingen, die Sie sehen, hören und spüren können. Dann mit drei Dingen, mit zwei und schließlich mit einem. (Diese Übung ist aus »Das Achtsamkeits-Übungsbuch« von Weiss, Harrer, Dietz; Seite 120)

Sobald wir mit dem Versuch beginnen, unsere Gedanken im Hier und Jetzt sowie beim Spüren zu halten, finde ich es sinnvoll, den eigenen Umgang mit der Uhr und dem Smartphone zu überprüfen.

Früher lag ich in der Badewanne und befragte meine Uhr, ob ich wohl schon lange genug im Wasser lag, um entspannt zu sein. Oder ich blickte bei Treffen mit Freundinnen auf die Uhr: Hatte ich bereits genügend Zeit mit ihnen verbracht? Ich checkte, statt zu fühlen. Mittlerweile trage ich privat keine Uhr mehr. Habe ich Termine, nutze ich die Wecker-Funktion meines Handys, um mich auf das Hier und Jetzt zu konzentrieren, statt ständig auf die Zeit zu achten.

Das Smartphone ist eine fantastische Erfindung, doch wenn wir pausenlos unsere Sinne damit beschäftigen, kann das Spüren möglicherweise darunter leiden. Außerdem überladen wir unser Gehirn mit Input, so dass es unserem Nervensystem zunehmend schwerer fällt, zur Ruhe zu kommen. Kein Wunder also, dass bereits Apps entwickelt wurden, die unseren Smartphone-Konsum regulieren.

♥ **Smartphone und Spüren:** Erforschen Sie doch einmal, ob Sie Wartezeiten des Alltags überwiegend mit dem Hantieren am Smartphone statt mit dem bewussten Spüren füllen. Ist es Ihnen möglich, Internet, Mails, SMS, Spiele oder soziale Netzwerke einen Nachmittag lang außer Acht zu lassen? Wie viel Zeit verbringen Sie in sozialen Netzwerken? Wenn Sie möchten, zählen Sie selbstehrlich eine Woche lang alle Handy-Nutzungszeiten zusammen, auch jene, in denen Sie nur »eben mal kurz zwischendurch« hineinschauen oder während Sie etwas anderes tun, beispielsweise gehen, Auto fahren, fernsehen, essen. Gibt es etwas, das Sie nicht spüren oder von dem Sie sich ablenken möchten, wenn Sie Ihr Smartphone zücken?

Ich glaube mittlerweile, dass das Smartphone eine moderne Form der Dissoziation ist, denn es kann uns von Gefühlen abspalten. Ich frage mich oft, inwieweit man Erlebnisse wirklich mit allen Sinnen genießen kann, wenn man sich dabei in vorteilhafter Pose fotografiert und das Foto sogleich in den sozialen Netzwerken hochlädt?

Letztens las ich folgenden Spruch: »Face your life, don't facebook it«. Angesichts der heutigen technischen Möglichkeiten finde ich es besonders wichtig, bewusst zu entscheiden, wohin wir unsere Aufmerksamkeit lenken möchten.

EmotionalKörper-Therapie (EKT)

Nun wenden wir uns dem Spüren von Gefühlen zu, sozusagen der Königsdisziplin. Dazu möchte ich Ihnen ein hilfreiches Werkzeug näher vorstellen, das ich oben bereits erwähnt habe: die EmotionalKörper-Therapie, kurz EKT.

Eine EKT-Einzelsitzung dauert in der Regel eineinhalb bis zwei Stunden. Mit Hilfe der Anleitung und Präsenz einer EKT-Begleiterin oder eines EKT-Begleiters wird eine intensive Beschäftigung mit Lebensthemen und damit verbundenen Gefühlen ermöglicht. Dies kann zu tiefen Einsichten führen und Schritt für Schritt zur inneren Heilung beitragen.

In der Selbstanwendung kann uns die EKT unterstützen, Gefühle zu spüren, zu benennen und sie anzunehmen, wie sie sind. Die EKT stellt vier Sätze zur Verfügung:

1.) »Mein Gefühl, ich spüre dich.«,
   oder: »Mein Gefühl, ich begrüße dich.«
2.) »Mein Gefühl, ich danke dir.«,
   oder: »Mein Gefühl, ich danke dir, dass du dich zeigst.«
3.) »Mein Gefühl, ich nehme dich in Liebe an.«,
   oder: »Mein Gefühl, ich liebe dich.«
4.) »Mein Gefühl, darf ich etwas für dich tun?«,
   oder: »Mein Gefühl, kann ich etwas für dich tun?«,
   oder: »Mein Gefühl, was kann ich für dich tun?«

Mein Gefühl, ich spüre dich

In der EKT lernen wir, unseren Gefühlen Raum zu geben und mit ihnen zu kommunizieren, statt sie wegzudrücken oder gar wegzuessen. Und wie in jeder anderen Kommunikation auch, beginnen wir zunächst mit der Begrüßung. Wir sagen »Hallo«:

»Mein [Name des Gefühls], ich spüre dich.«

Je nach persönlicher Vorliebe können Sie auch sagen:
»Hallo, mein [Name des Gefühls], ich begrüße dich.«,
oder: »Mein [Name des Gefühls], ich begrüße und ich spüre dich.«

Als Name des Gefühls dürfen Sie wählen, was immer momentan passend scheint, wie beispielsweise »mein bedrückendes Gefühl« oder »mein Gefühl, das ich fast nicht aushalten kann«, »mein Angstgefühl« oder auch »mein Wohlgefühl«. Es gibt hier kein »Richtig« und kein »Falsch«. Der Name des Gefühls oder das Gefühl selber kann sich ändern, sobald Sie es näher erforschen. Falls Sie das Gefühl nicht benennen können, darf es einfach »das Gefühl, das ich nicht benennen kann« heißen.

Wir können den EKT-Satz auch dann anwenden, wenn ein Gefühl noch undeutlich ist, und in der Folge beobachten, ob sich die Wahrnehmung verändert, zum Beispiel: »Mein Hunger, ich spüre dich und ich begrüße dich.«

♡ **Beschreibung der Gefühle:** Nun erforschen Sie, welche Empfindungen Sie wo in Ihrem Körper wahrnehmen können. Fühlen Sie vielleicht etwas in Ihrem Brustkorb? Oder in Ihrem Bauch? Vielleicht im Kopf, im Hals? Ist es dort leicht? Schwer? Hell? Dunkel? Weit? Eng? Warm? Kalt? Gibt es dort ein Kribbeln? Ein Vibrieren? Druck? Einen Kloß?

Jeder Mensch spürt anders. Falls Sie noch keine konkreten Körperempfindungen wahrnehmen, können Sie vielleicht Bilder oder Farben sehen? Vielleicht fühlt sich Ihr Gefühl an wie ein Stahlkorsett? Wie eine Schutzmauer? Wie tausend Pfeilspitzen, die hereinprasseln? Wie etwas, das explodieren möchte? Wie ein heller Nebel?

Manche Menschen spüren ihre Gefühle in den immer gleichen Gegenden, beispielsweise Brustkorb oder Bauch. Andere spüren sie an unterschiedlichsten Stellen im Körper. Manchmal ist das, was wir spüren, deutlich und laut, manchmal leise und kaum wahrnehmbar.

Falls Sie »nichts« spüren, lassen Sie auch das zu. Erforschen Sie das »Nichts« näher. »Mein Gefühl von Nichts, ich spüre dich und ich begrüße dich.« Wie genau können Sie wahrnehmen, dass in Ihrem Körper »nichts« ist? Welche Konsistenz oder welches Aussehen hat es, ist das »Nichts« beispielsweise Vakuum oder durchsichtig? Ist es von etwas umgeben, beispielsweise einer Hülle? Oder ist es wie ein verschlossener Sesam, der ein Geheimnis verbirgt?

Mein Gefühl, ich danke dir

Als Nächstes zeigen wir dem Gefühl, dass wir dankbar sind, es überhaupt spüren zu können, indem wir sagen:

»Mein [Name des Gefühls], ich danke dir.«
Je nach persönlicher Vorliebe können Sie auch formulieren:
»Mein [Name des Gefühls], danke, dass du dich zeigst.«,
oder: »Mein [Name des Gefühls], danke, dass du da bist.«

Vielleicht fallen Ihnen darüber hinaus noch andere Gründe ein, warum Sie Ihrem Gefühl danken könnten.

Dann lenken Sie Ihre Aufmerksamkeit wieder zu jener Stelle in Ihrem Körper, wo Sie Ihr Gefühl beobachten konnten, und warten ein bisschen. Sie müssen sich nicht bemühen, etwas Besonderes zu entdecken. Schauen Sie einfach zu, ob etwas, beziehungsweise was, passiert. Das, was sich zeigen soll, zeigt sich von selbst, Sie brauchen es nicht zu suchen. Hierzu passt folgendes Zitat des englischen Schriftstellers Gilbert Keith Chesterton (1874 – 1936):

»Der Reisende sieht, was er sieht. Der Tourist sieht das, weswegen er gekommen ist.«

Seien Sie die Reisende!
In dem kleinen Wörtchen »danke« steckt die Kraft, Erstaunliches in unserer Gefühlswelt zu bewirken. Beachten Sie bei

nächster Gelegenheit, was es mit Ihnen macht, wenn jemand aus vollstem Herzen »danke« zu Ihnen sagt. Diese Erkenntnis wenden wir bei unseren Gefühlen an.

Vielleicht werden Sie anmerken, dass Sie einem unangenehmen Gefühl nicht aus vollem Herzen danken können. Das macht gar nichts, denn das Wort »danke« zeigt auch dann seine Wirkung, wenn Sie es nicht inbrünstig aussprechen.

Als ich mit der EKT begann, stellte sich mir die Frage, warum ich mich für Gefühle bedanken sollte, die ich loswerden wollte. Die Antwort darauf ergab sich bald von selbst, als ich spürte, dass meine Gefühle froh waren, endlich wahrgenommen zu werden. Sie freuten sich, sein zu dürfen – egal ob es meiner Meinung nach »gute« oder »schlechte« waren. Langsam lernte ich, dass alle Gefühle in mir wichtig waren, weil sie ausdrückten, wer ich wirklich war und was ich brauchte. Daraus entwickelte sich mit der Zeit eine echte Dankbarkeit für alles, das sich in mir zeigen wollte.

Taucht ein Gefühl auf, möchte es uns auf etwas Wichtiges hinweisen. Wir können daher dankbar sein, es überhaupt wahrzunehmen. Ferner dürfen wir unserem Gefühl dankbar sein, dass es den Mut hatte, sich trotz toxischer Scham zu zeigen. Indem wir uns als Ganzes annehmen, mitsamt unserer angenehmen und unangenehmen Gefühle, hören wir auf, Teile von uns abzuspalten oder zu verdrängen. Dadurch wird der Weg frei, in emotionalen Situationen anders als mit Essen zu reagieren.

Mein Gefühl, ich nehme dich in Liebe an

Nun zeigen wir dem Gefühl unsere Wertschätzung, indem wir ihm sagen:

»Mein [Name des Gefühls], ich nehme dich in Liebe an.«,
oder: »Mein [Name des Gefühls], du bist ein Teil von mir und ich nehme dich in Liebe an.«,
oder: »Mein [Name des Gefühls], ich liebe dich.«

Danach spüren Sie wieder, wie es dem Gefühl geht.

Genauso wie das Wort »danke« bewirkt das Wort »Liebe« etwas in unserem Körper. Indem Sie Ihrem Gefühl sagen, dass Sie es in Liebe annehmen, bestätigen Sie ihm, dass es sein darf, wie es ist. Wie zuvor beim »danke« ist es auch hier nicht nötig, dass Sie das Wort »Liebe« mit voller Inbrunst aussprechen. Es reicht, wenn Sie es in neutralem Tonfall sagen.

Anfangs dachte ich manchmal: »Mensch, dieses Gefühl kann ich echt nicht in Liebe annehmen, denn das will ich nicht haben!« Es brauchte seine Zeit, bis ich begriff, dass alle Gefühle in mir sein durften. Sie waren ein Teil von mir, und damit hatten sie eine Daseinsberechtigung, egal ob ich sie wollte oder nicht.

Selbstliebe heißt, sich mit allen Seiten in sich zu arrangieren.

Als ich mich nicht mehr gegen das, was in mir war, wehrte, wurde vieles einfacher. Ich arbeitete nicht mehr gegen mich, sondern für mich. Endlich war ich im Fluss des Lebens angekommen, statt immer nur stromaufwärts zu schwimmen.

Die toxische Scham will uns glauben machen, dass wir uns nicht zeigen dürfen, wie wir wirklich sind. Hier schafft die EKT ein Gegengewicht. Sie hilft uns, vor uns selbst zu unseren Gefühlen zu stehen. Damit lernen wir irgendwann, auch vor anderen zu dem zu stehen, was wir sind.

Mein Gefühl, darf ich etwas für dich tun?

Schließlich fragen wir:

»Mein [Name des Gefühls], darf ich etwas für dich tun?«
Je nach Ihrer Vorliebe können Sie auch sagen:
»Mein [Name des Gefühls], kann ich etwas für dich tun?«,
oder: »Mein [Name des Gefühls], was kann ich für dich tun?«

Manchmal folgt eine Veränderung des Gefühls oder eine konkrete Antwort, manchmal nicht. Wir stellen die Frage ohne Erwartung, sondern möchten einfach nur unsere Wertschätzung bekräftigen. Wie auf Seite 192 beschrieben, zeigen wir unsere Bereitschaft, etwas für das Gefühl zu *tun*, unsere Liebe also zu *praktizieren*.

Zur EKT möchte ich noch erwähnen, dass es Meditations-CDs zu Trauer, Angst, Schmerz, Wut, zum Herzen und zum Wohlgefühl gibt, unterlegt mit eigens dafür komponierter Klaviermusik. Darüber hinaus können Sie sich mit dem Buch »EmotionalKörper-Therapie« von Susanna Lübcke und Anne Söller weiter in die EKT-Methodik vertiefen. Neben vielen Zusammenhängen sind darin jene zwei Dinge erklärt, die in den EKT-Einzelsitzungen zur Anwendung kommen: die innere Anbindung an das, was uns Kraft gibt oder woran wir glauben, und die Bitte um Hilfe und Unterstützung.

Die innere Beobachterin

Warum ist es wichtig, unsere Empfindungen zu spüren und zu benennen? Indem wir das tun, nehmen wir die Perspektive der inneren Beobachterin oder des inneren Beobachters ein.

> »Es ist ein teilhabendes Beobachten, charakterisiert durch einen engen Kontakt zur Erfahrung, während gleichzeitig Distanz zu ihr besteht. Man kann sich das wie einen Schritt in einer größeren Entfernung vorstellen oder wie einen Fluss, den der Beobachter vorbeifließen sieht. Entscheidend ist der Perspektivenwechsel. Nicht mehr von den Fluten mitgerissen zu werden, sondern aus der Stille heraus das Vorbeifließen beobachten, vielleicht die Zehe oder einen Finger einzutauchen, um die Temperatur der Strömung zu spüren. (…) In einer gestärkten Beobachterhaltung ist es möglich, nicht unmittelbar und automatisch zu handeln. In einer kleinen Pause des Innehaltens kann man entscheiden, Impulsen zu folgen oder nicht.«
> (aus: »Das Achtsamkeits-Übungsbuch« von Weiss, Harrer, Dietz; S. 32 u. 48)

Der Impuls bei Esssucht ist oftmals: »Essen! Jetzt! Sofort!« Die achtsame Wahrnehmung unserer Gefühle ermöglicht uns jedoch die Erfahrung, dass wir *nicht* umgehend auf jeden Impuls reagieren müssen. Wir üben, die auslösenden Gefühle zu ertragen und uns selbst liebevoll zu beruhigen. So lernen wir, dass Essen nicht die einzige Handlungsmöglichkeit ist.

Dami Charf formuliert es in einer ihrer Online-Kurse (www.traumaheilung.de) sinngemäß folgendermaßen:

> »Im Leben wird uns immer etwas herausfordern, es gibt kein Leben ohne aufwühlende Erlebnisse. Doch wir können lernen, nicht mehr in jede Gefühlswelle einzutauchen und abzusaufen, sondern stattdessen auf ihr zu surfen. Bleibe am Rand des Gefühls und beobachte es. Der innere Beobachter hilft, unsere Emotionen zu erden und zu regulieren.«

Es gibt viele Möglichkeiten, wie sich Gefühle in uns zeigen können. Um Sie für Ihre ganz persönliche Beobachtung zu inspirieren, gebe ich Ihnen nun Einblicke in meine Gefühlswelt.

Meine Gefühle spüre ich fast alle im Brustkorb, darüber hinaus machen sie sich noch durch andere Zeichen bemerkbar:

Zufriedenheit, Wohlgefühl: *Meine Gedanken sind ruhig, ich habe ein Gefühl von »Ich bekomme das alles hin! Mein Brustkorb fühlt sich weit an, mein Atem ist ruhig und regelmäßig, ich fühle Wärme im Herzen, ich kann mich bei einer Tätigkeit auf das Hier und Jetzt konzentrieren, bin im sogenannten »Flow«, ich kann meine Füße gut wahrnehmen.*

Freude: *Körperlich möchte ich am liebsten in die Hände klatschen. Es ist ein in mir hüpfendes Gefühl. Wenn Musik läuft, habe ich das Bedürfnis zu tanzen, mein Brustkorb vibriert freudig und ist weit. Freude fühlt sich an wie eine Helligkeit in mir.*

Interesse, Begeisterung: *Ich werde hellwach, neugierig, möchte mehr erfahren, ein Gefühl von: »Ja, ja, ja!«*

Wut *nehme ich wie einen Vulkan im Brustkorb wahr, der aus meinem Inneren hinauswill. Manchmal fühlt sie sich an wie ein Blackout. Sarkasmus meldet sich. Ich bekomme das starke Bedürfnis, laut zu werden und meine Fäuste zu ballen. In mir formt sich eine Stimme, die brüllen möchte: »Das ist unfair und gemein!!!«*

Angst *zeigt sich, indem sich mein Hals und mein Brustkorb zusammenschnüren, ein Gefühl der Enge entsteht. In meinem Kopf beginnen Tausende »Was-wäre-wenn«- oder Katastrophengedanken zu rotieren, der Bereich hinter meiner Stirn beginnt sich zu verkrampfen, in der Nacht kann ich nur schwer einschlafen, mein Schlaf ist unruhig.*

Nervosität *macht sich bemerkbar, indem ich dauernd aufs Klo gehen muss. Es ist ein unruhiges Gefühl, ich möchte am liebsten herumzappeln, und meine Beine können kaum stillstehen. Ich spüre eine Enge im Hals.*

Mich emotional verletzt fühlen: *Stich im Herzen, meine Fußsohlen beginnen, sich zu verkrampfen. Ein Gefühl von »Aua, das tut weh« in meinem Brustkorb, Gefühl von Starre und Bewegungslosigkeit. Bei starker Verletzung kann es zu einem emotionalen Ausstieg (Dissoziation) aus meinem Körper kommen, so dass sich innerlich alles wie leer oder taub anspürt, plötzlich große Müdigkeit.*

Unlust/Langeweile *bemerke ich, sobald ich beginne, in der Küche zu grasen, also ohne Hunger mal hier, mal dort etwas esse. Ich verbringe mehr Zeit im Internet, als sachdienlich. In meinem Brustkorb baut sich ein Gefühl von Widerstand auf, mein Hals wird eng, ich spüre Unrast. Meine inneren Antreiber melden sich und erinnern mich an die Arbeit, die ich zu erledigen habe.*

Müdigkeit *zeigt sich, indem meine Sinne dumpf werden. Ich kann mich nicht mehr konzentrieren, spüre Druck hinter den Augen. Ich bekomme Lust auf Süßigkeiten, manchmal werde ich weinerlich oder im Gegenteil aggressiv.*

Einsamkeit, Traurigkeit, mich wertlos fühlen: *Ein Gefühl wie: »Ich will mich vergraben, verstecken, mir eine Decke über den Kopf ziehen.« Ich möchte mich am liebsten einrollen. Ich habe Lust auf süße, weiche, warme Speisen. Selbstzweifel und Existenzängste zei-*

gen sich. Mein Brustkorb wird eng, ebenso mein Hals. Ein Gefühl von innerer Leere in meinem Herzen. Es ist dunkel in mir. Bei Traurigkeit steigen Tränen hoch.

Frustration, Unzufriedenheit: *Mein »inneres Kind« beginnt zu brüllen und verlangt nach Zucker. Druckgefühl in der Brustgegend, zugeschnürter Hals. Ich möchte eine Trotzhaltung einnehmen, mit dem Fuß aufstampfen und meine Arme verschränken.*

Überstimulation, Überforderung *spüre ich im Kopf: Meine Gedanken kreisen um unwichtige, kleine Probleme, die ich üblicherweise leicht löse. Ich kann nicht einmal mehr die einfachsten Entscheidungen treffen. Ein Gefühl von: »Es reicht, lasst mich alle in Ruhe!« Es ist wie ein innerliches Vibrieren. Meine Kiefermuskeln spannen sich an. Ich bekomme Lust auf Süßigkeiten.*

Stress *nehme ich vor allem im Kopf wahr. Ich mache mir über kleine Dinge riesengroße Gedanken. Ich muss überprüfen, dass ich wichtige Dinge (Schlüssel, Kalender, Geldbörse) nicht verloren habe, und suche sie geradezu panisch in meiner Handtasche. Ich bin nur physisch anwesend, aber meine Gedanken sind woanders. In meinem Kopf hämmert es: »Du hast keine Zeit! Mach schneller!« Flacher Atem, angespannte Schultern, Kreuzschmerzen, rotierende Gedanken beim Einschlafen.*

♥ **Gefühlsliste:** Notieren Sie doch einmal die obenstehenden Gefühle in Ihr Tagebuch. Kennen Sie welche davon? Wissen Sie, wie sie sich in Ihnen zeigen? Schreiben Sie auf, was Ihnen bereits bewusst ist. Jedes Mal, wenn Sie etwas Neues entdecken, ergänzen Sie Ihre Beschreibungen.

Alltagsgefühle

Spüren fängt nicht erst dann an, wenn Feierabend ist oder Sie in den Urlaub fahren. Es findet schon in unserem Alltag statt. Ich lade Sie daher ein, immer wieder Ihre Gefühle zu erforschen, also immer wieder zu üben. Dabei kann es helfen, mit jenen Gefühlen zu beginnen, die nicht allzu bedrohlich auf Sie wirken oder die sogar angenehm für Sie sind.

♥ **Wohlfühlmomente spüren:** Die oben beschriebene Methode der EKT kann wunderbar genutzt werden, um die kleinen Genussmomente des Alltags deutlicher wahrzunehmen. Falls Sie das nächste Mal etwas tun, dass Ihnen Freude bereitet, Sie zufrieden macht oder Ihre Begeisterung weckt, spüren Sie Ihren Gefühlen nach. Gönnen Sie sich den Moment zum Spüren, geben Sie Ihrem Wohlfühlgefühl einen Namen, und begrüßen Sie es innerlich, zum Beispiel: »Mein angenehmes Berührtsein von dem Sonnenstrahl auf meinem Arm, ich spüre dich.«

Die positiven Momente zu spüren, halte ich für besonders wichtig, weil gerade Menschen mit Esssucht sich häufig schlecht fühlen. Kein Wunder, schließlich haben sie noch nicht gelernt, ihren Körper als Zuhause anzunehmen. So überhäufen sie sich tagtäglich mit strenger Selbstkritik. Da kann es helfen, ein Gegengewicht zu schaffen, indem der Fokus auf das gelenkt wird, was als angenehm empfunden wird, ähnlich, wie ich es auf Seite 74 beschrieb.

Ich für meinen Fall genieße es, meine Katze zu bürsten und ihr dabei zuzusehen, wie sie sich dabei genussvoll räkelt. Wenn ich in meinem Lieblingscafé Klatschzeitschriften durchblättere, ist das ebenso ein genussvoller Moment für mich. Auf meinem MP3-Player befindet sich neben dem Ordner »Liebe« (siehe Seite 89) der Ordner »Freude«. Darin sammle ich Lieder, die mich an meine Lebensfreude anbinden, sobald ich sie höre.

Fragen Sie sich in ähnlichen Momenten der Muße oder Freude: Wo in meinem Körper nehme ich das Gefühl wahr? Wie spürt es sich dort an? Darf ich mich daran erfreuen? Oder habe ich das Bedürfnis, mein Wohlgefühl sogleich mit anderen zu teilen?

Zum Thema Wohlgefühl möchte ich eine interessante Beobachtung mit Ihnen teilen, die ich zu Zeiten meiner Esssucht machte: Eines Nachmittags ging es mir richtig gut. »Wenn ich mich so strahlend und fröhlich fühle«, dachte ich, »sehe ich bestimmt auch toll aus!« Also überprüfte ich mein Äußeres in einem Spiegel. Was ich darin sah, gefiel mir allerdings ganz und gar nicht: Meine Gesichtshaut wirkte rötlich und fleckig, meine Frisur war überhaupt nicht in Form, und meinen Körper mochte ich sowieso nicht. Meine Hoffnung, dass ich mein Glück in meinem Spiegelbild sehen und ich mich endlich als schön und schlank empfinden würde, war enttäuscht worden. Meine gute Laune ratterte sogleich in den Keller.

Das toxische Schamdenken macht uns weis, dass wir nur dann gut sind, wenn wir auch gut aussehen. Doch solange unser Denken noch von dem »ich bin nichts« geprägt ist, werden wir unser Spiegelbild nie wirklich gut finden.

Ich begriff: Mich gut zu FÜHLEN kann etwas völlig anderes bedeuten, als gut über mich zu DENKEN. Ich bemerkte, dass diese beiden Komponenten gerade erheblich auseinanderklafften – und nahm mir vor, mich das nächste Mal einfach gut zu fühlen, statt dieses Gefühl im Spiegel zu suchen. Damit ermöglichte ich mir so manchen Genussmoment. Heute klaffen beide Dinge nicht mehr auseinander. Fühle ich mich gut, finde ich auch mein Spiegelbild ansprechend.

Wenn wir im Spüren noch nicht geübt sind, kann es passieren, dass wir Gefühle, die durch bestimmten Ereignisse ausgelöst werden, erst Stunden, manchmal sogar erst Tage später wahrnehmen. Das macht nichts, denn es ist möglich, diese Gefühle im Nachhinein zu spüren. Sie sozusagen mit nach Hause oder zu unserer Therapeutin zu nehmen, um ihnen dort nochmals Zeit und Raum zu geben. Ein Beispiel dafür sind Komplimente:

♥ **Komplimente mit nach Hause nehmen:** Wenn Sie ein Kompliment oder ein Lob erhalten, sagen Sie einfach »Danke« und packen Sie es im Geiste als Geschenk ein, mit einer hübschen Schleife rundherum. Später, in einer ruhigen Minute oder am Abend vor dem Einschlafen, können Sie dieses Geschenk öffnen. Das heißt, dass Sie sich die erlebte Situation nochmals genau vorstellen: Wo waren Sie in dem Moment? Welche Kleidung trugen Sie? Wer hat Ihnen das Kompliment gemacht? Wiederholen Sie die Situation in Gedanken. Lassen Sie sich das Kompliment noch einmal geben, und spüren Sie mit Hilfe der EKT-Fragen Ihren Gefühlen in Ruhe nach. Was können Sie in sich wahrnehmen? Vielleicht eine kleine Freude? Unglauben? Misstrauen? Ein Gefühl von: »Das sagt er oder sie nur, um mir einen Gefallen zu tun, das ist nicht ernst gemeint«? Was auch immer es ist, spüren Sie es.

♡ **Gefühle ohne konkreten Anlass spüren:** Sie können Ihre Gefühle auch ohne konkreten Anlass beobachten. Im Alltag bieten Wartezeiten oder Routinetätigkeiten reichlich Gelegenheit dafür. Wenn Sie beispielsweise das nächste Mal im Zug sitzen oder im Stau stecken, am Spielplatz warten, beim Kopierer stehen, den Abwasch erledigen oder in einer langweiligen Sitzung sind: Ziehen Sie einen Teil der Aufmerksamkeit von Ihrer Tätigkeit ab, und fühlen Sie in sich hinein.

♡ **Kleine ärgerliche Ereignisse spüren:** Schließlich lassen sich unsere Gefühlsübungen auch wunderbar bei den kleinen, ärgerlichen Ereignissen durchführen, die im Alltag immer wieder auftauchen. Ein gutes Beispiel dafür ist die Warteschlange, die Sie aufhält, wenn die Zeit ohnehin knapp ist. Diese ungeplante Wartezeit können Sie nutzen, um sich zu fragen: Was macht es in mir, dass ich hier warten muss, obwohl ich in Eile bin? Kann ich ein Gefühl wahrnehmen? Falls ja, wo in meinem Körper? Verändert sich das Gefühl? Bleibt es gleich? Wie ist es für Sie, Ihre Aufmerksamkeit auf Ihr ärgerliches Gefühl zu lenken?

Gute Gefühle ja, schlechte Gefühle nein?

Das Schwierigste und gleichzeitig Wichtigste für mich war die Erkenntnis, dass es in mir nichts »Böses« gab, das es zu bekämpfen, zu verbiegen, zu verleugnen oder wegzumachen galt. Ich war es gewohnt, schlechte Stimmungen so rasch es ging mit »positivem Denken« zu verbessern. Es dauerte lange, bis ich lernte, meinem Inneren zuzuhören, anstatt es zu unterdrücken. Zu erkennen: Wenn ich mich unglücklich fühle, dann nicht aus Jux und Tollerei, sondern weil ich einen triftigen Grund dazu habe, den ich im Moment vielleicht nicht sehen kann oder will.

»Dunkelheit zerstört das Licht nicht; sie verleiht ihm vielmehr Kontur. Es ist unsere Angst vor Dunkelheit, die einen Schatten auf unsere Freude wirft.«
(aus: »Die Gaben der Unvollkommenheit« von Brené Brown; Seite 139)

Heute bin ich froh, den Weg des Spürens gegangen zu sein. Meine Gefühle entpuppten sich als wichtige Wegweiser für mein Leben, wofür ich ihnen dankbar bin. Damals sah ich das anders: Da waren so viele Gefühle, die einfach nicht zu meinem »perfekten, positiven Ich« passen wollten. Frustration, Wut, Angst, Unsicherheit, Langeweile, Orientierungslosigkeit und tiefe Traurigkeit standen für das genaue Gegenteil von dem, was ich sein wollte, nämlich kraftvoll, strahlend und immer wissend, wo es langging. Ich bewertete nicht nur Lebensmittel als »erlaubte« und »unerlaubte«, sondern auch meine Gefühle.

Wir können nicht verhindern, dass unsere Gefühle in uns sind. Wir können nur verhindern, sie zu spüren. Doch genau das birgt eine Gefahr in sich: Gefühle lassen sich nicht selektiv unterdrücken oder taub machen. Wir können es uns nicht aussuchen: »Du bist angenehm, ja, dich will ich spüren«, oder: »Du bist unerträglich, nein, dich will ich nicht spüren.« Wir können nur ja oder nein zum gesamten Spüren sagen.

»Das Spektrum an menschlichen Emotionen ist groß, und wenn wir die Schatten verdrängen, verdrängen wir auch das Licht. Wenn ich dem Schmerz und der Verletzlichkeit die Spitze nehme, raube ich mir unfreiwillig auch das Erleben positiver Gefühle wie Freude. (...) Es ist ein Teufelskreis: Weil ich nicht viel Freude erlebe, habe ich kein großes Reservoir, aus dem ich schöpfen kann, wenn schwierige Dinge passieren.

Diese fühlen sich so schmerzhaft an, dass ich sie betäuben muss. Ich betäube sie und erlebe folglich keine Freude. Und so weiter.«

(aus: »Die Gaben der Unvollkommenheit« von Brené Brown, ab Seite 126)

Dieser Verdrängungsprozess kann mitverantwortlich dafür sein, warum viele Menschen mit Esssucht Wohlgefühle wie Genuss, Freude, Liebe nicht mehr oder nur noch dumpf wahrnehmen können.

Selbstverständlich wusste ich, wie »man« sich zu verhalten hatte bei schönen Erlebnissen: Man hatte glücklich zu sein und sich zu freuen. Wäre damals das Smartphone bereits erfunden gewesen, hätte ich sogleich ein Selfie gemacht, es mit lustiger Statusmeldung gepostet und danach die »Likes« gezählt. Doch in mir drinnen wollte das freudvolle Gefühl nicht ankommen. Es war, wie wenn eine Leitung unterbrochen gewesen wäre. Selbst meine Lieblingsspeisen konnte ich nicht richtig genießen. Kein Wunder, denn ich war mit meinen Gedanken überall, nur nicht im Hier und Jetzt.

Erst als ich lernte, mich Schritt für Schritt auf alle meine Gefühle einzulassen, ließ die innere Taubheit nach. Mein Leben wurde gleichmäßiger, da ich nicht mehr die »Gefühlsspitzen« der extremen Hochs und Tiefs brauchte, um mich zu spüren.

Gefühle sind weder etwas Schlechtes noch etwas Außergewöhnliches. Richtungsweisend ist, *wie* wir mit ihnen umgehen. Wenn wir das Leben ohne Esssucht meistern möchten, gilt es daher zu lernen:

- ✳ dass es in Ordnung ist, Gefühle zu haben.
- ✳ Gefühle in ihrer gesamten Bandbreite wahrzunehmen.
- ✳ dass Gefühle kommen und auch wieder gehen, wie Wellen.
- ✳ Gefühle zu ertragen, überwiegend ohne sie durch Essen zu unterdrücken.
- ✳ überwiegend adäquat auf Gefühle zu reagieren, also anders als mit Essen.

In diesem Zusammenhang ist mir das Wort »überwiegend« wichtig. Denn manchmal hat es etwas Tröstliches, Schokopudding zu löffeln oder Chips zu knabbern. Das darf sein. Doch wenn Schokopudding oder Chips das Mittel der Wahl sind, um mit Stress, Langeweile, Müdigkeit, Über- oder Unterforderung, emotionaler Leere, Unwohlsein, Unzufriedenheit, Angst oder sogar Glück umzugehen, ist es an der Zeit, etwas zu ändern. Wenn wir unserem Körper ständig etwas zuführen, das er auf physiologischer Ebene gar nicht braucht, fühlen wir uns nicht wohl – unabhängig davon, wie zufrieden wir mit unserer Figur sind.

Das Einlassen auf meine Gefühle war ein Wagnis. Was, wenn sie von mir verlangten, meinen Alltag völlig umzukrempeln? Was, wenn ich entdecken musste, dass meine Ziele nicht zu mir passten? Musste ich dann mein ganzes Leben verändern? Wie sollte ich das bloß anstellen? Was sollte ich tun, wenn ...

Stopp! Da schaltete sich doch glatt wieder mein Kopf ein!

Sich darauf einzulassen, im Einklang mit seinen Gefühlen zu leben, ist ein Prozess, der nicht über Nacht passiert. In unserem Alltag stehen wir ständig vor Entscheidungen, die sich aneinanderreihen und zum Teil voneinander abhängen. Je mehr wir lernen, bei diesen Entscheidungen auf unsere Gefühle zu hören, desto mehr wird unsere Lebensführung unserem Wesenskern entsprechen. Nach langen Jahren der Selbstkontrolle und seelischen Unterdrückung braucht das seine Zeit. Das Vertrauen in unsere Gefühle möchte Schritt für Schritt wachsen. Wir müssen also keine Angst haben, dass plötzlich »alles« anders wird.

Belastende Gefühle

Belastende Gefühle sind Teil unserer Gefühlswelt und somit völlig normal. Allerdings können sie rasch überhandnehmen, wenn der emotionale Mangel zu groß wird. Je mehr belastende Gefühle in uns sind, desto schwieriger wird es, sie zu ertragen. Hier kommt dann das Essen ins Spiel: Belastende Gefühle werden weggegessen.

Um dieses Muster zu verändern, müssen wir daher andere Wege finden, um mit diesen Emotionen umzugehen.

Eine Vielzahl belastender Gefühle zu ertragen, ist wahrlich keine leichte Aufgabe. Daher ist es hilfreich, diese zunächst ein wenig zu reduzieren, indem der eine oder andere Auslöser behoben wird. Oft geht das nur mit professioneller Unterstützung. So können wir zum Beispiel im Rahmen einer Psychotherapie lernen, die Zusammenhänge zwischen unseren Handlungen, unseren Glaubenssätzen und unseren Gefühlen zu sehen, den emotionalen Mangel zu verringern und Gefühlsstaus aufzulösen.

Wenn uns die belastenden Gefühle nicht mehr in aller Heftigkeit überrollen, wird es leichter, sie zu ertragen und rechtzeitig selbstregulierende Maßnahmen zu ergreifen.

Anfangs fiel es mir schwer, meine belastenden Gefühle zu differenzieren. Wenn ich sie wahrnehmen konnte, spürte ich sie als fest verknotetes Knäuel in meinem Brustkorb. Oder ich verweigerte mich dem Spüren und nahm mich nur dumpf oder wie in Watte gepackt wahr – wie wenn ich neben mir stünde. Dies war, wie ich heute weiß, eine Form der Dissoziation. Mit der Hilfe meiner Therapeutin gelang es mir, meine Gefühle schrittweise zu entwirren und zu verstehen. Sie nahm mir die Angst davor, genau hinzusehen. Rückblickend kann ich sagen: Eben diese belastenden Gefühle waren es, die mir zu einem glücklicheren, authentischen Leben verhalfen. Sie waren wie Signale, die meine Aufmerksamkeit auf das Wesentliche lenkten. Als ich das begriff, machte ich in meiner Entwicklung einen Riesenschritt vorwärts. Nach und nach lernte ich meine Gefühle kennen, manche schneller, andere weniger schnell.

Ein belastendes Gefühl, das ich erst nach langer Zeit anerkennen konnte, war die emotionale Verletzung: 1998 hatte ich einen Chef, der mich anbrüllte, sobald ich einen Fehler machte. Ich ließ es über mich ergehen, denn ich war davon überzeugt, nichts anderes verdient zu haben. Zur selben Zeit war ich mit einem Mann liiert, der kein einziges Wochenende mit mir verbringen wollte oder konnte. Auch in diesem Fall suchte ich die Schuld bei mir und nahm mir vor: »Sei gefälligst verständnisvoller und selbständiger!«

Meine toxische Scham war bemüht, immer allen anderen zu gefallen und es ihnen recht zu machen. Funktionierte eine private oder berufliche Beziehung nicht, dachte ich, es wäre meine Schuld. Meine Therapie half mir zu verstehen: »Es ist nicht in Ordnung, wie du dich behandeln lässt. Du darfst dich mit Menschen umgeben, die gut zu dir sind.«

Auch meine Wut benötigte lange Zeit, um gespürt und akzeptiert zu werden, schließlich hatte ich als »braves Mädchen« nicht wütend zu sein. Im Jahr 2000 erleichterte mir dann folgende Begebenheit meine Wahrnehmung: Ich stieg nach einem Streit mit meinem damaligen Freund allein in die Schnellbahn. Ich hatte das starke Bedürfnis zu essen, doch es war nichts verfügbar. Erst bei meiner Ankunft am Bahnhof würde ich essen können, was aber noch eine halbe Stunde dauerte. Also hatte ich keine andere Wahl, als den Drang nach Essen im wahrsten Sinne des Wortes auszusitzen. Da ich mich zu jener Zeit bereits seit einer Weile mit meiner Gefühlswelt beschäftigte, erkannte ich erstmals deutlich das Gefühl der Wut, das in mir hochkochte. Wow, war das stark! Ich nahm einen Zettel und schrieb: »Ich bin wütend, weil…«

♡ **»Ich bin wütend, weil…«:** Sobald Sie ein belastendes Gefühl identifiziert haben, nehmen Sie einen Zettel oder Ihr Tagebuch, benennen Ihren Gefühlszustand und setzen ein »weil« dahinter, etwa »Ich bin wütend, weil…« oder »Ich bin traurig, weil…«. Ergänzen Sie diesen Satz und lassen die Wörter unstrukturiert fließen. Schreiben Sie so lange, bis Ihnen nichts mehr einfällt.

Ich schrieb und schrieb. Dies milderte den Drang zu essen erheblich. Nachdem mir klarwurde, warum ich wütend war, rief ich meinen Freund an und sagte ihm, was ich nicht in Ordnung fand. Ich nahm meine Wut und schickte sie dorthin, wo sie hingehörte, nämlich zu meinem Freund. Ich aß sie nicht hinunter. Danach war das Gefühl, sofort essen zu müssen, weg. Wow, war ich stolz auf mich! Ich verstand zum ersten Mal: So könnte es funktionieren.

Ein weiteres Gefühl, dessen Anerkennung lange brauchte, war Müdigkeit. Ich hatte zu funktionieren, ich hatte effizient zu sein, da war kein Raum für Rast. Es gab eine Situation, die oftmals wiederkehrte: Immer, wenn nach der Arbeit noch die Sonne schien, nahm ich mir vor, skaten oder Rad fahren zu gehen. Davor wollte ich zu Hause noch schnell eine Kleinigkeit essen, mich umziehen und sofort wieder losstarten. An diesen Tagen fand ich mich regelmäßig in einem Essanfall wieder. Als ich das erkannte, schaltete ich auf dem nach Hause Weg mein inneres Alarmsystem ein.

♥ **Inneres Alarmsystem einschalten:** Halten Sie nach Begebenheiten Ausschau, die Ihren Essensdrang auslösen. Folgt er zum Beispiel immer, wenn Sie bestimmte Personen treffen, Sie einen bestimmten Ort besuchen oder Sie sich eine bestimmte Tätigkeit vornehmen? Sobald Ihnen ein Zusammenhang auffällt, schalten Sie *vor* der betreffenden Begebenheit Ihr inneres Alarmsystem ein. Machen Sie sich bewusst, dass in Kürze etwas stattfinden könnte, das Ihren Essendrang auslöst. Welche Gefühle nehmen Sie wahr? Wo im Körper spüren Sie diese und auf welche Weise? Wie geht es Ihnen? Oft ist es hilfreich, diese Beobachtungen mit einer Therapeutin zu teilen. Es geht darum zu lernen, diesen Situationen anders als mit Essen zu begegnen.

Wie fühlte ich mich? Es brauchte einige Zeit, bis ich verstand: Ich war in Wirklichkeit müde und abgespannt. Ich wollte mich am liebsten faul auf die Couch legen, doch meine inneren Antreiber ließen das nicht zu. »Faul sein« war verboten!

Faul auf der Couch liegen? Eine Illustrierte durchblättern? In Ruhe Musik hören? Die wertvolle Zeit mit sinnlosen Tätigkeiten vergeuden, wo es noch Tausende wichtigere Dinge zu erledigen gibt? Wie wäre die Reaktion »der anderen«, wenn wir nur daliegen und nichts tun? Das geht doch nicht! Die Zeit mit Essen zu verbringen ist allerdings nicht sinnlos, denn Nahrung brauchen wir zum Überleben. Außerdem können wir vor uns selbst und anderen rechtfertigen, dass wir gerade nichts anderes tun können. Das perfekte Alibi! Oft essen wir daher nicht, weil wir hungrig sind, sondern weil wir Zeit für uns selbst brauchen. Zeit, in der uns niemand antreibt, nicht einmal wir selbst.

Es dauerte, bis sich mein Anspruch, sofort nach dem Büro voller Energie Sport zu treiben, milderte. Schrittweise führte ich ein neues Übergangsritual ein: Nach der Arbeit gönnte ich mir erst einmal ein bisschen Ruhe und etwas, das mir guttat, beispielsweise eine Tasse Tee oder bei leichtem Hunger ein Glas Orangensaft. Erst danach entschied ich, was ich mit der verbleibenden Zeit anstellen wollte – abhängig davon, was ich nun tatsächlich brauchte. Ich eröffnete mir mehr innere Freiheit und ersparte mir dadurch einige Essanfälle. Oftmals reichte die kurze Pause, um meine Energietanks aufzuladen und mit Freude Sport zu machen, anstatt aus einem Pflichtgefühl heraus. Darüber hinaus achtete ich darauf, nicht mit »Hunger 7 bis 10« nach Hause zu kommen und vermied so den Heißhunger.

Meine Angst, nie wieder von der Couch hochzukommen, sobald ich mich einmal ausruhte, bewahrheitete sich langfristig nicht. Heute glaube ich, dass meine übergroße Müdigkeit meine Form von Widerstand gegen meine Lebensführung war, eine Reaktion auf die tausend Kämpfe, die ich mit mir selbst ausfocht. Je mehr ich mit mir selbst ins Reine kam, desto wacher wurde ich.

Ein weiteres Gefühl, das in meiner Welt nicht sein durfte, war die Unlust. Wenn ich mir etwas in den Kopf setzte, wollte ich es unbedingt. Innerer Widerstand wurde ignoriert, verschaffte sich aber auf Umwegen Gehör, indem mein Essensdrang heftiger wurde. Hierzu ein Beispiel aus meinem damaligen Leben: Da ich die Anerkennung im Außen suchte, wollte ich ein tolles Hobby, für das mich »die anderen« bewunderten. Durch einen Freund kam ich auf Einradfahren. Also kaufte ich mir ein Einrad und meldete mich zu einem Kurs an. Doch vor jedem Termin verspürte ich den großen Drang zu essen, ebenso, wenn ich üben sollte. Bis ich mir eingestand, dass mein Kopf sagte: »Ich will das lernen.« Mein Gefühl aber meldete, dass ich in Wirklichkeit keine Lust hatte, Stunden mit dem Einrad zu üben. Ähnliche Gefühle der Unlust äußerten sich zum Beispiel, wenn ich putzen, die Steuererklärung machen oder schwierige Telefonate führen sollte. Ich hatte den Anspruch, immer motiviert zu sein. Es brauchte seine Zeit, bis ich meine Unlust akzeptieren und sie ohne Essen aushalten konnte.

Mit dem Gefühl der Frustration verband mich ebenfalls eine längere Geschichte. Warum konnte ich nicht einfach stets glücklich und gut drauf sein, vor allem, wenn die Rahmenbedingungen eigentlich gegeben waren? Lange Zeit war ich böse mit mir, wenn ich nicht so ausgeglichen war, wie ich es von mir erwartete. »Warum bist du frustriert? Was ist los? Was passt dir denn jetzt schon wieder nicht?« Erst als ich lernte, mich und meine Gefühle anzunehmen, erkannte ich: An jedem einzelnen Tag können alle Stimmungen kommen und auch wieder gehen, wie Wellen. Es ist in Ordnung. Ich brauche nicht sofort zu reagieren, ich darf Gefühle loslassen; oftmals besuchen sie mich dann nur für kurze Zeit.

Je näher ich mich mit meinen belastenden Gefühlen beschäftigte, desto deutlicher hörte ich die Stimmen meiner toxischen Scham. Besonders vehement meldeten sie sich, sobald unstrukturierte Zeit vor mir lag, und zwar in Gestalt von inneren Antreibern: »Sitz nicht so faul herum, auf, auf! Es gibt noch genug zu tun!«

♥ **Innere Stimmen begrüßen:** Wenn Sie möchten, können Sie die EKT einsetzen, um mit Ihren inneren Stimmen in Kontakt zu treten und sie als Teil von sich anzunehmen. Innere Stimmen können sich auf vielfältigste Weise in uns zeigen. Beispielsweise als Stimme im Kopf oder als Stimme, die von weither kommt. Manchmal sehen wir die Stimme in Form einer Person, die in uns ist oder neben uns steht.

»Meine antreibende Stimme, ich begrüße dich.«

Bei mir zeigte sie sich in Gestalt einer strengen weiblichen Person, die rechts neben mir stand.

»Danke meine antreibende Stimme, dass du dich zeigst.«
»Meine antreibende Stimme, ich nehme dich in Liebe an.«
»Meine antreibende Stimme, kann ich etwas für dich tun?«

Ich entdeckte, dass in mir ein Gefühl von Lähmung entstand, wenn ich keine Lust hatte, meine To-do-Listen zu befolgen, mich meine inneren Stimmen aber dennoch dazu antrieben.

»Meine Lähmung, ich spüre und ich begrüße dich.« »Danke meine Lähmung, dass du den Mut hast, dich zu zeigen.« »Meine Lähmung, du bist momentan ein Teil von mir, und ich nehme dich in Liebe an.« »Meine Lähmung, kann ich etwas für dich tun?«

Die Antwort lautete meistens: »Einfach nichts tun, nichts planen, wenigstens für ein paar Minuten.« Die Akzeptanz meiner Gefühle half mir, Pausen nicht mehr über den Umweg des Essanfalls nehmen zu müssen. Langfristig musste ich lernen, mich nicht mehr von To-do-Listen versklaven zu lassen.

Essanfälle verhindern – wie funktioniert das?

Menschen mit Esssucht stellen sich immer wieder diese eine brennende Frage: »Wie kann ich den Essanfall verhindern?« Wie gerne würde ich Ihnen nun eine Liste mit wirklich hilfreichen Tipps und Tricks präsentieren. Doch leider habe ich keine. Denn verhindern kann man einen Essanfall nur dann, wenn man lernt, in der akuten Situation die damit einhergehenden Gefühle zu ertragen, statt sie zu betäuben. Und parallel daran arbeitet, die belastenden Gefühle im Leben zu reduzieren.

Auf meinem Weg entdeckte ich, dass mein System eine raffinierte Strategie entwickelt hatte, um mich vor belastenden Gefühlen zu schützen: Statt der Gefühle bemerkte ich meist nur den Drang nach »Essen! Jetzt! Sofort!« Er war wie eine Decke, die über all den anderen Gefühlen lag. In meiner Esssucht gab ich dem Drang rasch nach und war somit stundenlang mit Essen, meinem schlechten Gewissen und meinen neuen Diätplänen beschäftigt. Die anderen belastenden

Gefühle waren in dieser Zeit kein Thema mehr. Was mein System offensichtlich als hilfreich empfand, war für meine seelische Gesundheit genau das Gegenteil. Es galt daher, den Drang nach »Essen! Jetzt! Sofort!« zu erforschen, um mein gewohntes Muster aufzulösen. Mit der Zeit fand ich heraus, dass dieser Drang zwei Ausformungen hatte, nämlich: »Ich muss sofort einen Essanfall haben.« Sowie: »Ich möchte über mein Hungergefühl hinaus essen.«

»Ich muss sofort einen Essanfall haben« – dieses Gefühl war vehement, wie eine Lawine, die plötzlich anrollte. Es war, als ob mir etwas kalt den Rücken hochkroch. Es versetzte mich in eine Art Ohnmacht, war wie ein Blackout. Ich konnte nicht mehr denken, nicht mehr fühlen, ich war wie ferngesteuert. Mein einziger Fokus war: »Essen!« Hätte jemand versucht, mich aufzuhalten, wäre ich wohl ziemlich rabiat geworden. Ich entdeckte, dass das »Ich muss sofort einen Essanfall haben«-Gefühl auftauchte, sobald sich zu viele belastende Gefühle in mir aufgestaut hatten. Damals war es mir unmöglich, anders als mit einem Essanfall darauf zu reagieren. Für diese Sorte Essanfall konnte ich oftmals keine konkrete auslösende Situation dingfest machen, er war meine Reaktion auf das aufgestaute Gefühlsknäuel.

Das Gefühl von »Ich muss sofort einen Essanfall haben« versuchte ich zuzulassen, so gut es ging, denn der Widerstand machte ihn nur noch schlimmer.

»Ich möchte über meinen Hunger hinaus essen« – dieses Gefühl war wesentlich sanfter. Dennoch fühlte es sich alles andere als angenehm an: Es schnürte mir den Hals zu und machte mich rastlos. Mein »inneres Kind« machte sich lautstark bemerkbar: »Zucker! Jetzt! Sofort!« Ich entdeckte, dass dieses »Ich möchte über meinen Hunger hinaus essen«-Gefühl oftmals als sofortige Reaktion auf bestimmte Situationen erfolgte. Der Drang nach Essen baute sich langsam auf, so dass ich ihm noch eine Zeitlang widerstehen konnte. Häufig begegnete ich diesem Drang, indem ich »nur schnell mal« eine Kleinigkeit hier, einen Bissen dort aß; aus diesem Grasen entwickelte sich meist ein Essanfall.

Manchmal ist der emotionale Druck dermaßen hoch, die damit einhergehende Gefühlsballung so dicht, dass Essen im Moment als einzige Lösung erscheint. Seien Sie sich dafür bitte nicht böse, das ist normal in der Esssucht. Gefühle zu ertragen üben wir daher am besten, wenn der Druck in uns nicht ganz so groß ist. Dann können Sie entscheiden: »Ich fühle den Drang, mich zu überessen. Heute möchte ich üben, diese Gefühle kennenzulernen und sie eine kurze Zeitlang auszuhalten, bevor ich sie wegesse.«

Für mich war es daher sinnvoll, zunächst nach dem Gefühl »Ich möchte über meinen Hunger hinaus essen« Ausschau zu halten. Ich wollte lernen, es zu decodieren, um in einzelnen Situationen zeitnah adäquat reagieren zu können. Welches Gefühl steckte dahinter? Was wollte ich unter den Teppich kehren? War es vielleicht Unzufriedenheit? Wut? Wurde ich emotional verletzt? Durch die Entdeckung meiner wahren Gefühle konnte ich nach und nach adäquate Handlungsstrategien entwickeln und sie in mein Leben lassen. In vielen Fällen half mir dabei die Therapie.

♡ **Erforschung Ihrer Gefühle:** Wenn Sie sich entschließen, Ihre Gefühle zu spüren, setzen Sie sich bitte kleine Ziele. Jede einzelne Minute vor dem Essanfall ist ein Gewinn! Zunächst erforschen Sie Ihr Gefühl:

- ✱ Wo sitzt das Gefühl im Körper? (Z. B. im Kopf, im Brustkorb, im Bauch ...)
- ✱ Welche Empfindungen können Sie dort in Ihrem Körper wahrnehmen? (Z. B. es ist unruhig, kaum zu ertragen, traurig, wütend, wie ein Stein im Brustkorb, erdrückend, einengend, wie tausend Giftpfeile, wie eine dunkelgraue Wolke ...)
- ✱ Was tut das Gefühl mit mir? (Z. B. es rast wie wild in mir umher, es macht mich starr, ich möchte mich am liebsten schütteln, ich will mich nur noch verkriechen ...)
- ✱ Welcher »Arbeitstitel« passt zu dem Gefühl? (Z. B. Trauer, Wut, Angst, innerer Druck, Unrast, nicht zu ertragendes Gefühl, Schreckensgespenst, wehes Gefühl ...)

Der innere Dialog, den Sie dann beginnen, könnte ungefähr so aussehen: »Boooaaahhh, das ist kaum auszuhalten! Da ist irgendetwas, das ich am liebsten wegschütteln möchte, aber es klebt an mir wie Kaugummi! Wäääh, es ist überall, aber am schlimmsten ist es im Brustkorb, da ist ein Riesendruck!«

»Mein Wäääh-Gefühl, ich spüre dich.«

Warten und spüren.

Oder: »Ich bin so was von starr, ich kann mich nicht mehr rühren, mein ganzer Körper ist wie gelähmt. Es ist wie eine Trauer, die überall ist, aber besonders schlimm ist es im Kopf; ich glaube, der platzt gleich.«

»Mein Starre-Gefühl, ich spüre dich, und ich begrüße dich.«

Warten und spüren.

Oder: »Ich mag nicht mehr, ich will mich verkriechen, das ist alles zu viel, lasst mich alle in Ruhe, ich möchte mich klein machen, ich möchte am liebsten nicht mehr gesehen werden und nur noch weinen. Es ist, als ob es mir den Brustkorb zerfetzt.«

»Mein Verkriech-Gefühl, ich spüre dich.«

Warten und spüren.

Falls Sie mit der EKT weitermachen möchten, beschenken Sie Ihr Gefühl mit dem Wort »Danke«: »Danke, dass ich dich momentan aushalten kann«, oder: »Danke, dass du den Mut hast, dich zu zeigen.«

Warten und spüren.

Ihre Gefühle oder Ihr Essensdrang wollen Ihnen nichts Böses. Sie weisen lediglich darauf hin, dass Ihre Seele Hunger hat. Machen wir uns das bewusst, ist die Sache mit der Dankbarkeit gar nicht mehr so weit hergeholt.

Nun zeigen Sie Ihrem Gefühl, dass Sie es akzeptieren, indem Sie sagen: »Mein Gefühl, du bist momentan ein Teil von mir, und ich nehme dich in Liebe an.«

Warten und spüren.

Wenn der Drang nach Essen kommt, verurteilen Sie ihn nicht. Er kommt, weil er Sie vor diesen schwer zu ertragenden Gefühlen schützen möchte.

»Mein Drang zu essen, ich spüre dich.« »Mein Drang zu essen, danke, dass du mich vor meinen Gefühlen beschützen möchtest.« »Mein Drang zu essen, ich verstehe dich, und ich nehme dich in Liebe an.«

Den Essensdruck zu akzeptieren, heißt nicht, dass Sie ihm nachgeben müssen. Das sind zwei verschiedene Dinge! Sie können den Drang zu essen in Liebe annehmen und dennoch nein zu den Lebensmitteln sagen: »Mein Essensdruck, ich danke dir, dass ich dich nun ertragen kann. Ich nehme dich in Liebe an, so wie du bist. Dennoch sage ich zu dir, Schokolade (Kuchen, Chips oder was auch immer gerade verfügbar ist), nein, jetzt nicht. Ich konzentriere mich auf meine Gefühle. Ich sage ja zu meinen Gefühlen.«

Mitunter dauert es über eine Stunde oder länger, bis der Essdruck merklich nachlässt. Bis es so weit ist, wiederholen Sie die Kommunikation mit Ihren Gefühlen und Empfindungen. Manchmal kann es hilfreich sein, sich durch eine bestimmte Tätigkeit bewusst abzulenken. Sie könnten beispielsweise ein Spiel auf dem Handy spielen, Musik hören, die zu Ihrer Stimmung passt, durch die Stadt oder noch besser durch die Natur marschieren, wild im TV herumzappen, Ihre Hände mit Häkeln oder Stricken beschäftigen oder ein Buch verschlingen. Die Absicht dahinter ist es, ein bisschen Zeit zu gewinnen, denn Gefühle sind wie Wellen: Sie kommen, bauen sich auf, bauen sich ab und gehen wieder.

Wir möchten jedoch nicht ein Suchtmittel durch ein anderes ersetzen und uns nicht komplett »ausknocken«. Wir möchten uns lediglich ein bisschen ablenken, bis die Aufregung wieder abgenommen hat. Daher kehren Sie bitte ungefähr alle 10 Minuten zum Spüren zurück: »Haben sich meine Gefühle verändert? Kann ich sie schon leichter ertragen?« Bitte loben Sie sich für jede einzelne Minute, in der Sie Ihre Gefühle bewusst wahrnehmen und ertragen können – und nehmen Sie sich nicht zu viel auf einmal vor!

Wenn der Essanfall kommen möchte, ist das völlig in Ordnung, weil Sie Ihre Gefühle erforschen, sind Sie dennoch eine Heldin.

Um der Opferrolle zu entkommen, treffen Sie bitte ganz bewusst Ihre Entscheidung: »Ich möchte es wieder leichter haben, ich gebe mich nun dem Essanfall hin.« Am wichtigsten ist es, dass Sie liebevoll mit sich umgehen!

Auf eine Sache möchte ich Sie noch hinweisen: Wenn es Ihnen gelungen ist, auf einen Essanfall zu verzichten, kann es sein, dass er Sie am nächsten Tag besucht. Das hängt damit zusammen, dass der innere Druck, der unser Leben belastet, nicht über Nacht verschwinden kann. Möglicherweise wird er uns besonders dann schmerzlich bewusst, wenn wir ihn nicht heruntergegessen haben. Bitte begegnen Sie sich selbst mit Verständnis: »Ich bin eine Heldin, weil ich gestern Abend den Essensdruck ertragen habe. Das war ein großer Fortschritt, weil ich gemerkt habe, wie es funktionieren kann! Ich werde weiter daran arbeiten, meinen inneren Druck zu reduzieren. Falls ich heute einen Essanfall brauche, ist es in Ordnung. Ich kann nicht immer stark sein.«

»Ich muss sofort einen Essanfall haben« – dieses Gefühl überkommt mich heute nicht mehr. Aber das Gefühl »Ich möchte über meinen Hunger hinaus essen« besucht mich immer noch. Es kommt bevorzugt, wenn ich mich frustriert oder ungeliebt fühle. Ich habe akzeptiert, dass sich meine Gefühle manchmal immer noch auf diese Art und Weise bemerkbar machen, daher erschrecke ich mich nicht mehr, wenn es in mir ruft: »Zucker! Jetzt! Sofort!« Ganz im Gegenteil bin ich ihm dankbar, weil es mir hilft, auf mich zu achten. Der große Unterschied zu damals: Ich reagiere manchmal mit Essen darauf, in den meisten Fällen jedoch nicht. In jedem Fall gehe ich freundlich mit mir selbst um.

Auf Gefühle adäquat reagieren

In vielen Fällen ist es völlig ausreichend, Gefühle wahrzunehmen und sie einfach nur da sein zu lassen. Wir müssen nicht immer passende Reaktionsmuster auf Lager haben, unsere Bedürfnisse artikulieren oder gar durchboxen. Im Alltag kommen und gehen

Gefühle recht oft, das ist völlig normal. Es gilt zu lernen, diese Gefühle zu ertragen, statt sie wegzuessen.

Eine Reaktion auf Gefühle ist aber äußerst wichtig, wenn sie uns stark belasten oder wiederholt einen Essensdrang auslösen. Dann ist es nötig, sie als Alarmsignale zu verstehen, der Ursache für diese Gefühle auf den Grund zu gehen und gegebenenfalls etwas in unserem Leben zu verändern. Wenn wir es mit toxischer Scham zu tun haben, gibt es allerdings einiges, das uns daran hindert. Da nutzt es wenig zu sagen: »Steh zu deinen Bedürfnissen!«, oder: »Tu einfach dieses oder jenes, statt zu essen!« Wie sollen wir zu unseren Bedürfnissen stehen, wenn wir davon überzeugt sind, keine haben zu dürfen? Wie sollen wir sie kommunizieren, wenn wir uns ihrer schämen? Wie sollen wir etwas für uns tun, wenn wir glauben, nichts Gutes verdient zu haben? Wie sollen wir »Stopp« sagen, wenn wir unsere eigenen Grenzen nicht wahrnehmen?

Um adäquat auf Gefühle reagieren zu können, ist es daher wichtig, seine Persönlichkeit zu entwickeln und alte Verhaltensmuster aufzulösen. Manchmal ist dafür die Hilfe einer Therapeutin oder eines Therapeuten nötig.

Oft nahm ich meine belastenden Gefühle erst lange nach der auslösenden Situation wahr, vor allem wenn andere Menschen daran beteiligt waren. Es war wichtig, mir das nicht übelzunehmen! Ich fand heraus, dass es sogar ganz gut war, eine bestimmte Situation mit etwas emotionalem Abstand wieder durchzuspielen. So konnte ich in Ruhe überlegen, wie ich hätte reagieren können, um daraus für die Zukunft zu lernen. Dank jahrelanger Übung kann ich heute in vielen Situationen adäquat und ohne Verzögerung auf meine Gefühle reagieren, obwohl längst nicht auf alle. Manchmal dauert es immer noch ganz schön lange, bis ich meine Gefühle aufgedröselt habe. In einigen Fällen handle ich dann im Nachhinein, in anderen lasse ich es bleiben. Der Unterschied zu damals: Ich halte meine Unsicherheit und Unschlüssigkeit aus, ohne sie wegzuessen.

Ich möchte Ihnen nun ein paar Einblicke in meine Handlungsstrategien zur Selbstregulation geben. Bitte betrachten Sie diese als Anregung dazu, die Ihren zu finden.

Da ich mich mittlerweile gut kenne, versuche ich bereits prophylaktisch Maßnahmen zu ergreifen, um innerlich erst gar nicht auf 180 zu kommen. Wenn ich beispielsweise weiß, dass ich einen schwierigen Termin vor mir habe, nehme ich mir davor ein bisschen extra Zeit. Dann höre ich die bilaterale Musik von David Grand, insbesondere »Round The Lake« und »Oceanic Feelings« empfinde ich als sehr angenehm. Sind wurden im sogenannten Links-rechts-Takt aufgenommen, der über Stereo-Kopfhörer beide Gehirnhälften abwechselnd auditiv »berührt«. Darüber hinaus erdet es mich, mit »m« beziehungsweise mit Vokalen zu tönen, wie auf Seite 239 beschrieben.

Da ich in einer Großstadt lebe, achte ich darauf, regelmäßig in möglichst unberührter Natur zu spazieren. Im Alltag ist das der Wienerwald, im Urlaub fahre ich gerne an einen See oder ans Meer. Gute Luft und Naturgeräusche erden mich und geben mir Kraft.

Wenn Gefühle überschäumen, finde ich bedeutend, mich selbst zu beruhigen: »Es sind bloß Gefühle, kein Weltuntergang. Nimm das Drama ein bisschen heraus. Gefühle kommen und gehen, wie Wellen. Wir stehen das jetzt durch. Du darfst diese Gefühle haben, es ist in Ordnung. Ich hab dich lieb, so wie du bist.«

Ein Gefühl, das mich immer wieder besucht, ist die Überstimulation. Nehme ich sie wahr, schalte ich einen Gang zurück. Ich tue, was auch immer ich gerade tun muss, langsamer. Ich versuche, die Reizüberflutung zu reduzieren, indem ich beispielsweise mein Telefon abschalte. Ich lege eine kleine Pause ein, in der ich bewusst auf meinen Atem achte, mich in mir zentriere. Wenn meine Stressstimme mahnt: »Du hast keine Zeit dafür!«, spreche ich freundlich mit ihr, versichere ihr, dass ich alles, was wirklich wichtig ist, schaffen werde. Ich achte darauf, mir für meine Mahlzeiten bewusst Zeit und Muße zu gönnen.

Ein anderes Gefühl, das ich früher durch Essen zum Schweigen brachte, ist die Unlust. Heute reagiere ich anders darauf: Muss ich etwas erledigen, das mich so gar nicht freut, versuche ich dafür einen Moment abzupassen, in dem ich relativ gesehen am wenigsten Unlust verspüre. Mit dieser Strategie gebe ich mir innerhalb eines bestimmten Rahmens die größtmögliche Freiheit, was meine Widerstände erheblich mildert. Es ist kein »Du musst! Jetzt! Sofort! Egal ob du willst oder nicht!« mehr, sondern ein »Es ist in Ordnung, dass du das so gar nicht tun möchtest, ich verstehe dich. Warten wir ab, bis es nicht mehr ganz so schlimm ist, du hast noch ein bisschen Zeit.« Habe ich gar keine andere Wahl, als die Tätigkeit sofort auszuführen, tröste ich mich mit einer kleinen Belohnung, zum Beispiel mit der Aussicht auf ein Fußbad am Abend. Ich missbrauche kein Essen mehr dazu, mir eine ungeliebte Tätigkeit zu versüßen oder schmackhaft zu machen. Darüber hinaus habe ich mit den Jahren mein Leben so ausgerichtet, dass die Momente der Unlust deutlich in der Minderheit sind.

Spüre ich den Drang »Essen! Sofort! Jetzt!«, schalte ich sofort mein Selbstfürsorge-System an. Denn aus Erfahrung weiß ich: Dahinter ist ein Gefühl versteckt, das nach Aufmerksamkeit verlangt. Vor allem gehe ich in solchen Momenten besonders liebevoll mit mir um, tröste und bestärke mich und sage mir, dass alles, was ich fühle, in Ordnung ist, so wie es ist. Ich tue möglichst sofort etwas aus meiner »Was tut mir gut-Schmetterling-Zeichnung« von Seite 194, um mich zu regulieren. Habe ich wenig Zeit, hülle ich mich mit einem kuscheligen Schal ein. Ich beschenke mich mit liebevollen Worten oder verspreche mir ein warmes Bad für den Abend. Bei meiner Kleiderwahl achte ich besonders auf Stoffe, die sich angenehm anfühlen. Habe ich mehr Zeit zur Verfügung, gönne ich mir einen Kaffee oder einen Spaziergang. Durch die Selbstfürsorge wird meine Gefühlswallung auf ein erträgliches Niveau gesenkt, so dass ich mich in Ruhe fragen kann, was ich statt Essen wirklich brauche.

Manchmal hilft es mir, mich zunächst bewusst abzulenken, bevor ich mich mit belastenden Gefühlen beschäftige. Die Zeit nimmt meinen Emotionen die Spitze, so kann ich sie leichter ertragen. »Schlaf erst mal eine Nacht darüber« – dieser gute alte Tipp hat sich schon oft als hilfreich erwiesen.

Manche meiner Gefühle brauchten langfristige Strategien. Was mich beispielsweise lange Zeit begleitete, war ein inneres Gefühl von tief empfundener, innerer Leere und alten Tränen. Diesem Gefühl adäquat zu begegnen, bedeutete, etwas in mir im Nachhinein zu nähren, das früher zu kurz kam. Dafür benötigte ich Geduld, freundliche Selbstkommunikation und vor allem die Unterstützung von Therapeutinnen.

Abschließend noch eine Anmerkung für die HSP (hochsensiblen Personen) unter Ihnen: Manchmal spüren wir die Gefühle anderer und glauben, es wären unsere eigenen. Hier hilft es, uns unserer eigenen Gefühle bewusst zu sein.

Bevor ich aus dem Haus gehe, bemerke ich meine Gefühlslage. Wenn sich diese beispielsweise nach einer U-Bahn-Fahrt komplett verändert hat, weiß ich: »Ich habe vermutlich etwas aufgeschnappt, was nicht zu mir gehört. Ich muss nicht sofort darauf reagieren, es wird wieder vorbeigehen.«

Gefühle als Basis für Entscheidungen

Wenn wir unseren Gefühlen vertrauen und sie als Grundlage für unsere Entscheidungen heranziehen, führen wir ein stimmiges Leben. Wie so vieles, will auch das geübt werden. Also fangen wir mit einem einfachen Beispiel an, nämlich mit einer Situation in Ihrem Privatleben, wo Sie frei entscheiden können: Nehmen wir an, Sie sind am Abend mit Ihrer Freundin verabredet. Sie ruft an und fragt, ob Sie Lust hätten, sich bereits eine Stunde eher zu treffen. Ihr ursprünglicher Plan war es, diese eine Stunde zu nutzen, um allein für sich zu sein. Welche Entscheidung treffen Sie?

Vielleicht werden Sie nun anmerken, dass es wirklich egal ist, ob Sie Ihre Freundin eine Stunde früher oder später treffen. Möglicherweise haben Sie recht. Doch wenn Sie an diesem Tag bereits unzählige andere Kompromisse eingegangen sind, könnte genau dieser eine zu viel sein und Ihren inneren Druck so weit erhöhen, dass Sie ihn nur noch mit einem Essanfall abbauen können. Wenn wir in kleinen Alltagssituationen nicht zu uns stehen können, schaffen wir dies erst recht nicht in Situationen, die uns emotional belasten.

Gehen wir diese Situation nun noch einmal gemeinsam durch:

♥ **Ihre toxischen Scham-Stimmen hören:** Zunächst hören Sie auf Ihre inneren Stimmen. Wenn sie geprägt sind von toxischer Scham, werden sie Ihnen vermutlich etwas sagen wie: »Sei nicht so egoistisch, Zeit für dich kannst du dir ein anderes Mal auch noch nehmen.« Hier dürfen Sie auf die »Stopp«-Taste drücken, wie ich es auf Seite 83 beschrieb.

♥ **Ihre Gefühle hören:** Vergleichen Sie nun beide Situationen miteinander. Stellen Sie sich bildlich vor, wie Sie eine Stunde lang Ihre Ruhe genießen. Wie fühlt sich das an? Dann stellen Sie sich vor, Ihre Freundin jetzt sofort zu treffen. Welches Gefühl spürt sich besser an?

Bitte gehen Sie freundlich mit sich um. Versuchen Sie den Entscheidungsdruck zu mildern, indem Sie sich bestärken: »Es ist in Ordnung, wenn du eine Weile brauchst.« Gerade am Anfang braucht das Hören auf die Gefühle seine Zeit. Wenn wir darin geübter sind, geht es schneller.

Hatte ich die Wahl, legte ich mir einen Standardsatz zurecht, der mir Zeit zum Nachspüren gab: »Danke für diese Idee. Lass mich bitte kurz überlegen, ob sich das heute noch ausgeht, ich melde mich gleich wieder bei dir.«

Wir müssen nicht notwendigerweise der ganzen Welt erzählen, dass wir diese Zeit brauchen, um unsere Gefühle zu spüren. Es ist empfehlenswert abzuwägen, mit wem wir unsere inneren Welten teilen.

Vielleicht lautet die Antwort auf die Frage Ihrer Freundin: »Ich weiß nicht.« In diesem Fall wäre es gut möglich, dass Ihr Gefühl eigentlich nein sagen möchte, es sich allerdings nicht traut. Grund dafür kann das toxische Schamdenken sein: »Ich sollte ...«, »Ich darf nicht ...«, »Was denkt die andere Person über mich?« Dann sucht der Kopf nach vernünftigen Pro-Argumenten, um das Gefühl zu überstimmen.

Wenn ich »Ich weiß nicht« denke, habe ich mir folgende Taktik angewöhnt: Ich erwäge, ob ich eigentlich nein meine. Wenn möglich, gebe ich mir solange Zeit für meine Entscheidung, bis ich innere Klarheit gefunden habe.

♥ **Prioritäten setzen:** Es ist wichtig, dass Sie eine bewusste Entscheidung treffen. Wenn Sie wissen, dass es Ihrer Freundin schlechtgeht, können Sie die Bedürfnisse Ihrer Freundin über Ihre eigenen stellen. Es geht darum, selbst zu beschließen: Wann wollen wir Kompromisse machen und wann nicht? Für Menschen, die uns wichtig sind, gehen wir eher Kompromissen ein, als für solche, die uns nicht nahestehen.

Gerade als ich diese Zeilen schreibe, bekomme ich die Mail einer Kollegin, die ich zu einem bestimmten Thema um ihre Erfahrungen gebeten hatte. Ich lese: »Liebe Olivia, wir können gern telefonieren, aber zu einer anderen Zeit. Bei uns geht's momentan ziemlich dicht zu. Ich hoffe, du hast es nicht eilig mit dem Austausch. Was ich dir noch anbieten kann, ist, dass wir uns nächsten Donnerstag treffen, da bin ich wieder in Wien und hätte zwischen 17 und 18 Uhr Zeit.« Ein wunderbares Beispiel: Meine Kollegin hörte meine Bedürfnisse, achtete aber gleichzeitig auf ihre eigenen. Sie sucht jetzt nach einem Weg, beides zu vereinbaren.

Manchmal sind andere Menschen geradezu dankbar dafür, dass wir unsere Bedürfnisse ausdrücken. Dann hören wir: »Ich bin froh, dass du das gesagt hast! Ich empfinde genauso, aber ich hatte nicht den Mut, dazu zu stehen.« Oft passiert allerdings das genaue Gegenteil. Zum Beispiel, wenn wir nach Hause kommen und sagen: »Hallo, Schatz, ich spüre deutlich, dass ich auf meine Bedürfnisse achten muss. Anders als versprochen, kann ich dir daher heute nicht mehr helfen.« Dann bekommen wir in den seltensten Fällen Applaus für unsere Leistung, uns endlich spüren zu können. Es kann sein, dass wir stattdessen Widerstand, Unverständnis oder Rückzug ernten. Das ist normal, denn wer hört schon gern ein Nein. Haben Sie bitte Geduld mit sich und auch mit Ihrem Umfeld. Mitunter entdecken wir auf diesem Weg, dass wir mit bestimmten Menschen keinen zu engen Kontakt mehr pflegen möchten. Dies umzusetzen kann ganz schön herausfordernd sein, manchmal ist dafür die Hilfe von Psychotherapie ratsam.

Bleibt die Frage: »Bin ich egoistisch, wenn ich nach meinen Gefühlen handle?« Immerzu an sich selbst zu denken ist ebenso ungesund, wie ausschließlich nach den Bedürfnissen des sozialen Umfelds zu gehen. Wie bei vielem anderen auch, ist daher die Balance ausschlaggebend: Unsere eigenen Gefühle und Bedürfnisse sind wichtig, aber ebenso jene unserer Mitmenschen. Da hilft es, Prioritäten zu setzen, Entscheidungen bewusst zu treffen, wertschätzend zu kommunizieren sowie hin und wieder geschickt zu verhandeln.

Manchmal ist es wichtig, dass wir zunächst für uns selbst sorgen, bevor wir auf die Bedürfnisse anderer Menschen eingehen. Bitte rufen Sie sich das Bild des inneren Gefäßes in Erinnerung, das ich zur Beschreibung des emotionalen Hungers auf Seite 181 verwendete: Wenn das Gefäß fast leer ist und wir keine Kraft mehr übrighaben, schwächt uns das Geben noch weiter. Ich empfehle daher, zunächst das eigene Gefäß so gut es geht anzufüllen. Sobald es gefüllt ist, wir also im Vollbesitz unserer Kräfte sind, haben wir wesentlich mehr zu verschenken. Geben aus der Fülle heraus fühlt sich für uns und andere wesentlich besser an, als Geben aus Mangel.

Gefühle mit anderen teilen

Zu lernen, mit seinen Gefühlen umzugehen, ist die eine Seite, sie mit anderen zu teilen eine völlig andere. Letzteres kann uns schutzlos und angreifbar machen. Daher ist es sinnvoll, mit Bedacht zu entscheiden: In welchen Situationen möchte ich welche Gefühle teilen? Welchen Menschen kann ich vertrauen, auf Einblicke in mein Innerstes angemessen zu reagieren?

»Ich schlug meiner Tochter vor, sich ihre Freundschaften jeweils als ein Murmelglas vorzustellen. Wenn man von jemandem unterstützt wird, wenn er freundlich ist, sich für einen einsetzt oder das, was man ihm anvertraut, nicht weitererzählt, tut man Murmeln ins Glas. Wenn er sich gemein oder respektlos verhält oder Geheimnisse ausplaudert, holt man Murmeln heraus. (...) Vertrauen baut sich nach und nach auf: eine Murmel nach der anderen.«

(aus: »Verletzlichkeit macht stark« von Brené Brown; Seite 65)

Passiert in meinem Alltag etwas, das in mir eine Scham-Attacke auslöst, wie beispielsweise heftige Kritik oder ein blöder Fehler, versuche ich dieses Ereignis so rasch es geht mit einer oder zwei mir wohlgesonnenen Vertrauenspersonen zu teilen. Die Gespräche beginnen meist mit: »Akuter Scham-Alarm! Hast du bitte kurz Zeit?«, und enden damit, dass ich bestätigt bekomme: »Es ist in Ordnung, wie du bist, egal was passiert ist. Niemand von uns ist perfekt.« Meine Scham wird beleuchtet und verringert sich dadurch. Sogleich fühle ich mich um einiges besser. Manchmal können wir sogar gemeinsam über das Geschehene lachen. Es hat Jahre gebraucht, bis es mir möglich war, auf diese Art mit einer Scham-Attacke umzugehen. Ich musste erst begreifen, dass ich mich einem ausgewählten Personenkreis ab und zu mit all meinen Schwächen zumuten darf. Außerdem lernte ich, dass es beziehungsfördernd ist, anderen Menschen zu zeigen: »Du bist wichtig in meinem Leben. Weil du da bist, geht es mir nun besser. Danke dir dafür.«

Es ist allerdings bedeutsam, die Offenheit wohl zu dosieren.

»Wenn wir jemandem Einblick in unsere Verletzlichkeit geben, mit dem wir keine Verbundenheit empfinden (insbesondere durch Teilen von Geschichten, derentwegen wir uns vielleicht schämen könnten), besteht die emotionale und manchmal konkrete äußere Reaktion eines solchen Menschen oft darin zurückzuweichen, sobald wir ihn derart mit unserem Flutlicht blenden. Statt einer zarten Lichterkette hat die von uns offenbarte Verletzlichkeit den Charakter eines grellen und unerträglichen Lichts. Wenn wir die Zuhörposition innehaben, bedecken wir unser Gesicht mit den Händen, kneifen es (nicht nur die Augen) zusammen und schauen weg. Anschließend fühlen wir uns leer, verwirrt und manchmal sogar manipuliert. Das ist nicht gerade die empathische Reaktion, die der Erzähler der Geschichte sich erhofft hat. Selbst Menschen, die über Empathie forschen und lehren, wie man sie entwickelt, können selten emotional auf den anderen eingestellt bleiben, wenn dieser sie mit seiner Offenherzigkeit gnadenlos überfordert hat.«

(aus: »Verletzlichkeit macht stark« von Brené Brown; Seite 191)

Unser soziales Umfeld sollte uns die Möglichkeit geben, unsere wirklichen Gefühle zu offenbaren. Haben wir diese nicht, laufen wir Gefahr, innerlich zu vereinsamen. Nur, wenn wir den Mut haben, vor ausgewählten Mitmenschen zu zeigen, wie wir uns fühlen, können wir ehrliche Anteilnahme erfahren und unseren emotionalen Hunger stillen. Teilen wir unsere Gefühle, können wir manchmal sogar Erleichterung bei unserem Gegenüber spüren: »Ich bin also nicht der einzige Mensch, dem es so geht!«

Letztens traf ich zufällig eine Freundin. Sie war bedrückt, weil ihr Tag nicht gut verlaufen war. Später schrieb sie mir eine SMS: »Ich bin heute leider nicht wirklich in Form, habe wohl schaurig ausgeschaut.« Ich antwortete ihr: »Genau deine Ehrlichkeit macht dich sympathisch, denn so geht es uns allen mal!«

Unbeschwertheit zulassen

Wir müssen nicht jedes Gefühl beleuchten, analysieren, einordnen, verstehen, zerlegen, überdramatisieren. Wir dürfen uns manchmal bewusst davon ablenken. Ich möchte allerdings betonen, dass es meiner Meinung nach einen wesentlichen Unterschied macht, ob wir uns von Gefühlen bloß *ablenken* oder ob wir sie *verdrängen*.

Verdrängung ist für mich ähnlich einer Geste, die Kinder machen, wenn sie nichts hören oder sehen möchten: Sie verschließen die Augen, halten sich die Ohren zu und rufen laut »La-la-la-la«. Verdrängen ist wie Wegdrücken oder wie Weglaufen. Verdrängte Gefühle stauen sich zu einem Knäuel an und lassen sich oft nur durch Essanfälle lösen. Ablenkung hingegen bedeutet für mich: »Hallo, Gefühl, ich spüre dich. Danke, dass du da bist. Du bist ein Teil von mir, und ich nehme dich in Liebe an. Dennoch beschäftige ich mich jetzt mit etwas anderem. Wenn du später weiterhin wichtig sein solltest, schenke ich dir gern meine Zeit.« Alle Gefühle dürfen sein, wie sie sind, jedes einzelne hat seine Berechtigung. Dennoch dürfen wir entscheiden, wohin wir jetzt gerade unsere Aufmerksamkeit lenken möchten.

Der Ausstieg aus der Esssucht benötigt einiges an Selbstreflexion. Wir beobachten und erforschen uns, lernen, probieren aus, verwerfen Strategien, finden neue... Wie auf jedem Weg ist es wichtig, regelmäßige Pausen einzulegen, damit wir neue Kräfte sammeln können. Es ist unmöglich, ständig an uns zu arbeiten. Es geht darum, Balance in unser Leben zu bringen. Wir dürfen der Lebensfreude und Leichtigkeit bewusst Raum geben, indem wir einen lustigen Film anschauen, ein belangloses Buch lesen. Mit Freundinnen über Banalitäten lachen. Uns manchmal selbst nicht ernst nehmen und uns über die eigenen 1.001 kleinen Verrücktheiten amüsieren. (Damit meine ich nicht, sich über sie lächerlich zu machen – das ist ein Unterschied!) Manchmal hilft es, sich selbst in Ruhe *sein* zu lassen. Sich bildlich gesprochen in die Hängematte zu legen und einfach nur auszuruhen und in den blauen Himmel zu blicken. Irgendwann kommt dann die Kraft zurück, die Lust, etwas zu hinterfragen und weiter an uns zu arbeiten. Ganz von selbst. Darauf können wir vertrauen.

Kapitel 6

Der Umgang mit Essanfällen

Tagebucheintrag vom 6. Mai 1998:

»22:15. Ich hasse mich. Ich hasse meinen Job. Ich hasse diesen Teil, von dem ich glaube, dass er fehlt. Ich hasse meinen Körper. Ich hasse meine zu vielen Gedanken.

Ich heule fast täglich.

Ich liebe meine Freunde, ich liebe die Sonne und den Frühling. Ich liebe den Duft des Flieders. Ich liebe das Skaten.

Ich lache täglich.

Manchmal denke ich wirklich, dass ich verrückt werde. Ich habe dauernd das Gefühl, mein Leben zu verscheißen. Nicht genug zu genießen. Die Tage gehen zu schnell vorbei. Wer hat mir beigebracht, so viel zu denken? Wie ich das hasse.

Ich will doch nur zufrieden sein. Ich bin nie zufrieden. Wenigstens möchte ich öfter zufrieden sein als unzufrieden. Ich habe das Gefühl, zu verkommen, zum Monster zu werden. Ich will diese Gedanken abschalten. Ich will einfach alles nehmen, wie es ist. Scheiße.

Ich fühle eine Leere in mir. Ich fürchte nur, dass die bereits vorher da war, die ganzen letzten Jahre über. Nur habe ich dieses Gefühl durch das Fressen verdrängt. Ich weiß nicht, wie ich diese Leere füllen kann (durch Essen sicher nicht). Ich weiß nicht, wonach ich suche. Ich kann nicht mehr. Ich will nicht mehr. Keine Lust, zu versuchen, alles immer positiv zu sehen. Ich will nur weinen. Um mich und mein Leben. Keine Perspektive. Kein Freund. Kein erfüllender Job. Ich sitze hier. Müde, Halsweh, zu dick, ohne inneres Strahlen, verpickelt.«

Tagebucheintrag vom 14. Juni 1998:

»Es ist Zeit, Verantwortung für mein Leben zu übernehmen; für das, was ich bin, was ich tue, was ich geleistet habe. Es ist Zeit, mich kennenzulernen, und das, was mich glücklich macht, meine Ziele, woran ich glaube. Es ist Zeit, das Hier und Jetzt zu erleben

und nicht ständig an Zukunft/Vergangenheit zu denken. Es ist Zeit, die Verantwortung nicht mehr an Freund/Job/Familie/Erziehung abzuschieben. Es ist Zeit, meinen Weg zu gehen. Aber nur Schritt für Schritt, und zwar einen Schritt nach dem anderen.«

Wenn wir uns aus dem süchtigen Essverhalten befreien, gibt es Phasen, in denen wir mehr Licht sehen, und Phasen, in denen wir nur die Schatten bemerken. Wichtig ist, dass wir uns in jeder Phase unterstützen, so liebevoll, wie es uns möglich ist. Vor allem in den dunklen Phasen.

Wohlwollend könnten wir sagen: Es gibt keine Rückfälle, es gibt nur die gewohnten und die neuen Verhaltensmuster. Selbst wenn wir bereits intensiv an uns gearbeitet haben, greifen wir immer wieder auf unsere vertrauten Verhaltensmuster zurück, vor allem in Zeiten, in denen wir große Herausforderungen zu bewältigen haben oder in denen wir uns geschwächt fühlen. In denen uns einfach die Kraft fehlt, um uns auf das Neue, noch ungewohnte Verhalten zu konzentrieren. Bitte werfen Sie sich kein Versagen vor! Wir sind nur Menschen, keine Maschinen.

Realistische Ziele setzen

Die Stolpersteine auf meinem Weg aus der Esssucht waren meine schamgeprägten Muster, insbesondere mein Perfektionismus und mein Schwarzweißdenken. Meine Ansprüche an mich waren hoch, Scheitern war nicht eingeplant. Ich wollte alle Übungen perfekt, voller Enthusiasmus und »ab jetzt immer« ausführen. Jeder Essanfall war ein herber Rückschlag für mich und ließ mich sofort an mir und an der Richtung meines Weges zweifeln.

Irgendwann begriff ich:

✱ *Wenn ich meine perfekten Essenspläne durch perfekte Heilungspläne ersetze, werde ich perfekt scheitern.*

- *Ich brauche kleine, konkrete Ziele, die ich tatsächlich umsetzen kann. Zu große Ziele frustrieren mich.*
- *Die Essanfälle werden mich noch eine Weile begleiten, egal wie hart ich an mir arbeite.*
- *Wenn ich jahrelang weder auf meinen Körper, noch auf meine Bedürfnisse geachtet habe, ist eine Änderung über Nacht nicht möglich.*
- *Den Weg aus der Esssucht kann ich nur bewältigen, indem ich stetig dranbleibe und konsequent bin. Ich muss mich eher auf eine Lang- statt auf eine Kurzstrecke einstellen, daher ist es besser für mich, meine Energien gleichmäßig zu verteilen.*
- *An mir arbeiten kann ich am besten, wenn es mir halbwegs gut geht. Stecke ich mitten in einem Essanfall, darf ich nicht viel Konstruktives von mir verlangen.*
- *Mache ich eine Übung, verdiene ich Lob, egal wie gut ich sie durchführe. Ich brauche meine ganze Unterstützung auf diesem Weg.*
- *Mit liebevoller Selbstmotivation komme ich weiter als mit dem mentalen Rohrstock.*
- *Immer und ständig an mir zu arbeiten – das geht nicht. Zu viel des Guten ist auch zu viel. Ich kann nicht immer konstruktiv sein, manchmal brauche ich davon Auszeit.*
- *Sobald ich das Gefühl habe, mich im Kreis zu drehen, benötige ich therapeutische Hilfe.*

Mit Essanfällen rechnen

Wenn ich eine Woche ohne Essanfall geschafft hatte, fühlte ich mich wie die Königin der Welt! Ich war überzeugt, endlich den Dreh rauszuhaben. Ab nun würde ich nie wieder einen Essanfall haben! Ich war mir ganz sicher, es ab jetzt völlig »ohne« zu schaffen, ganz bestimmt ... bis ich allerspätestens am zehnten Tag eines Besseren belehrt wurde. Durch meine hohen Ansprüche bescherte ich mir immer wieder unnötig Frust.

Die Essattacken werden so lange wiederkehren, bis Sie einen anderen Weg gefunden haben, um auf die Herausforderungen Ihres Lebens zu reagieren. Sie können sich also darauf einstellen, dass Ihnen die Anfälle noch eine Weile erhalten bleiben. Diese Vorstellung macht den meisten Betroffenen Angst. »Soll das bedeuten, dass ich die Essanfälle noch weiter ertragen muss?« In dieser Hinsicht kann ich Sie beruhigen: Zwar werden Sie die Essanfälle vermutlich noch einige Zeit begleiten, doch werden sie nach und nach weniger intensiv. Die überwältigende Wucht wird abnehmen, die Essanfälle werden sich nicht mehr so eklig anfühlen. Dadurch gelingt es besser, sie durchzustehen.

Wenn Sie sich darauf einstellen können, dass Sie wieder eine Essattacke haben werden, wird sie Sie nicht mehr »kalt« erwischen. Diese Ehrlichkeit sich selbst gegenüber tut weh, ich weiß. Aber es nützt Ihnen nichts, wenn Sie sich erst das große Ziel »Ab nun schaffe ich es!« vornehmen und sich beim nächsten Mal als die größte Versagerin fühlen. Der Essanfall soll nicht mehr wie ein Damoklesschwert über Ihnen hängen. Ich möchte Sie stattdessen dazu anregen, Ihre Situation realistisch zu betrachten: Wie viele Essanfälle hatten Sie im letzten Monat? Daraus lässt sich die Zahl für den nächsten Monat erahnen. Toxische Scham wächst in der Dunkelheit. Es wird Zeit, die Essanfälle zu beleuchten, innerlich zu ihnen zu stehen und Verantwortung zu übernehmen.

Den Weg aus der Esssucht zu finden, bedeutet nicht, es so lange es geht »ohne Rückfall« zu schaffen. Es geht darum, einen Weg zu finden, wie Sie Ihr Leben meistern können. Wenn Sie es momentan noch nicht ohne Essanfälle schaffen, sind sie eben noch zu wichtig.

Essanfälle als Alarmsignal verstehen

Selbst wenn wir bereits einige Jahre im Heilungsprozess sind, müssen wir immer wieder durch Tiefphasen gehen. Das ist ganz normal. Diese Phasen gehören einfach zum Leben dazu, und speziell in diesen greifen wir auf unsere gewohnten Muster zurück, ergo zum Essanfall. Geht es uns nicht gut, ist Essen das einfachste Mittel, und daher ist es völlig legitim, wenn wir uns dafür entscheiden.

Am 31. Mai 2001 schrieb ich in mein Tagebuch:

»Das Essen verfolgt mich wieder einmal. Fühle mich fett, schaue wieder auf schlanke Mädels. Fange wieder an mich zu hassen. Hmmm. Macht mir Angst.«

In solchen Phasen ist es wichtig, zu begreifen, dass unser süchtiges Denken oder Handeln wie eine Alarmglocke funktioniert: Es möchte uns auf etwas Wichtiges hinweisen.

Zur Zeit meines Tagebucheintrags hatte ich keine Essattacken mehr, trotzdem überkam mich manchmal mein esssüchtiges Gedankengut, und ich aß oft mehr, als mir guttat. Ich begriff, dass dies ein gutes Alarmsystem war. Es sagte mir: »Irgendwo missachtest du deine Bedürfnisse. Gehe langsamer. Sei liebevoller zu dir. Versorge dich.« Setzte ich das in die Tat um, verschwanden meine Symptome. Mit der Zeit lernte ich, immer besser auf dieses Alarmsystem zu hören und es entsprechend zu schätzen.

Tagebucheintrag vom 4. Juni 2001:

»Alles wird gut. Egal wie es kommt, es wird gut sein. Interessant, wie sehr mich das Essen manchmal immer noch beschäftigt und wie wenig ich dagegen tun kann. Das Prinzip Zuwinker/Summer nützt momentan wenig, nur Abwarten und Geduld helfen. Du hast viele Stunden deines Lebens damit verbracht, dich zu hassen und abzulehnen. Es wird Zeit, dass wir Frieden machen.«

Kleine Fortschritte wertschätzen

In meiner Praxis begleite ich immer wieder Menschen, die verzweifelt berichten: »Nun arbeite ich schon so lange an mir und mache trotzdem null Fortschritt. Ich habe immer noch diese Essanfälle!« Meine Antwort darauf lautet meist: »Gab es wirklich null Fortschritte? Sehen Sie genau hin!«

Jede Essattacke wird als herber Rückschlag empfunden, weil sie, besser gesagt ihr Ausbleiben, oft als einziger Indikator für den Erfolg gewertet wird. Dabei lassen wir oft außer Acht, dass die Essanfälle so lange bei uns bleiben, wie wir sie brauchen. Ich empfehle meinen Klientinnen und Klienten daher, vorerst andere Indikatoren für den Erfolg heranzuziehen, nämlich die Qualität der Essanfälle und die Veränderungen im Alltagsleben.

♥ **Die Qualität der Essanfälle erforschen:** Bitte finden Sie heraus, inwiefern sich Ihre Essanfälle in den letzten Jahren verändert haben. Stopfen Sie die Lebensmittel zum Beispiel weniger rasant und unappetitlich in sich hinein? Essen Sie ein klein wenig bewusster? Versinkt Ihre Küche nach dem Essanfall nicht mehr in totalem Chaos? Brauchen Sie weniger Essensmengen, zum Beispiel nur noch zwei Tafeln Schokolade statt zehn oder nur noch eine Pizza statt drei? Essen Sie weniger unterschiedliche Speisen durcheinander? Ist der Drang von »Ich muss jetzt sofort essen« eine Spur weniger vehement? Können Sie ihm ein bisschen länger widerstehen als früher? Schaffen Sie es, erst zu beginnen, wenn Sie sitzen, so dass Sie nicht schon im Supermarkt alles wegessen? Sich einen Teller zu nehmen, statt alles direkt aus der Packung zu essen? Ist der begleitende Selbsthass etwas kleiner? Haben Sie manchmal das Gefühl, dass Sie der Anfall nicht mehr so befriedigt wie früher und Sie eigentlich etwas anderes bräuchten?

Bitte vergleichen Sie ausschließlich Ihr eigenes Essverhalten im Wandel der Zeit, beispielsweise jedes halbe Jahr. Es bringt wenig, wenn Sie sich mit »den anderen« oder einem abstrakten Ideal messen. Wir möchten schließlich eine relative Verbesserung feststellen, statt zu beklagen, dass das Essverhalten nicht so perfekt ist, wie Sie es sich wünschen.

Als ich lernte, »Verbotenes« in meinen Alltag zu integrieren, musste ich bei meinen Attacken nicht mehr wahllos alles in mich hineinstopfen. Es wurde mir möglich, mein »Binge-Food« überwiegend bewusster zu wählen und damit die Qualität der Essanfälle zu erhöhen. Ich suchte etwas, das bei Essdruck rasch verfügbar war, mir die notwendige Quantität lieferte, mich richtig befriedigte und mich dennoch nicht zu träge und vollgestopft zurückließ. Das waren zunächst Sojadesserts gemischt mit Choco-Pops. Später, als ich wieder Grundnahrungsmittel zu Hause haben und meine Essanfälle ein bisschen aufschieben konnte, bereitete ich mir mein »Binge Food« selbst zu. Ich hatte ein Blitzrezept für Kakao-Nuss-Rohrohrzucker-Kekse und erlaubte mir, alle noch warm aufzuessen. Meine Essanfälle waren zu jener Zeit zwar immer noch da, aber körperlich und geistig wesentlich leichter zu ertragen.

♡ **Veränderungen im Alltagsleben erforschen:** Ein weiterer Indikator, um herauszufinden, wie viel weiter Sie Ihren Weg aus der Esssucht gehen konnten, ist die Veränderung kleiner Dinge im Alltag. Konnten Sie sich beispielsweise in letzter Zeit mehr Raum für sich nehmen? Nein sagen in Situationen, in denen Sie sich das früher nie getraut hätten? Zu einer Ihrer Eigenarten stehen? Ist es Ihnen einmal gelungen, Ihrem Chef zu sagen, dass Sie nicht länger bleiben können? Haben Sie es geschafft, sich zehn Minuten Nichtstun zu gönnen? Können Sie sich immer öfter eine Mittagspause zugestehen? Kreisen Ihre Gedanken etwas seltener ums Essen?

Meist ist es die Summe solch kleiner Veränderungen, die unser Leben nachhaltig verbessert. Halten Sie daher vor allem danach Ausschau! Große Umbrüche und Ereignisse passieren vergleichsweise selten. Je mehr sich Ihre Lebensqualität verbessert, desto weniger Essanfälle werden Sie langfristig benötigen. Es ist sinnvoll, sich Veränderungen immer wieder bewusst zu machen, beispielsweise mit Hilfe Ihres Tagebuches. Wenn Sie Ihre Fortschritte sehen können, relativieren sich Ihre »Rückfälle«.

Zur Qualität von Essanfällen möchte ich noch etwas erwähnen, das mir wichtig scheint: Es kann vorkommen, dass wir zu verschiedenen Zeitpunkten gleich viel von einem Lebensmittel zu uns nehmen und es sich einmal um einen Essanfall handelt, das andere Mal jedoch nicht. Den Unterschied machen die Art und Weise des Essens, die begleitenden Gefühle und die Selbstkommunikation:

Ich hatte früher eine Schwäche für Doppelkeks. Sie standen, wie alle anderen Süßigkeiten auch, weit oben auf meiner »Verbotsliste«. Besonders nach stressigen Tagen hatte ich oft Lust darauf, dennoch aß ich stattdessen »vernünftige, gesunde« Dinge. Meine Gier überkam mich hinterher. Dann kaufte ich die Doppelkeks wie ferngesteuert im nächstbesten Supermarkt oder an der Tankstelle, riss ratzfatz die Packung auf und schlang sie hastig hinunter. Schaffte ich es mitsamt der »verbotenen Ware« bis nach Hause, landete ich meistens vor dem Fernseher und »dröhnte« mich quasi doppelt zu. Währenddessen wurde der Heißhunger noch größer, und ich stopfte immer weiter »Verbotenes« in mich hinein. Schließlich war es nun »eh schon egal«. Ab morgen durfte ich sowieso »nie wieder« Süßigkeiten essen, darum lieber heute noch so viel wie möglich »sündigen«. Als der Spuk endlich vorbei war, konnte ich mich kaum mehr rühren, so vollgestopft war ich. Ich hatte das Gefühl, auf einen Schlag etliche Kilo zugenommen zu haben. Geistig fühlte ich mich komplett stumpf. Ich beschimpfte und hasste mich für meine Disziplinlosigkeit und gelobte mir, ab nun noch strenger mit mir umzugehen.

Was ich hier schilderte, definiere ich als »Essanfall«.

Als meine Esssucht vorbei war, hatte ich viele Jahre immer noch Appetit auf Doppelkeks. Doch nun waren sie nicht mehr verboten. War ich abends hungrig und es summten Keks, gönnte ich sie mir. Ich aß nicht erst »um das Gesunde« herum, sondern gestand mir gleich meinen Summer zu. Ich besorgte die Keks in aller Ruhe im Supermarkt meiner Wahl. War es draußen warm, suchte ich mir einen schönen Platz, etwa eine Parkbank, dann öffnete ich die Kekspackung genüsslich. Ich aß in aller Öffentlichkeit. Es gab keine Scham, kein Verstecken mehr. Ich veranstaltete kein innerliches

Drama, und ich beschimpfte mich nicht. Ich wollte einfach Keks und ich durfte sie haben. Es war keine große Sache mehr. Manchmal gönnte ich mir dazu eine Klatschzeitschrift, die ich mit Genuss durchblätterte. Nachdem ich die Keks aufgegessen hatte, stand ich zwar leicht unter »Zuckerschock«, war aber zufrieden und angenehm satt. Mein Körper fühlte sich genauso an wie zuvor, ich fürchtete nicht, dass mir die Packung Süßigkeiten sofort auf die Hüfte rutscht. Die Keks halfen mir, mich zu entspannen, ich fühlte mich emotional geglättet, sie waren genau das, was ich in diesem Moment gebraucht hatte. Ich wollte nichts anderes mehr.

Was ich hier erlebte, definiere ich als »Abendessen«.

Obwohl ich jedes Mal dieselbe Menge Doppelkeks zu mir nahm, unterschieden sich die oben geschilderten beiden Ereignisse ansonsten völlig – vor allem hinsichtlich meiner inneren Wahrnehmung. Dies lässt die Vermutung zu, dass das schlechte Gefühl bei Essanfällen nicht nur mit den Lebensmitteln an sich zu tun hat, sondern mit unserer inneren Einstellung dazu.

Freundliche Selbstkommunikation

Der Essanfall findet ohnehin statt. Er nimmt sich seinen Raum, solange wir ihn brauchen, ob wir ihn wollen oder nicht. Im Umgang mit ihm haben wir aber die Wahl, genauer, zwei Möglichkeiten. Erstens: Wir beschimpfen uns für die maßlose Disziplinlosigkeit und malen uns, noch während wir kauen, die Diät der nächsten Tage aus. Die zweite Möglichkeit: Wir versuchen, ein wenig Mitgefühl für uns selbst aufzubringen und finden tröstende Worte. Zwar freuen wir uns nicht über das maßlose Essen, stehen uns aber dennoch bestärkend zur Seite.

Spielen wir diese zwei Möglichkeiten mit folgendem Gedankenexperiment durch:

♥ **Wie würden Sie mit Ihrer besten Freundin umgehen?**
Variante A: Ihre beste Freundin ist verzweifelt. Sie schreien sie an,

dass sie endlich aufhören soll mit dem Sch***, dass sie sich zusammenreißen und endlich mehr Disziplin an den Tag legen muss. Sie prophezeien ihr, dass sie ansonsten nie ihr Leben auf die Reihe bringen würde.

Variante B: Ihre beste Freundin ist verzweifelt. Sie stehen Ihr zur Seite, trösten sie, reden ihr sanft zu, nehmen sie in den Arm, hüllen sie in eine warme Decke. Sie bieten ihr an, gemeinsam Lösungswege aus der Misere zu überlegen.

Welche Variante fühlt sich besser für Sie an? Ich hoffe, die zweite! Denn sie ist es, die wir im Umgang mit uns selbst anstreben. Das ist schwierig, ich weiß. Besonders in dem Moment, wo wir uns am meisten hassen, weil wir uns mit Essen vollstopfen, uns fett und disziplinlos fühlen, ist es extrem herausfordernd, ein wenig Verständnis für uns selbst aufzubringen. Doch genau dieses Verständnis führt uns letztendlich aus der Esssucht hinaus.

Die Essattacke zeigt uns, dass es uns gerade nicht gutgeht, dass es uns an irgendetwas mangelt. Wir benötigen daher unsere vollste Unterstützung, nicht noch weitere Maßregelungen und Beschimpfungen obendrauf.

Die Erlaubnis für den Essanfall

Auf meinem Weg war die Entmachtung des Essanfalls ein wichtiger Schritt: Ich betrachtete ihn nicht mehr als Naturgewalt, die über ihr armes Opfer hereinbrach. Es war entscheidend, zu bemerken: Ich hatte Gefühle, die ich nicht ertragen wollte oder konnte, und die Attacke half mir, sie zu verarbeiten. Der Essanfall war nicht das Übel. Im Gegenteil, er war die Lösung, die ich fand, wenn ich mal nicht weiterwusste. Es zwang mich schließlich niemand, das Essen in mich hineinzustopfen, das tat ich selbst. Es war Zeit, die Verantwortung für mein Handeln zu übernehmen, selbst wenn es mir nicht gefiel und ich mich dafür schämte. Ich sagte zu mir: »Ich brauche diese Essanfälle, um mit irgendeinem Problem oder einem Mangel fertigzuwerden. Ich habe Vertrauen, dass ich das irgendwann anders lösen werde, doch nicht jetzt. Jetzt lautet meine Antwort ›Essen‹, und das ist in Ordnung.«

Diese innere Haltung macht für mich einen riesigen Unterschied. Denn ist der Essanfall bereits im Gange, ist es wenig sinnvoll, sich weiterhin zu wehren. Wenn Sie sich jetzt das Essen verbieten und trotzdem nicht aufhören, begeben Sie sich in einen heftigen inneren Kampf, den Sie nicht gewinnen können. Außerdem nimmt er Sie dermaßen in Beschlag, dass Sie gar nicht mehr wahrnehmen, was beziehungsweise wie viel Sie eigentlich in sich hineinstopfen. Das Zugreifen, Kauen und Schlucken geht ohne Ihre Aufmerksamkeit weiter, was die Attacke wahrscheinlich noch verlängert. An Genuss ist nicht mehr zu denken. Eigentlich schade, denn üblicherweise besteht der Essanfall aus all jenen Leckereien, auf die Sie sonst mühsam verzichten.

Sobald Sie es schaffen, einigermaßen zu akzeptieren, dass es momentan nicht ohne Essanfall geht, nehmen Sie sich selbst jede Menge Druck. Wenn der Essanfall schon nicht zu verhindern ist, dürfen Sie wenigstens das Beste daraus machen.

Ich fürchtete damals, dass die Erlaubnis für Essanfälle dazu führen würde, dass ich nie wieder mit der Fresserei aufhörte. Doch genau das Gegenteil trat ein: Endlich anerkannt und akzeptiert, wurden die Attacken milder im Verlauf und waren schneller wieder vorbei.

♡ **Ich darf alles essen, was vor mir liegt:** Sobald Sie spüren, dass ein Essanfall in Ihnen »hochkriecht«, legen Sie alle verfügbaren Lebensmittel vor sich auf den Tisch, nehmen Teller und Besteck und setzen sich hin. Sagen Sie: »Ich darf jetzt alles essen, was vor mir liegt. Es gehört alles mir.« Beobachten Sie, was diese Erlaubnis mit Ihnen macht

Manchmal werden Sie den Grund für Ihr Bedürfnis, sich zu überessen, kennen, in vielen Fällen nicht. Zermartern Sie sich nicht das Gehirn, das bringt im Augenblick nichts. Versuchen Sie stattdessen die Situation zu akzeptieren, so wie sie gerade ist. Gestatten Sie sich, so lange zu essen, bis Ihr Verlangen nach Nahrung gestillt ist. Das kann nach ein paar Bissen geschehen oder wenn

Ihnen der Hosenknopf abspringt. Sie sind in Ordnung, so wie Sie sind, selbst wenn Sie einen Essanfall haben.

Bewusstmachen, was gerade passiert

Wir schämen uns so sehr für unser süchtiges Essverhalten, dass wir versuchen, es von uns abzukoppeln. Doch wie sollen wir den Essanfall vor uns selbst verheimlichen? Bekanntermaßen können wir unseren Körper nicht verlassen, daher steigen wir geistig aus der Situation aus. Der Essanfall fühlt sich wie eine Art Trancezustand an, aus dem wir erst nach einiger Zeit wieder erwachen. Es ist, als ob das alles ohne uns stattfände: Es kommt zu einer wirksamen Verdrängung.

Je weiter wir den Weg aus der Esssucht gegangen sind, desto mehr wird uns bewusst, was während eines Essanfalls tatsächlich passiert. Wir heben den Prozess damit Schritt für Schritt vom Unbewussten ins Bewusste. Mit wachsendem Bewusstsein übernehmen wir auch mehr Verantwortung für unser Handeln und können langsam Veränderungen erproben und umsetzen.

♥ **Gefühl von »gleich geht es los« spüren:** Wie fühlt es sich in Ihrem Körper an, wenn Sie bemerken, dass gleich der Essanfall losgeht? Ist es wie eine verknotete Gefühlsballung? Oder vielmehr starker Druck? Wie das Gefühl von riesengroßer Unrast? Von »ich halte das nicht mehr länger aus«? Wie eine Trance? Taubheit? Angst? Starre?

Setzen Sie in diesem Moment ein Signal, damit Ihr Körper und vor allem Ihr Bewusstsein begreifen: »Das hier ist real, ich esse.« Dieses Signal ist das Hinsetzen.

♥ **Hinsetzen während des Essanfalls:** Wenn Sie das nächste Mal spüren, dass die Attacke kurz bevorsteht oder Sie bereits mittendrin stecken, setzen Sie sich bitte hin. Egal wo Sie sind, vor den Eiskasten, auf eine Stufe, auf eine Parkbank. Sagen Sie innerlich, oder, wenn Sie allein sind, laut: »Ich esse.« Bitte benennen Sie die Handlung, ohne sie abzuwerten. »Ich sitze, und ich esse.«

Vielleicht gelingt es Ihnen, während eines Essanfalls den tranceartigen Zustand zu unterbrechen:

♥ **Unterbrechung des Essens:** Blicken Sie vom Essen auf und konzentrieren Sie sich für einen kurzen Moment auf einen anderen Sinneseindruck. Betrachten Sie das Auto, das gerade vorbeifährt, hören Sie das Ticken der Uhr, riechen Sie Ihr Parfum. Oder Sie bedienen sich einer körperliche Handlung, legen zum Beispiel das Besteck zur Seite oder stehen kurz auf, fassen sich selbst an den Arm oder die Schulter, gehen vielleicht ein paar Schritte. Sagen Sie zu sich: »Das ist nur eine kurze Unterbrechung, ich darf danach weiteressen.« Dahinter steckt die Absicht, sich den Essanfall wieder ein Stück bewusster zu machen, indem Sie fühlen: »Es gibt mich noch, ich bestehe nicht nur aus den Lebensmitteln, die ich mir gerade reinstopfe.«

Wenn Sie nach der kurzen Unterbrechung weiteressen möchten, tun sie es, ohne nochmals mit sich zu verhandeln. Es ist wichtig, darauf vertrauen zu können, dass Sie nach der kurzen Pause tatsächlich weiteressen dürfen. Vorausgesetzt, Sie möchten es. Es ist in Ordnung.

Essattacken sind gekennzeichnet von großer Hast – noch ein Versuch unseres Unterbewusstseins, den Essanfall vor uns selbst zu verheimlichen: »Je schneller ich esse, desto schneller ist das Essen weg, also bemerke ich es gar nicht.«

♥ **Verringerung des Esstempos:** Probieren Sie, Lebensmittelstücke (Keks, Schokoladenstücke, Käsescheiben …) einzeln zu essen und nicht mehrere auf einmal in den Mund zu stopfen. Sagen Sie sich: »Ich darf alles essen, was vor mir liegt. Ich darf zugreifen, so oft ich will. Doch ich werde die Keks (die Käsescheiben, die Schokoladenstücke …) einzeln essen, eines nach dem anderen.« Letztendlich haben Sie dann von der Menge mehr, weil der Prozess des Essens länger dauert.

♥ **Einen Bissen bewusst essen:** Versuchen Sie, während Ihrer Essattacke einen einzelnen Bissen bewusst zu schmecken. Wie fühlt sich das Lebensmittel in Ihrem Mund an? Warm, weich, kalt, hart? Welchen Geschmack hat es? Salzig, süß, sauer, bitter? Wie riecht es? Schmeckt Ihnen das Lebensmittel wirklich? Falls nicht, nehmen Sie ein anderes.

Essanfälle sind wie ein Bad in toxischer Scham, und die gedeiht am besten in der Dunkelheit. Daher ist es wichtig, uns die Essanfälle bewusstzumachen, sie zu beleuchten; uns immer wieder zu bestätigen: »Es ist okay, ich brauche das jetzt. Ich bin in Ordnung, obwohl ich gerade einen Essanfall habe.«

Selbstachtung bewahren

Wir schämen uns nicht nur für die Menge der Lebensmittel, die wir während des Essanfalls in uns hineinstopfen, sondern auch dafür, *wie* wir das tun: Es werden zahlreiche Packungen beinahe gleichzeitig aufgerissen, Dinge roh gegessen, die eigentlich gekocht gehörten, wir nehmen die Hände, wo normalerweise Besteck benutzt wird, verteilen Brösel, machen Flecken auf Kleidung und im Gesicht. Wenn wir mit anderen Menschen zusammenleben, beseitigen wir, kaum ist der Essanfall vorüber, hektisch alle Spuren, um ja nicht aufzufliegen.

♥ **Das Unappetitliche des Essanfalls verringern:** Ich möchte Sie darin bestärken, in einer Art und Weise zu essen, die Sie nicht vor Scham in den Boden sinken ließe, wenn man Sie dabei erwischte. Essen Sie, wenn möglich, nicht direkt aus der Packung, sondern geben Sie alles auf Teller oder in Schüsseln. Richten Sie Ihre Speisen appetitlich an. Nehmen Sie Besteck. Setzen Sie sich hin. Hinterlassen Sie kein Chaos. Vielleicht gelingt es Ihnen sogar, eine schöne Serviette zu nehmen oder eine Kerze anzuzünden, bevor Sie der Essanfall vereinnahmt.

Durch diese Handlungen wird Ihnen der Essanfall wieder ein

Stück bewusster – und Sie behalten Ihre Würde. Sie müssen nicht alles in rasendem Tempo runterschlingen. Sie dürfen sogar in dieser Ausnahmesituation einen angenehmen Rahmen schaffen. Wenn die Essattacke schon sein muss, dann wenigstens mit ein bisschen Genuss.

Sich selbst verzeihen

Tagebucheintrag vom 26. Juli 1996:

»Habe gestern E-Mail von W. bekommen. Plötzlich fühlte ich mich wieder ganz klein, hatte dringend das Bedürfnis, mich vor ihm zu rechtfertigen, und griff sofort zu Schokolade, um mich zu beruhigen. Dass das keine Lösung ist, weiß ich. Aber ich akzeptiere, dass ich mich gehen ließ, und strafe mich nicht mit Verachtung. Ich umarme das schreiende Kind in mir und tröste es. Ich verzeihe mir. Es ist okay.«

In der Esssucht beschimpfen wir uns nach jedem einzelnen Anfall, in der Annahme, dass wir in Zukunft noch härter mit uns umgehen müssten. Bitte hören Sie damit auf. Seien Sie sich selbst nicht böse, denn Sie haben getan, was Sie konnten. Als der Essanfall losging, wussten Sie einfach nicht, was Sie ansonsten tun sollten.

Angenommen, Sie sehen ein verzweifeltes, weinendes Kind zusammengerollt auf Ihrer Couch kauern. Wie würden Sie reagieren? Es anbrüllen? Wohl eher nicht. Vermutlich würden Sie es in Ihre Arme nehmen und trösten. Ich möchte Sie anregen, sich selbst genauso zu begegnen. Sprechen Sie so freundlich und wertschätzend zu sich, wie schon lange nicht mehr. Jetzt ist es an der Zeit, Ihr Tagebuch zur Hand zu nehmen und zu lesen, was Sie bereits alles geschafft haben. Nur weil Sie nach wie vor Essanfälle haben, sind Sie noch lange keine Versagerin!

Wenn wir schon einige Zeit an uns gearbeitet haben und die Trance während der Essanfälle langsam schwindet, wird uns zunehmend bewusst, was wir uns immer wieder antun. Diese Erkenntnis kann ziemlich ernüchtern und auch schmerzhaft sein.

Lassen Sie sich jetzt nicht im Stich. Vielleicht gibt es Dinge, die Sie besonders gern mögen, wenn es Ihnen nicht gutgeht? Beispielsweise eine Wärmflasche, ein warmes Bad oder etwas von der »Was tut mir gut«-Übung von Seite 193? Es wäre heilsam, jetzt auf einen dieser Punkte zurückzugreifen und sich so zu bestätigen: »Ich bin auch in dunklen Momenten für dich da und werde dich weiterhin unterstützen.«

Bitte denken Sie nicht, Sie hätten das jetzt nicht verdient, da Sie wieder einmal versagt haben. Es ist genau umgekehrt. Gerade *weil* Sie einen Essanfall hatten, zeigt Ihnen Ihre Seele, dass Sie Zuwendung brauchen. Bitte gestehen Sie sich diese zu. Meist ist es sogar so, dass nach dem Essanfall die innere Spannung abnimmt und dadurch der Weg frei wird für Dinge, die Ihnen wirklich guttun.

Sich selbst zu verzeihen, impliziert auch, sich nicht noch obendrein zu bestrafen. Bitte stellen Sie sich daher nach einem Essanfall und zumindest am folgenden Morgen nicht auf die Waage! Es ist naheliegend, dass eine Gewichtszunahme erfolgt, sobald Sie viel mehr essen als üblich. Bitte quälen Sie sich nicht zusätzlich, indem Sie sich die Zahlen »Schwarz auf Weiß« vor Augen führen!

Wenn Sie Ihre altbekannten Mustern aufgeben möchten, wäre nun ein guter Zeitpunkt, *keine* neuen Diätpläne auszutüfteln und am nächsten Tag *nicht* auf Nahrung zu verzichten! Um sich von dem Esszwang zu befreien, ist eine möglichst regelmäßige Ernährungsweise wichtig. Außerdem: Wenn Sie schon während eines Essanfalls wissen, dass Sie ab morgen wieder fasten müssen, werden Sie unter Umständen noch viel mehr essen. Stattdessen ermutige ich Sie, weiterhin auf Ihren Hunger zu achten: Geben Sie Ihrem Körper, was er braucht, unabhängig davon, ob Sie einen Essanfall hatten oder nicht. Seien Sie es sich wert!

Kapitel 7

Das Leben nach der Esssucht

Schutzhaus bauen

Ich finde, der Weg aus der Esssucht lässt sich gut mit dem Bau eines Schutzhauses vergleichen. Stellen Sie sich dazu folgende Situation vor: Sie stehen auf einem Berg, allein. Plötzlich fängt es zu regnen und zu stürmen an (= das bedeutet, die Herausforderungen des Lebens prasseln auf Sie ein, Sie sind verzweifelt, einsam, wissen nicht wohin). Ihnen wird kalt, und Sie wünschen sich einen Platz, wohin Sie flüchten können. Sie benötigen ein Schutzhaus (= Selbstbewusstsein und Selbstliebe, so dass Sie sich allen Situationen stellen können, ohne die Krücke Esssucht zu Hilfe zu nehmen).

Ein stabiles Haus lässt sich allerdings nicht über Nacht errichten. Man muss zunächst das Fundament ausheben, um eine solide Basis für das Haus zu schaffen (= die Esssucht begreifen und verstehen, dass sie momentan eine wichtige Funktion erfüllt). Es ist unmöglich, allein ein Haus zu bauen, man braucht die Hilfe von Spezialistinnen und Spezialisten (= Psychotherapie und/oder körperorientierte Methoden, Workshops, Bücher,...). Gemeinsam wird ein Ziegelstein auf den anderen gesetzt (= man kann immer nur einen Schritt nach dem anderen gehen).

Irgendwann ist der erste Raum fertig. Sie betreten ihn voller Stolz und freuen sich (= kleine Erfolge schätzen). In diesem Raum fühlen Sie sich geschützt (= in vielen Situationen reagieren Sie bereits adäquat, ohne das Hilfsmittel Essanfall).

Im Zuge des Hausbaus erwerben Sie viele neue Fähigkeiten, beispielsweise erlernen Sie, wie man Türscharniere justiert (= beispielsweise lernen Sie, immer öfter nein zu sagen). Zu Beginn war Ihre Werkzeugkiste wie ein Buch mit sieben Siegeln, jetzt haben Sie einige wertvolle Arbeitsgeräte darin und wissen, wie man damit umgeht (= beispielsweise wissen Sie, welche Worte Sie benutzen können, wenn jemand Ihre Grenzen überschreitet).

Wenn Ihnen die Ideen ausgehen, blättern Sie durch eine Ausgabe von »Schöner Wohnen« (= wenn Sie das Gefühl haben, sich im Kreis zu drehen, holen Sie sich wieder Hilfe). Nach und nach bekommen Sie eine Ahnung davon, wie Ihr persönliches Zuhause aussehen wird (= nach und nach lernen Sie sich näher kennen und wissen, was Sie brauchen).

Tja, und irgendwann ist das Haus fertig: Ihr Schutzhaus. Regen und Wind wird es immer geben, wir können das Wetter nicht ändern (= im Leben wird es immer herausfordernde Situationen geben), doch nun sind Sie davor geschützt (= Sie haben gelernt, für sich selbst zu sorgen, und können adäquat, also ohne Essanfälle, reagieren).

Damit das Haus weiterhin wohnlich bleibt und Ihnen genug Schutz bietet, muss es instand gehalten und regelmäßig renoviert werden (= man lernt im Leben nie aus, denn es kommen immer wieder neue Situationen und Probleme auf einen zu). Einige Arbeiten können Sie selbst erledigen, für andere benötigen Sie eine Expertenmeinung (= auch nach Bewältigung der Esssucht ist man nicht frei von Problemen und darf sich hin und wieder bei einer Therapeutin oder einem Therapeuten Unterstützung holen).

Es ist vielleicht nicht perfekt, aber es ist Ihr Haus, hier fühlen Sie sich zu Hause (= Sie akzeptieren sich selbst, so wie Sie sind, und streben keine Perfektion mehr an).

Das Leben ohne Esssucht

Ich hatte lange Zeit eine bestimmte Vorstellung davon, wie ich mich fühlen würde, wenn ich endlich meinen Esszwang hinter mir gelassen hätte. In einer Übung, in der es darum ging, mein Unterbewusstsein umzuprogrammieren, visualisierte ich folgendes Bild: Ich stolziere über den Wiener Stephansplatz, bin glücklich, strahlend, voller Energie und, natürlich, schlank. Die Leute sehen mich bewundernd an, viele schenken mir ein Lächeln.

Jahre später ging ich wieder einmal über den Stephansplatz. Ich hatte Frieden mit meiner Figur geschlossen und die Essanfälle hinter mir gelassen. Da erinnerte ich mich an mein Bild von damals und bemerkte, dass sich die Realität erheblich von meiner Zukunftsvision unterschied:

In mir war kein »YEAH!!! Seht alle her! Bewundert mich! ICH – ja ICH – habe es geschafft! Nun ist all der Ballast weg, und ich bin FREI, FREI, FREI!«

An jenem Tag ging ich einfach über den Stephansplatz, das war alles. In Gedanken war ich bei irgendeinem Thema, das mich gerade beschäftigte, und ich bewunderte kurz den Stephansdom.

Das Leben ohne Esssucht ist kein immerwährendes Bad in Glückshormonen. Es fühlt sich an wie ganz normales Leben, das immer noch freudvolle und traurige Momente, Spaß und Frust, schöne und weniger schöne Tage und manchmal sogar herbe Schicksalsschläge für uns bereithält. Der Unterschied zu einem Leben mit Esssucht: Die damit einhergehenden Gefühle werden nicht mehr mit dem Essen heruntergeschluckt oder durch anderes Verhalten wie Extrem-Shopping, Handysucht, Sportfanatismus oder überbordende Selbstkontrolle verdrängt.

Unsere Energie fließt nicht mehr in die Selbstzerstörung. Wir setzen sie also nicht mehr *gegen* uns, sondern *für* uns ein. Damit wird unser Leben in Summe leichter und freudvoller. Die Stimmungskurve wird flacher, sie ähnelt vielmehr einer sanften Wellenlinie. Unsere Gefühlswelt ist damit wesentlich einfacher zu ertragen, denn wir rauschen nicht mehr durch extreme Höhen und Tiefen. Das Drama nimmt ab, und dennoch fühlen wir uns lebendiger.

Als ich noch esssüchtig war, dachte ich, dass Selbstliebe und -akzeptanz vor allem mein Äußeres sowie mein Denken über mich beträfen. Heute weiß ich, dass es noch viel mehr bedeutet: Weil ich mich wirklich mag und schätze, füge ich mir selbst keine vermeidbaren Schmerzen mehr zu. Dies hatte Auswirkungen auf unzählige Bereiche meines Lebens. Zum Beispiel lasse ich nur noch Menschen in mein Herz, die mich verstehen und mich so akzeptieren, wie ich bin. Ich entscheide bewusst, mit wem ich meine freie Zeit verbringen möchte. Ich lernte, mir selbst jene Fürsorge zu schenken, die ich in meiner Vergangenheit schmerzlich vermisste. Dadurch verringerte sich meine Bedürftigkeit, was gleichzeitig mein Beziehungsleben verbesserte.

Ich bin gesünder und leistungsfähiger geworden, da ich auf mich und auf die Balance von Arbeit und Freizeit achte. Ich definiere meinen Selbstwert nicht mehr über die Länge meiner To-do-Liste und setze klare Prioritäten. Dadurch hetze ich meinem Leben nicht mehr hinterher, sondern ich lebe es.

Ich hörte auf, mich zig Mal am Tag fertigzumachen und mich durch Selbsthass zu blockieren. Was nicht heißt, dass ich mich nicht manchmal über mein Verhalten ärgere. Aber das ist noch lange kein Grund, mich selbst zu verletzen, weder mit Worten noch mit Taten. Wenn ich unklug gehandelt habe, stehe ich mir danach selbst bestmöglich helfend zur Seite. Dadurch habe ich Energie gewonnen, die ich gut verwenden kann: für mich sowie für Menschen, die mir am Herzen liegen. Meine Gedanken kreisen nicht mehr ständig um mich selbst, so dass ich die Gegenwart besser wahrnehme und offener geworden bin.

Das Leben ohne Esssucht kommt nicht über Nacht. Wir wachen nicht eines Morgens mit einem völlig neuen Lebensgefühl auf. Nein, es schleicht sich geradezu heran, auf leisen Füßen. So wachsen wir langsam in unser neues Leben hinein und erkennen erst in der Rückschau: Wow, welch eine Veränderung!

In der Esssucht stellen wir uns oft die Frage: Kann es jemals enden? Hier möchte ich aus dem Buch »Essen als Ersatz«, Seite 219 zitieren:

»Enden wird die Selbstgeißelung, Selbstbestrafung, Zweifel und die Qual des zwanghaften Essens. Enden wird die peinigende Art, wie du deine Essgewohnheiten deutest. Enden wird, dass du die Nahrung gegen dich verwendest. Enden wird die Unterscheidung von Handlungen in Gut oder Böse, Richtig oder Falsch oder die Einteilung von Nahrung in »erlaubt« oder »ver-

boten«. Enden wird, dass du Überessen als Versagen definierst. Enden wird das halb verrückt machende Gefühl von unendlichem Hunger. Enden wird der Wunsch, es möge enden.
Nicht enden wird, dass du täglich essen und dass du Fehler machen wirst. Nicht enden wird, dass dein Gewicht von Zeit zu Zeit schwankt. Nicht enden wird, dass du dich veränderst. Es gibt kein Ankommen in dem Sinne, dass du nie wieder an dir arbeiten musst. Nicht enden wird die immer tiefere und mitfühlende Verbundenheit zwischen dir und den Menschen in deinem Umkreis. Nicht enden wird die Freude am unendlichen Wachstum.«

Früher dachte ich: »Wenn die Esssucht vorbei ist, werde ich endlich der Mensch sein, der ich sein möchte!« Heute weiß ich, dass ich mich wohl mein ganzes Leben lang verändern werde. Diese Aussicht macht mir keine Angst mehr, weil ich in mir eine gewisse Stabilität gefunden habe. Mit den Essanfällen ist auch der Handlungsdruck weg. Es gibt keine Eile mehr.

»Ich sehe jetzt, dass das Kultivieren eines Lebens aus tiefstem Herzen nicht mit der Anstrengung vergleichbar ist, ein Reiseziel zu erreichen. Es ist vielmehr so, als bewegten wir uns auf einen Stern am Himmel zu. Wir kommen nie wirklich dort an, doch wir sind ganz sicher, dass die Richtung stimmt.«
(aus: »Die Gaben der Unvollkommenheit« von Brené Brown; Seite 18)

Ich nahm das »an mir Arbeiten« während meiner Esssucht, aber auch in den Jahren danach sehr ernst. Es gab immer etwas zu verändern, zu hinterfragen, zu analysieren, zu be- und verarbeiten, zu verbessern, stimmiger zu machen. Irgendwann wurde mir bewusst, dass dies auf Kosten von Freude, Lachen und Spontanität ging. Es war an der Zeit, den Spaß, das Spielerische wieder in mein Leben zu lassen. Ich persönlich wünsche mir daher für die nächsten Jahre, noch mehr Leichtigkeit im Umgang mit mir zu erfahren, mich einfach sein zu lassen, wie ich bin. Zu vertrauen, dass ich es rechtzeitig bemerken werde, wenn wieder eine Änderung ansteht. Mir zuzugestehen: Mir darf es gutgehen!

Natürlich bietet auch mein Leben heute einiges an Herausforderungen. Nur weil wir ohne Esssucht sind, heißt das nicht, dass wir geschützt sind vor einschneidenden Erlebnissen wie Trennungen, Fehlgeburten, Tod, Beziehungskrisen oder vor ganz banalem Alltagsfrust. Außerdem glaube ich mittlerweile, dass wir uns nicht vollständig von der toxischen Scham befreien können. Ohne Esssucht vernehmen wir ihre Stimmen zwar nicht mehr permanent, hin und wieder melden sie sich jedoch trotzdem.

Vielleicht ist genau das der Sinn des Lebens? Zu lernen, bestmöglich mit all den Herausforderungen umzugehen, statt uns einfach zu verweigern? Im Fluss des Lebens zu schwimmen statt gegen ihn? Uns Freude zuzugestehen und sie zuzulassen, selbst in dunklen Momenten?

Ich möchte noch mutiger zu dem stehen, was ich bin und brauche, anstatt mich zu verbiegen, damit mich »alle« mögen oder ich auf »die anderen« gut wirke. Hier darf ich noch einiges dazulernen! Mein Ziel ist heute kein »perfektes« Leben mehr, sondern Authentizität.

»Wenn ich Akzeptanz oder Anerkennung zu meinem Ziel erhebe und es nicht funktioniert, kann das Scham auslösen und mir vermitteln: Ich bin nicht gut genug. Wenn das Ziel Authentizität ist und die anderen mich nicht mögen, dann ist das für mich in Ordnung. Wenn das Ziel ist, akzeptiert zu werden, und die anderen mich nicht mögen, dann habe ich ein Problem. Ich handle entschlossen, wenn ich versuche, Authentizität zu meiner Priorität zu machen.«

(aus: »Die Gaben der Unvollkommenheit« von Brené Brown; Seite 98)

Ich weiß, wie es ist, morgens mit dem Gedanken aufzuwachen: »Eigentlich wäre es mir lieber, für immer zu schlafen.« Deshalb war es für mich wohl auch so wichtig, klar ja zum Leben zu sagen – wenn nicht, hätte ich mich vielleicht irgendwann sukzessive zerstört.

In Summe führe ich heute ein zufriedenes Leben. Ich habe mei-

nen Platz gefunden. Ohne Esssucht hätte ich diesen Handlungsdruck nicht gehabt. Ohne Esssucht wäre ich nicht gezwungen gewesen, mich selbst zu entdecken, zu suchen und zu finden, was zu mir passt und mir ein stimmiges Leben ermöglicht.

»Das Gegenteil von ›Nie genug‹ ist nicht das ›Mehr, als man sich vorstellen kann‹. Das wirkliche Gegenteil des Mangels ist das Genugsein oder das, was ich Leben aus vollem Herzen nenne.«
(aus: »Verletzlichkeit macht stark« von Brené Brown; Seite 44)

Vielleicht ist dies nun eine gute Gelegenheit, dir, liebe Esssucht, zu sagen: »Danke, dass du in meinem Leben warst. Danke, dass du meine Augen geöffnet hast, und danke, dass du mich immer wieder aufmerksam gemacht hast, was für mein Leben wichtig ist. Ohne dich wäre ich nicht der Mensch, der ich heute bin.«

Heute ist einer meiner beruflichen Schwerpunkte die Begleitung von Menschen mit Esssucht. Immer wieder begegnet mir dabei die brennende Frage:

»Ist es möglich, sich von Essanfällen zu befreien?«
Meine tiefempfundene Antwort lautet:

Ja, ist es! Ich habe es selbst erlebt!

Demnach können auch Sie es schaffen!

In diesem Sinne wünsche ich Ihnen alles Gute für Ihren Weg!

♡-lichst,
Olivia Wollinger

Liebe Leserin, lieber Leser,

ich freue mich sehr, dass ich Sie mit diesem Buch ein Stück Ihres Weges begleiten durfte.

Ein Buch zu schreiben, bedeutet, unzählige Stunden allein vor dem PC zu verbringen und Gedanken zu wälzen. Daher wäre es schön für mich, zu erfahren, ob die eine oder andere Anregung für Sie persönlich hilfreich war. Wenn Sie also meine Arbeit unterstützen möchten, freue ich mich über Ihre Buchrezension, beispielsweise auf meiner Facebookseite oder anderen Onlineplattformen wie amazon oder lovelybooks.

Danke!

Und falls Sie noch Fragen zum Inhalt dieses Buches haben, lade ich Sie herzlich ein, diese auf meiner Webseite www.aivilo.at zu posten, das ist selbstverständlich anonym möglich. Ich werde sie, soweit es mir möglich ist, gerne beantworten. Zuvor bitte ich Sie, all die Fragen und Antworten zu lesen, die bereits veröffentlicht wurden.

Danke

Danke an all jene, die versprachen, das Buch zu kaufen, noch bevor es eine einzige Zeile zu lesen gab. Das machte mir Mut, mit dem Schreiben zu beginnen und es tatsächlich zu vollenden.

Danke an meine Klientinnen, Klienten und »Essanfälle adé«-Workshop-Teilnehmerinnen, für das Vertrauen in meine Arbeit und in mich. Die Erfahrungen, die ich dadurch über die Jahre gewinnen durfte, sind ein wertvoller Schatz.

Danke an Silvie Horch, dass Sie mein zunächst im Selbstverlag publiziertes Buch entdeckten und mir durch wertschätzende Kommunikation die Zuversicht gaben, dass es beim Ullstein Verlag gut aufgehoben ist. Unsere konstruktive und positive Zusammenarbeit hat mir viel Freude bereitet! Danke an Andrea Schmidt-Pientka für das hervorragende Lektorat. Sie haben den Text wunderbar verschönert und es dennoch verstanden, meine Sprache genau so zu lassen, wie sie von mir gemeint war.

Danke an Simone Kabst für das gefühlvolle Einlesen des »Essanfälle adé«-Hörbuchs. Zu hören, wie das Buch durch ihre besondere Stimme interpretiert wird, ist ein Vergnügen für mich.

Danke an Andrea Scheutz: Du hast im Jahr 2000 zu meiner Idee, für Frauen mit Esssucht ein Skriptum herauszubringen und eine Selbsthilfegruppe zu leiten, gesagt: »Klingt gut, mach einfach.« Dein Glauben in mich und deine Unterstützung waren die Grundsteine meiner heutigen beruflichen Tätigkeit.

Danke an meinen Bruder, dass du mich bestärkst und mir unzählige Arbeitsstunden sowie wertvolles Know-how für den Aufbau meiner Selbständigkeit geschenkt hast. Danke an meine

Mutter, dass du mir Mut machtest, dieses Buch, so wie es ist, in die Welt zu lassen.

Danke an Susanna Lübcke für dein Rundherum-Mentoring und die gemeinsamen Wiener-Melange- und Grätzl-Genüsse. Danke an Anne Söller für die auf vielen Ebenen nährenden Frühstücke in Berlin.

Danke an Doris Nowak-Schuh, Silvia Huber und Claudia Graf für unseren anregenden fachlichen Austausch. Danke an Claudia Knief für elf Jahre gemeinsame Seminarleitung. Viele dieser wert- und freudvollen Erfahrungen flossen in dieses Buch ein. Danke an Iris Lasta für deine achtsame Assistenz bei den »Essanfälle adé«-Workshops.

Danke an meine langjährigen Freundinnen Katja, Silvia und Claudia für eure Unterstützung in jeglicher Lebenslage.

Last but not least, danke an Manfred für deine wunderbaren Fotos und danke, dass du mich immer wieder daran erinnerst, was wirklich wichtig ist im Leben. ♥

Bücher-, CD- und Linktipps

Zitierte Autorinnen und Autoren, Bücher und CDs

Bradshaw, John: *Wenn Scham krank macht.* Ein Ratgeber zur Überwindung von Schamgefühlen. Knaur Verlag 1993. – Ein dichtes Buch, ich brauchte einige Monate, um es zu lesen. Bradshaw beschreibt die Scham umfassend. Das Buch brachte mir einige Aha-Erlebnisse und trug wesentlich dazu bei, dass ich mich selbst und meine Sucht besser verstand.

Brown, Brené: *Die Gaben der Unvollkommenheit. Lass los, was du glaubst sein zu müssen und umarme, was du bist.* J. Kamphausen in J. Kamphausen Mediengruppe GmbH, 2012.

Brown, Brené: *Verletzlichkeit macht stark. Wie wir unsere Schutzmechanismen aufgeben und innerlich reich werden.* Übersetzung: Margarethe Randow-Tesch. © 2013, Kailash, München, in der Verlagsgruppe Random House GmbH. – Die Bücher von Brené Brown fühlen sich für mich an wie warmer Schokokuchen für die Seele, denn sie schreibt offen über ihre eigenen Missgeschicke. Sie beleuchtet das Thema Scham wissenschaftlich, dennoch sind ihre Bücher lebhaft geschrieben und mit zahlreichen anschaulichen Beschreibungen versehen.

Dami Charf: ist Heilpraktikerin für Psychotherapie aus Göttingen. Ihr Blog **www.traumaheilung.de** ist eine wunderbare Fundgrube zum Thema (Entwicklungs-)Trauma mit zahlreichen Videos und Texten. Noch mehr Videos sind auf YouTube zu finden. Darüber hinaus gibt es Online-Kurse für Betroffene sowie für Therapeutinnen und Therapeuten. Im Frühjahr 2018 erscheint ihr Buch *Auch frühe Wunden können heilen* im Kösel Verlag. Esssucht und (Entwicklungs-)Trauma sind oft miteinander verwoben, daher kann die Beschäftigung mit den damit verbundenen Themenkreisen einige Zusammenhänge erhellen.

Hartmann, Sandra: *Ayurveda Alchemist. Die große Ayurveda Kochschule.* Novum pro Verlag 2017. – Eines meiner Lieblingskochbücher.

Johnston, Anita: *Die Frau, die im Mondlicht aß. Essstörungen überwinden durch die Weisheit uralter Märchen und Mythen.* Copyright © 2007 Knaur Taschenbuch Verlag. Ein Imprint der Verlagsgruppe Droemer Knaur GmbH & Co. KG, München.

Lübcke, Susanna/Söller, Anne: *EmotionalKörper-Therapie. Glücklich und gesund durch die Heilung der Gefühle.* – Für alle, die noch mehr über die EKT erfahren möchten.

Lübcke, Susanna: *EmotionalKörper-Therapie-Meditation zur Angst – Wut – Trauer.* – Meditations-CD, unterlegt mit Klaviermusik, erhältlich über www.emotionalkoerpertherapie.de.

Mayland, Elaine L.: *Rosen-Methode Körperarbeit: Ein Lehrbuch.* Books on Demand 2010

Parlow, Georg: *Zart besaitet. Selbstverständnis, Selbstachtung und Selbsthilfe für hochempfindliche Menschen.* Festland Verlag 2003. – Parlow beschreibt Hochsensibilität ausführlich und zeigt Handlungsstrategien auf. Das Buch half mir, meine Hochsensibilität zu entdecken und anzuerkennen.

Pearson, Leonard und Lillian R.: *Psycho Diät. Abnehmen durch Lust am Essen.* Rowohlt Taschenbuch Verlag 1977. – Hier wurden meines Wissens nach erstmals die Summer und Zuwinker thematisiert, auf die sich später Geneen Roth und auch ich beziehen. Dieses Buch geht auch auf die Themen »Übergewicht« und »Essen mit Kindern« ein.

Roth, Geneen: *Essen als Ersatz. Wie man den Teufelskreis durchbricht.* Rowohlt Taschenbuch Verlag 2005. – Erklärt das Essen bei Hunger, die Summer und die Zuwinker.

Rowling, Joanne K.: *Harry Potter und der Stein der Weisen.* Carlsen Verlag 1999. – Der erste Band der »Harry Potter«-Romane, die ich liebe, vor allem in der Hörbuchausgabe, gelesen von Rufus Beck.

Schmidt, Amy: *Dipa Ma. Furchtlose Tochter des Buddha.* Arbor Verlag, Freiamt 2004, www.arbor-verlag.de.

Söller, Anne: *EKT-Meditation zu Wohlgefühl – Herz – Schmerz.* – Meditations-CD, unterlegt mit Klaviermusik, erhältlich über www.emotionalkoerpertherapie.de.

Wardetzki, Bärbel: *Weiblicher Narzissmus. Der Hunger nach Anerkennung.* © 1991, Kösel-Verlag, München, in der Verlagsgruppe Random House GmbH. – Mit Hilfe dieses Buches lernte ich mein Beziehungsverhalten besser zu verstehen. Vor allem zeigte es mir, warum ich mich nach Nähe sehnte und gleichzeitig Angst davor hatte – und warum ich nach spätestens drei Monaten Beziehung von der strahlenden Frau zum kleinen schüchternen Mäuschen mutierte.

Weiss, Halko/Harrer, Michael/Dietz, Thomas: *Das Achtsamkeits-Übungsbuch. Mehr Lebensqualität durch Entschleunigung.* Klett-Cotta Verlag 2012. – (mit zwei CDs) Beschreibt das Thema Achtsamkeit kurz und bündig. Auf den CDs befinden sich viele Körperreisen ohne Musikunterlegung.

Weitere (Buch-)Empfehlungen

Champman, Gary: *Die fünf Sprachen der Liebe.* Francke Verlag 2011. – Unterschiedliche Menschen zeigen ihre Liebe auf unterschiedliche Art und Weise. Ich fand dieses Wissen hilfreich, denn so konnte ich erkennen, dass ich in meinem Leben mehr Liebe bekam, als mir bewusst war.

Embrace – Du bist schön: Dokumentarfilm. 2016, englisch mit deutschen Untertiteln – Die Australierin Taryn Brumfitt trainierte für den perfekten Körper und stellte fest, dass sie damit nicht glücklich war. Daraufhin änderte sie ihre Einstellung und begab sich auf eine Reise um den Globus, um herauszufinden, warum so viele Frauen ihren Körper nicht so mögen, wie er ist.

Alles steht Kopf: oscarprämierter Animationsfilm über innere Stimmen (2015). Ich finde, dass diese liebevolle, detailreiche Darstellung die Neugier weckt, mit seinen inneren Stimmen in Kontakt zu treten, um vielleicht irgendwann ein freundschaftliches Verhältnis mit ihnen zu pflegen.

Kaplan, Janice: *Das große Glück der kleinen Dinge. Wie Dankbarkeit mein Leben veränderte.* Rowohlt Taschenbuch Verlag 2016 – Es ist meiner Erfahrung nach eine der wichtigsten Übungen, sich immer wieder daran zu erinnern, was man alles hat, statt zu beklagen, was fehlt.

Lohre, Matthias: *Das Erbe der Kriegsenkel. Was das Schweigen der Eltern mit uns macht.* Gütersloher Verlagshaus 2016 – Falls Ihre Eltern 1928 bis 1947 geboren sind und einer Ihrer Glaubenssätze »Jetzt stell dich nicht so an, dir geht es doch eh so gut!« ist, könnte dieses Thema für Sie interessant sein. Früher war die Angst vor Krieg und Hunger oft präsent in meinem Alltagsleben. Es dauerte lange, bis ich entdeckte, dass nicht jeder Mensch von derlei Ängsten betroffen ist und dass meine von einem generationsübergreifenden Trauma herrührten.

Lobe, Mira/Weigel, Susi: *Das kleine ich bin ich.* Verlag Jungbrunnen 2011. – Ein in Österreich sehr bekanntes Kinderbuch, das ein kariertes, rosafarbenes Wesen mit blauem Haar dabei begleitet, herauszufinden, wer es ist. Die Antwort lautet: Ich bin ich!

Marshall B. Rosenberg: *Gewaltfreie Kommunikation. Eine Sprache des Lebens.* Junfermann Verlag 2012. – Hilfreich, um zu lernen, seine Bedürfnisse zu formulieren.

Rosen, Marion: *Die Rosen-Methode. Den Körper berühren, die Seele erreichen.* Neue Erde Verlag 2007. – Für alle, die mehr über die Rosen-Methode erfahren möchten.

Sprenger, Reinhard: *Die Entscheidung liegt bei dir! Wege aus der alltäglichen Unzufriedenheit.* Campus Verlag 2016. – Das Buch half mir, meine Opferhaltung zu hinterfragen, und schenkte mir das Motto: »Love it, leave it or change it«.

Wardetzki, Bärbel: *Iss doch endlich mal normal. Hilfen für Angehörige von essgestörten Mädchen und Frauen.* Kösel Verlag

1996. – Hilfreiches Buch für Angehörige, aber auch für Betroffene.

Wlodarek, Eva: *Mich übersieht keiner mehr: Größere Ausstrahlung gewinnen.* Fischer Verlag 1999. – Dieser Ratgeber half mir in einer Zeit, als ich auf der Suche nach meiner Identität war und noch viele Fragen und wenig Antworten hatte. Er enthält zahlreiche konkrete Tipps.

Und last but noch least: **Essanfälle adé** gibt es auch als **Hörbuch**, Hörbuch Hamburg 2018, gesprochen von Simone Kabst.

Einfach nur so, zum Spaß

Wenn wir intensiv an uns arbeiten, ist es nötig, manchmal abzuschalten. Wir dürfen uns dann mit Dingen beschäftigen, die uns *nicht* weiterbringen, von denen wir *nichts* lernen, die einfach nur der Seele guttun. Hier ein paar meiner Favoriten:

Basford, Johanna: *Mein verzauberter Garten. Eine Schatzsuche.* Knesebeck Verlag 2013. – Malbuch für Erwachsene, eine schöne Beschäftigung für die Sinne, ohne zu kreativ sein zu müssen.

Canfield Jack: *Hühnersuppe für die Seele. Geschichten, die das Herz erwärmen.* Goldmann Verlag 2007.

Tanja Cappell: Hand Lettering Alphabete. Schritt für Schritt zur eigenen schönen Schrift. Edition Michael Fischer 2017. – Ich mag es Wörter zu malen, denn dafür braucht es kein künstlerisches Talent, sondern Übung. Von der Autorin gibt es zur Unterstützung zahlreiche Videos auf YouTube.

Funke, Cornelia: *Tintenherz.* Dressler Verlag 2010. (Hörbuchausgabe) – Manchmal ist es schön, sich vorlesen zu lassen, selbst wenn wir schon längst erwachsen sind. Dieses Hörbuch mag ich besonders gerne.

Paddington, Kinofilm (2014) nach der Buchvorlage von Michael Bond. – Die Szene, wo Paddington das Bad der Familie verwüstet, finde ich zum Brüllen komisch.

Webseiten

www.aivilo.at: Hier finden Sie das Angebot, den Blog und den ausführlichen Lebenslauf von Olivia Wollinger – aivilo heißt übrigens »Olivia« rückwärts geschrieben.

www.nowak-schuh.at: Seite von Doris-Nowak-Schuh – klinische und Gesundheitspsychologin, Supervisorin, Psychotherapeutin und Lehrtherapeutin nach der Methode Psychodrama mit den Spezialgebieten Essstörungen und Sucht, Praxis in Wien.

www.psychotherapie-huber.at: Seite von Silvia Huber, Systemische Psychotherapie und Traumaverarbeitung, Arbeit mit Jugendlichen, Erwachsenen, Paaren und Familien, Praxis in Baden bei Wien.

www.claudiagraf.at: biodynamische Körpertherapie und Shiatsu, Begleitung durch alle Phasen eines Frauenlebens, Wanderseminare, Praxis in Biedermannsdorf bei Mödling.

www.gesund-sensibel.at: Seite von Iris Lasta, psychologische Beratung und Blog mit den Spezialgebieten Hochsensibilität und Selbstakzeptanz. Iris Lasta ist meine Assistentin bei den »Essanfälle adé«-Workshops und hat ihre Praxis in Wien.

www.rasayana.at: Ayurvedische Kochschule von Sandra Hartmann im Servitenviertel, 1090 Wien.

www.emotionalkoerpertherapie.de: Hier finden Sie alle Termine der EKT-Workshops, eine Liste der zertifizierten EKT-BegleiterInnen und die Bezugsquelle für die EKT-CDs.

www.rosenmethode.at bzw. www.roseninstitute.net: Hier finden Sie Infos zur Rosen-Methode und Rosen-Praktizierende. Mittlerweile gibt es Rosen-Schulen bzw. Praktizierende in vielen Ländern der Welt, unter anderem in Österreich, Deutschland, der Schweiz, USA, Russland, Frankreich, England, Schweden, Dänemark.

www.ted.com: Inspirierende Vorträge von maximal 20 Minuten Länge, beispielsweise von Brené Brown.

Raum für Ihre Notizen